NATÜRLICH KOCHEN
MIT AMBER ROSE

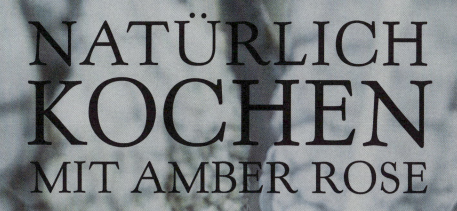

NATÜRLICH KOCHEN MIT AMBER ROSE

Wohlfühlrezepte für alle Sinne

Aus dem Englischen von Barbara Holle

KNESEBECK

Natürlich kochen mit Amber Rose

Inhalt

Einführung 6

MEINE HERZHAFTE GESUNDHEITSKÜCHE 10

Salate 16

Gemüse und Beilagen 28

Fleisch und Fisch 50

Eier 66

Aromatisierte Joghurts 72

Mayonnaise 73

Saucen 76

Salsas und Chutneys 88

Dips und Pasteten 95

Gewürzmischungen 104

Salze 111

Butter und Öle 112

Kefir, Joghurt & Co. 120

Brühen und Suppen 136

Sauerkraut, Pickles & Co. 144

Essige 154

Brote, Cracker & Co 156

MEINE SÜSSE GESUNDHEITSKÜCHE 162

Süße Butter, Sahne und Cremes 168

Nussmilch und Vanillesauce 178

Konfitüren und Brotaufstriche 185

Schokolade 189

Gelees 192

Marshmallows 194

Desserts 196

Gebäck 204

Süße Saucen und aromatisierter Zucker 212

Getränke 216

Register 220

Einführung

Ein Vorrat an Grundnahrungsmitteln und die wichtigsten Grundrezepte sind das A und O jeder Küche. Diese Rezepte sind gewissermaßen das Rüstzeug, wie ich es zu nennen pflege, es sind die schmackhaften, nahrhaften Grundkomponenten, die einem Gericht aber auch den letzten Schliff verleihen können. In meiner Küche sind dies jene unverzichtbaren Rezepte, aus denen sich, je nach Angebot der Saison, das ganze Jahr über immer wieder neue köstliche Speisen zaubern lassen.

In diesem Buch habe ich eine Auswahl solcher Rezepte zusammengestellt, die zu meinen besonderen Favoriten zählen. Sie alle enthalten keinen raffinierten Zucker, sind nicht nur supergesund, sondern auch superlecker und, was das Wichtigste ist: Sie sind einfach zuzubereiten.

Sie finden hier eine Fülle von Rezepten, die Sie brauchen, um gesunde, nährstoffreiche und wohlschmeckende Sirupe, Chutneys und Konfitüren, aber auch Mixed Pickles, Kefir, Joghurt, Brühen, Gewürzmischungen, Dips, Desserts, Saucen, Marinaden sowie unwiderstehliche Rohschokoladen und vieles andere mehr herzustellen.

Ausgestattet mit diesem Rüstzeug wissen Sie stets genau, was Ihre Speisen enthalten und wie sie zubereitet wurden. Und Sie werden in der Lage sein, ganz intuitiv zu entscheiden, mit welchen saisonalen Zutaten Sie die Gerichte geschmacklich verfeinern könnten oder womit sich ihr Nährwert noch erhöhen ließe.

Ich bin in einem kleinen selbst gebauten Holzhaus in Neuseeland aufgewachsen, das inmitten eines üppig wuchernden Gartens stand, in dem neben wild wachsenden Blumen alte Obst- und Gemüsesorten in Hülle und Fülle gediehen. In meiner Kindheit gab es für mich nichts Schöneres, als mich tagein, tagaus an diesen sonnengereiften Früchten und dem schmackhaften, farbenfrohen Gemüse gütlich zu tun. Einen großen Teil meiner Zeit verbrachte ich damit, meiner Mutter bei der Gartenarbeit und in der Küche zu helfen, das Obst für die Marmeladen zu ernten, Kräuter für Pesto zu pflücken, die blubbernde Tomatensauce umzurühren, die Blütenblätter für die herrlich duftende Rosenkonfitüre abzuzupfen oder die Früchte und das Gemüse zu schälen und zu schneiden, das während der Saison eingekocht wurde, damit wir das ganze Jahr

über etwas davon hatten. Wenn man einen Garten hat, muss man lernen, mit den Dingen zu kochen und zu backen, die einem die jeweilige Jahreszeit bietet, und aus einfachen Zutaten leckere Mahlzeiten zuzubereiten. Das bringt es aber auch mit sich, dass es zu bestimmten Jahreszeiten Obst und Gemüse im Überfluss gibt. Dann gilt es beispielsweise Berge von Basilikum zu Pesto zu verarbeiten, um es für später einzufrieren, oder aus den Früchten Chutneys und Saucen zu machen oder sie einzukochen.

Auch wenn mich zu vielen Rezepten in diesem Buch die unkomplizierte saisonale Küche mit frischen Zutaten aus dem Garten inspiriert hat, wie ich sie in meiner Kindheit kennengelernt habe, braucht man natürlich nicht unbedingt einen Garten, um all diese herrlichen Dinge herzustellen. Ich selbst habe lange in London gelebt, wo ich auch keinen eigenen Garten hatte. Trotzdem habe ich auch in dieser Zeit an dieser Art zu kochen festgehalten.

Im Rezeptteil mit den herzhaften Gerichten finden Sie unter anderem Dips, Pasteten und andere einfache Rezepte, auf die ich immer wieder zurückgreife. Meine besonderen Favoriten im Teil mit den süßen Speisen sind die Backrezepte, die ich je nach Jahreszeit immer wieder abwandle. Sie sind so einfach zuzubereiten, dass man es kaum glauben mag. Doch die Zubereitung dieser einfachen Dinge – das Brotbacken, das Marmeladekochen oder die Herstellung gesunder Desserts – macht mir einfach am meisten Freude, und ich würde mich freuen, wenn es Ihnen genauso ginge und wenn Ihnen dieses Buch viele Anregungen liefern könnte, um Ihre Speisekammer und Ihren Keller mit solchen einfachen, vielseitig verwendbaren Köstlichkeiten zu füllen.

Gutes Gelingen!

Amber Rose xx

Nahrungsmittel mit hoher Nährstoffdichte

Der Begriff Nährstoffdichte scheint in letzter Zeit ziemlich in Mode gekommen zu sein. Er ist zu einem Schlagwort geworden, das man immer häufiger hört, und das mit gutem Grund: Nicht nur für unsere eigene Gesundheit ist es wichtig, Nahrungsmittel mit hoher Nährstoffdichte zu essen, sondern auch für die Gesundheit künftiger Generationen.

Bedauerlicherweise sind die meisten Lebensmittel, die in den Supermärkten angeboten werden, für eine wirklich gesunde Ernährung ungeeignet. Häufig wurden die Erzeugnisse auf nährstoffarmen Böden angebaut oder, noch schlimmer, als Hydrokulturen (in Wasser in Folientunneln). Hinzu kommt, dass sie mit einer Vielzahl an Chemikalien und Pestiziden behandelt und dann auch noch in unreifem Zustand geerntet werden, damit sie sich in den Supermarktregalen länger halten. Dadurch ist der Gehalt der Lebensmittel an Nährstoffen, die zur Bekämpfung von Krankheiten beitragen, geringer, was sie aus ernährungsphysiologischer Sicht noch wertloser macht.

Es ist mitunter gar nicht so einfach, Obst und Gemüse mit hoher Nährstoffdichte zu bekommen oder den Nährwert der Lebensmittel, die man zu sich nimmt, zu erhöhen. Deshalb hier ein paar Tipps, die Ihnen dabei helfen könnten.

* Verzichten Sie auf verarbeitete und raffinierte Lebensmittel. Sie enthalten leere Kalorien und haben keinen Nährwert.

* Kaufen Sie nach Möglichkeit nur Produkte der Saison aus lokaler Erzeugung. So haben Sie die Gewähr, dass das Obst und Gemüse natürlich gereift ist und nicht über einen zu langen Zeitraum in Kühlhäusern gelagert wurde. Am Baum natürlich gereifte Früchte haben einen höheren Nährstoffgehalt.

* Greifen Sie zu alten Obst- und Gemüsesorten, die bekanntermaßen weitaus nährstoffreicher sind als die modernen Sorten, bei deren Züchtung in der Regel eine lange Haltbarkeit und das Aussehen im Vordergrund stehen.

* Wählen Sie Früchte und Gemüse mit dunkler Farbe. Sie enthalten höhere Mengen an Antioxidantien und Mineralstoffen. Dunkle Beeren und dunkelgrünes Blattgemüse sind sehr viel nährstoffreicher als hellere Sorten.

* Kaufen Sie nach Möglichkeit Bio-Produkte. Ist Ihnen dies finanziell nicht möglich, sollten Sie zumindest bei Produkten mit dünner Schale, die normalerweise mitgegessen wird, etwa Beeren, Pfirsichen, Tomaten, zu Bioprodukten greifen. Denn Produkte aus herkömmlicher Erzeugung sind in der Regel mit Chemikalien behandelt. Bei Erzeugnissen mit dickerer Schale wie Möhren oder Ananas, die vor dem Essen entfernt wird, werden diese Chemikalien beim Schälen zum größten Teil entfernt. Die Chemikalien können unter anderem den Darm schädigen und das Immunsystem schwächen. Und wenn die Pflanzen chemisch behandelt wurden, dann kann auch der Boden nicht gesund sein. Und wenn der Boden nicht gesund ist, werden auch die Pflanzen nicht gesund sein, und deshalb sind sie ungeeignet für die Zubereitung nährstoffreicher Speisen.

* Nehmen Sie gesunde Fette und Öle möglichst reichlich zu sich. Unser Körper benötigt täglich mindestens 1200 IE Vitamin A aus natürlichen Quellen, ohne das er nicht in der Lage ist, wichtige Mineralstoffe und Vitamine aufzunehmen. Essen Sie Obst und Gemüse immer zusammen mit einem gesunden Fett. Verwenden Sie qualitativ hochwertige kaltgepresste Öle für Ihre Salatdressings und essen Sie zu Früchten und Desserts Sahne, Joghurt oder Kokoscreme. Viele der in Früchten und Gemüse enthaltenen Vitamine und Mineralstoffe sind fettlöslich, deshalb maximieren Sie die Nährstoffaufnahme, wenn Sie sie zusammen mit gesunden Fetten genießen.

* Getreide, Samen, Nüsse und Hülsenfrüchte vor dem Verzehr immer erst einweichen, keimen lassen oder fermentieren. So ist gewährleistet, dass sie Ihrem Körper all ihre wertvollen Nährstoffe zuführen anstatt ihm wichtige Mineralstoffe, Vitamine und Enzyme zu entziehen. Werden sie nicht eingeweicht, sind sie schwer verdaulich und enthalten sogar giftige Inhaltsstoffe, die sich langfristig schädlich auf den gesamten Körper auswirken können.

Meine persönliche Superfood-Hitliste:
Damit stärken Sie Ihr Immunsystem und steigern Ihr Wohlbefinden

Als ich Neuseeland und den fantastischen Garten meiner Kindheit mit den vielen alten Obst- und Gemüsesorten, den Blumen und Kräutern verließ und nach London, eine der größten Städte der Welt, zog, hatte ich den Eindruck, dass Superfood dort nur in den Regalen der Reformhäuser zu finden ist. Nachdem ich eine Weile Unsummen für Algen, Beeren aus den entferntesten Ecken der Welt und Pseudogetreide, das hier zu Wucherpreisen verkauft wurde, ausgegeben hatte, zog ich aufs Land, wo mir sofort wieder bewusst wurde, dass Superfood überall zu finden ist und man manchmal sogar einfach nur zugreifen muss.

Sehen Sie sich um und halten Sie Ausschau nach heimischen Produkten. Sie sind nicht nur frischer und nährstoffreicher, sie sind im Allgemeinen auch preiswerter und besser für die Bedürfnisse Ihres Körpers geeignet, weil es sich um saisonale Produkte handelt. Wenn Sie in der Stadt leben, gehen Sie auf den Markt oder besuchen Sie Kurse, in denen man lernt, essbare wild wachsende Pflanzen zu bestimmen.

Vergessen Sie das Superfood, das Ihnen die Gesundheitsindustrie anpreist, die damit nur das große Geld machen will. Halten Sie lieber Ausschau nach dem echten Superfood. Sehen Sie sich an, was seit vielen Tausend Jahren in den alten Kulturen gegessen wird.

Kaltgepresste Öle, Kokosöl, Olivenöl, Fischöl, Öl aus Nüssen und Samen
Kaltgepresste Öle liefern uns unter anderem Antioxidantien und enthalten Substanzen, die das Immunsystem stärken und den Heilungsprozess bei entzündlichen Erkrankungen unterstützen.

Butter und Ghee von Kühen aus Weidehaltung (siehe Seite 112–116)
Ghee und Butter enthalten Vitamin K2, das eine wichtige Rolle bei der Entwicklung der Knochen, Haare und Zähne von Babys und Kindern spielt. Darüber hinaus trägt es zur Heilung des Darms bei, senkt das Risiko von Herzkrankheiten und unterstützt die Gewichtsabnahme.

Eier von Hühnern aus Freilandhaltung (siehe Seite 66–70)
Eier zählen mit zu den nährstoffreichsten Lebensmitteln. Sie sind reich an gesunden Fetten, Eiweiß und lebenswichtigen Vitaminen.

Dunkelgrünes Blattgemüse, frische grüne Kräuter, Brennnesseln und Bärlauch – wild wachsend oder aus biologischem Anbau
Dies alles sind regelrechte Nährstoffbomben, die darüber hinaus antioxidative Eigenschaften besitzen, die den Körper alkalisieren, reinigen und ihm wichtige Mineralstoffe liefern.

Bienenpollen
Bienenpollen gelten als eines der vollwertigsten natürlichen Nahrungsmittel. Sie enthalten etwa 40 Prozent Eiweiß in Form von freien Aminosäuren, die der Körper direkt aufnehmen kann. Sie können den Appetit zügeln, lebensverlängernd wirken, Allergien lindern, bei Unfruchtbarkeit helfen und Infektionskrankheiten vorbeugen.

Gelatine/Knochenbrühe (aus den Knochen von Bio-Weidehähnchen/ Tieren aus Weidehaltung oder wild lebenden Tieren hergestellt; siehe Seite 136–140)
Knochenbrühe hat eine außerordentlich gute heilende Wirkung auf den Darm und sollte deshalb zu einem festen Bestandteil Ihrer Ernährung werden.

Kurkuma (siehe Seite 145)
Kurkuma besitzt eine Vielzahl medizinischer Eigenschaften und enthält natürliche, entzündungshemmend wirkende Bestandteile. Ihr Hauptwirkstoff, das Kurkumin, ist ein starkes Antioxidans.

Zwiebeln und Knoblauch
Sie enthalten außerordentlich hohe Mengen an Präbiotika, von denen sich die Probiotika, die »guten« Darmbakterien, ernähren.

Nüsse und Samen (vor dem Verzehr unbedingt einweichen oder keimen lassen)
Sie sind nicht nur reich an Proteinen und Fetten, die gesund für das Herz sind, sondern enthalten darüber hinaus hohe Mengen an Nährstoffen, die für Wohlbefinden sorgen.

Dunkle Beeren (idealerweise selbst gepflückte wild wachsende Früchte)
Beeren wie Holunderbeeren, Blaubeeren und Brombeeren sind reich an Antioxidantien und tragen zur Heilung des Darms bei.

Fermentiertes Gemüse (siehe Seite 145–153)
Enthält hohe Mengen an Probiotika und Enzymen, die das Immunsystem stärken, zur Heilung des Darms beitragen und die Verdauung fördern.

Meine herzhafte Gesundheitsküche

Die herzhaften Grundrezepte, die ich Ihnen im Folgenden vorstellen möchte, haben sich in meiner Küche bewährt – jahrein, jahraus – ja, sie haben mich sogar von Land zu Land begleitet. Viele von ihnen habe ich von meiner Mutter übernommen, und auf diese Rezepte greife ich immer wieder zurück. In diesem Teil des Buches finden Sie – von fermentiertem Gemüse über nahrhafte Knochenbrühen, frische, pikante Salate, Saucen, Kefir, Butter und Joghurt bis hin zu Gewürzmischungen, Marinaden, leckeren Dips und Ölen – alles, was Sie brauchen, um Ihren Kühlschrank und Ihre Speisekammer das ganze Jahr über mit einfach zuzubereitenden Köstlichkeiten zu füllen.

14 MEINE HERZHAFTE
GESUNDHEITSKÜCHE   Salate   Gemüse und Beilagen   Fleisch und Fisch   Eier   Aromatisierte Joghurts   Mayonnaise   Saucen   Salsas und Chutneys

Dips und Pasteten Gewürzmischungen Salze Butter und Öle Kefir, Joghurt & Co. Brühen und Suppen Sauerkraut, Pickles & Co. Essige Brote, Cracker & Co.

Rucola-Avocado-Salat mit Lachs und gerösteten Samen

FÜR 2 PERSONEN

Ein sättigender Salat, der sich perfekt für einen gemütlichen Lunch oder ein Abendessen eignet. Mit reichlich Omega-3- und Omega-6-Fettsäuren tun Sie Ihrem Herzen etwas Gutes. Ballaststoffe, gesunde Fette, Zink und diverse Mineralstoffe stärken das Immunsystem, sorgen für ein lang anhaltendes Sättigungsgefühl und verleihen Ihnen neue Energie. Der pfeffrige Geschmack des Rucola bildet einen angenehmen Kontrast zum fetten Lachs. Das Dressing schmeckt nicht nur vorzüglich, der darin enthaltene Ingwer wirkt überdies entzündungshemmend und regt die Blutzirkulation an. Und vergessen Sie nicht, die Samen zu rösten, damit sie ihren nussigen Geschmack richtig entfalten können.

FÜR DEN LACHS

2 EL Sesamsamen
2 Lachsfilets (à etwa 130 g), enthäutet
1 EL Ghee oder Olivenöl
40 g Kürbiskerne
40 g Sonnenblumenkerne

FÜR DEN SALAT

1 Avocado, halbiert, entsteint, das Fruchtfleisch mit einem Löffel herausgelöst und zerkleinert
3 Handvoll Rucola, gewaschen
2 Frühlingszwiebeln, in feine Ringe geschnitten
1 Zucchini, der Länge nach in dünne Scheiben gehobelt

FÜR DAS DRESSING

3 EL Olivenöl
Saft von 1 Zitrone
¼ TL geröstetes Sesamöl
½ TL Tamari (traditionell hergestellte, glutenfreie japanische Sojasauce)
1 TL frisch geriebener Ingwer (das Fruchtfleisch ausdrücken und nur den Saft verwenden)
Meersalz und frisch gemahlener schwarzer Pfeffer

1 geröstetes Nori-Blatt, in kleine Stücke gebrochen

Den Backofen auf 180 °C (Umluft 160 °C) vorheizen.

Die Dressingzutaten in ein Schraubglas füllen, das Glas gut verschließen und kräftig schütteln. Das Dressing gegebenenfalls noch einmal mit Salz und Pfeffer abschmecken (die Tamari-Sauce ist allerdings bereits relativ salzig).

In einer Pfanne die Sesamsamen ohne Zugabe von Fett einige Minuten goldbraun rösten. Die Lachsfilets auf ein Backblech legen, mit etwas Ghee bepinseln, mit den Sesamsamen bestreuen und für etwa 12 Minuten in den Backofen schieben, bis sie gerade durchgegart sind. Perfekt sind sie, wenn sie in der Mitte noch leicht rosa sind. Den Fisch anschließend aus dem Ofen nehmen.

Während der Lachs gart, die Kürbis- und die Sonnenblumenkerne auf einem Backblech verteilen und im Backofen 6–8 Minuten goldbraun rösten. Anschließend herausnehmen und abkühlen lassen.

Die Salatzutaten auf einer Platte anrichten, den Lachs klein zupfen und darauf verteilen. Die gerösteten Samen und das zerkleinerte Nori-Blatt darüberstreuen, mit dem Dressing beträufeln und genießen.

Dips und Pasteten Gewürzmischungen Salze Butter und Öle Kefir, Joghurt & Co. Brühen und Suppen Sauerkraut, Pickles & Co. Essige Brote, Cracker & Co.

MEINE HERZHAFTE
18 GESUNDHEITSKÜCHE *Salate* Gemüse und Beilagen Fleisch und Fisch Eier Aromatisierte Joghurts Mayonnaise Saucen Salsas und Chutneys

Alkalisierender Salat aus grünem Gemüse

FÜR 2-3 PERSONEN

Dieser alkalisierende Salat hilft Ihnen, die säurebildende Wirkung, die viele verarbeitete Nahrungsmittel haben und die sich negativ auf den Verdauungstrakt auswirken kann, auszugleichen. Darüber hinaus hat dieser leichte und doch sättigende Salat reinigende Wirkung. Genau das Richtige also nach zu vielen üppigen Mahlzeiten. Die gesunden Fettsäuren des Olivenöls sorgen dafür, dass der Körper die im Gemüse reichlich enthaltenen fettlöslichen Vitamine besser aufnehmen kann. Abgesehen von seinen gesundheitlichen Vorzügen zeichnet sich dieser einfache Salat durch einen besonders reinen Geschmack aus. Man kann ihn ohne weitere Beilagen genießen oder mit einem Stück knusprig gebratenem Lachs (siehe Seite 62). Mit geröstetem Kürbis und Kürbiskernen wird daraus eine herzhafte vegetarische Mahlzeit. Die Yuzu – eine japanische Zitrusfrucht – kann auch durch eine Bio-Zitrone ersetzt werden.

---

2 Zucchini, gewaschen
1 Knolle Fenchel, geputzt, gewaschen und halbiert
½ Salatgurke, dünn abgeschält (falls die Schale hart ist)
1 kleines Bund Dill, die Spitzen abgezupft

1 kleines Bund glatte Petersilie, die Blätter abgezupft und fein gehackt
Olivenöl extra vergine
Saft von 1 Yuzu (oder 1 Bio-Zitrone)
Meersalz und frisch gemahlener schwarzer Pfeffer

Die Zucchini, den Fenchel und die Gurke mit dem Gemüseschäler der Länge nach in Scheiben hobeln.

Das Gemüse in eine Schüssel geben, den Dill und die Petersilie hinzufügen und das Ganze mit etwas Olivenöl und dem Yuzu- oder Zitronensaft beträufeln. Den Salat mit Salz und Pfeffer abschmecken und servieren.

Erfrischender grüner Salat
mit Granatapfelkernen

FÜR 3–4 PERSONEN

Glänzende rubinrote Granatapfelkerne verleihen diesem schnellen, knackigen Salat seine ganz besondere Note. Er schmeckt einfach fantastisch und passt zu nahezu allem, selbst zum Frühstücksrührei. Das Dressing eignet sich für fast jeden Salat. Deshalb habe ich es stets in einem Schraubglas vorrätig. So habe ich es immer zur Hand, wenn ich mir zu den Mahlzeiten schnell noch einen Salat machen möchte.

FÜR DEN SALAT

2 Salatherzen, die Blätter abgelöst und gewaschen

70 g Rucola, gewaschen

1 Avocado, halbiert und der Kern entfernt

½ Salatgurke, grob geschält, der Länge nach halbiert und in Scheiben geschnitten

20 Minzeblätter, in kleine Stücke gerissen

2 EL grob gehackte glatte Petersilienblätter

Kerne von ½ Granatapfel, abgespült

FÜR DAS FRENCH DRESSING

1 Knoblauchzehe, durchgepresst

1 gehäufter TL Dijon-Senf

100 ml Cidre-Essig

2 EL Zitronensaft

1 TL Rohhonig oder Kokosblütenzucker

100 ml Olivenöl extra vergine

Meersalz und frisch gemahlener schwarzer Pfeffer

Die Dressingzutaten in ein Schraubglas füllen, das Glas gut verschließen und kräftig schütteln, bis das Ganze emulgiert ist. Mit Salz, Pfeffer und gegebenenfalls noch etwas Honig abschmecken.

Die Salatblätter mit dem Rucola in eine Salatschüssel geben. Das Avocadofruchtfleisch mit einem Teelöffel aus der Schale lösen, zerkleinern und dazugeben. Die Gurkenscheiben darauf verteilen und zum Schluss die Minze, die Petersilie und die Granatapfelkerne darüberstreuen.

Den Salat mit dem Dressing anmachen. Wenn Dressing übrig bleibt, für andere Salate verwenden – das Dressing hält sich im Kühlschrank bis zu 1 Woche. Den Salat vorsichtig durchmischen und sofort servieren.

Wintersalat mit sahnigem Cashew-Zitronen-Dressing

FÜR 4–6 PERSONEN

Ideal für die kältere Jahreszeit ist dieser bunte, herzhafte und wärmende Salat. Das cremige, säuerliche Dressing bildet einen angenehmen Kontrast zum süßlichen Kürbis. Durch die Milchsäuregärung sind die eingelegten Zitronen reich an Probiotika, die das Immunsystem stärken – genau das, was unser Körper im Herbst und Winter braucht. Wie schön, dass dann gerade auch der Kürbis Saison hat und besonders gut schmeckt.

FÜR DEN SALAT

1 großer Butternusskürbis
   (oder ein anderer Kürbis
   Ihrer Wahl)
4 EL Ghee oder Olivenöl
1 EL Sonnenblumenkerne
1 EL Kürbiskerne
1 EL schwarze Sesamsamen
10 g Mandelblättchen
10 g Basilikumblätter
1 Handvoll Rucola
Kerne von ½ Granatapfel,
   abgespült
Salz und frisch gemahlener
   schwarzer Pfeffer

FÜR DAS DRESSING

150 g rohe Cashewkerne,
   bis zu 4 Stunden,
   mindestens aber 1 Stunde
   in zimmerwarmem Wasser
   eingeweicht
2 EL gehackte eingelegte
   Zitrone (selbst gemacht –
   siehe Seite 151 – oder fertig
   gekauft)
200 ml Mandelmilch
Meersalz und frisch
   gemahlener schwarzer
   Pfeffer

Die Dressingzutaten in einer Schüssel mit dem Stabmixer pürieren (wie viel Mandelmilch Sie dabei hinzufügen, hängt von der gewünschten Konsistenz ab) und das Dressing zum Schluss mit Salz und Pfeffer abschmecken.

Den Backofen auf 220 °C (Umluft 200 °C) vorheizen.

Den Wurzelansatz und die Spitze des Kürbisses abschneiden. Den Kürbis längs halbieren und die Kerne mit einem Löffel entfernen. Die Hälften anschließend in etwa 3 cm breite Spalten schneiden.

Die Kürbisspalten mit der Schale nach unten auf ein Backblech legen, mit Ghee oder Olivenöl bepinseln, großzügig mit Salz und Pfeffer würzen und für 35 Minuten in den Backofen schieben. Die Bratzeit kann je nach Ofen variieren. Behalten Sie den Kürbis deshalb während des Bratens stets im Auge, damit er nicht verbrennt.

Sind die Spalten am Rand leicht gebräunt und lassen sich mühelos mit einem Messer einstechen, das Blech aus dem Ofen nehmen und den Kürbis abkühlen lassen.

Den Ofen auf 180 °C (Umluft 160 °C) herunterschalten. Die Kerne, Sesamsamen und Mandelblättchen auf ein sauberes Backblech streuen und 6–8 Minuten im Backofen rösten, bis sie etwas Farbe angenommen haben.

Die Kürbisspalten auf einer Servierplatte anrichten, mit den gerösteten Kernen, den Sesamsamen, den Mandelblättchen, den Basilikumblättern, dem Rucola und den Granatapfelkernen bestreuen und servieren. Das Dressing getrennt dazu reichen und den Salat nach Belieben noch mit etwas Olivenöl extra vergine beträufeln und mit etwas Meersalz und frisch gemahlenem schwarzem Pfeffer bestreuen.

Sommerlicher Tomatensalat mit Basilikum-Limetten-Dressing

FÜR 3-4 PERSONEN

Meine Streifzüge durch den Gemüsegarten meiner Mutter zählen mit zu meinen schönsten Kindheitserinnerungen. Vor allem die Tomatensträucher hatten es mir angetan. Meine Mutter kultivierte etwa 20 verschiedene Tomatensorten, die wir von Hand mit einem feinen Pinsel bestäuben mussten, damit sie sich nicht miteinander kreuzten. Es gab Tomaten in allen Formen und Größen, und das Farbenspektrum reichte von Rot und Orange über Gelb und Grün bis zu Schwarz. Ja, es gab sogar gestreifte Tomaten. Und der Geschmack war einfach unvergleichlich, vor allem wenn man sie an heißen Sommertagen frisch vom Strauch pflückte, in ein ebenfalls frisch gepflücktes Basilikumblatt wickelte und sich diese aromatischen Tomaten, die noch warm von der Sonne waren, direkt in den Mund schob. Es gab Sorten, die meine Mutter zum Füllen verwendete, aus anderen stellte sie sonnengetrocknete Tomaten oder Tomatenmark her. Wieder andere eigneten sich am besten für Salate oder schmeckten, wie etwa die Fleischtomate, vorzüglich auf Sandwichs oder Hamburgern. Dieser schnell und einfach zuzubereitende Sommersalat erinnert mich jedes Mal an die köstlichen, saftigen Tomaten meiner Kindheit. Das pikante, schmackhafte Dressing passt perfekt dazu und bringt den süßlichen Geschmack der Tomaten erst so richtig zur Geltung. Es passt übrigens auch sehr gut zu allen Arten von grünen Salaten. Es schmeckt so lecker, dass ich die Reste nach dem Essen stets aus der Schüssel trinke!

FÜR DEN SALAT
400 g Tomaten (möglichst in verschiedenen Farben und Größen)
½ rote Zwiebel, in feine Ringe geschnitten
1 kleines Bund glatte Petersilie, die Blätter abgezupft und grob gehackt
1 kleines Bund Basilikum, grob gehackt
Schnittlauch- oder Rucolablüten (nach Belieben)

FÜR DAS DRESSING
100 ml Olivenöl extra vergine
100 ml frisch gepresster Limettensaft (etwa 4 Limetten)
2 TL Vollrohr- oder Kokosblütenzucker
1 EL fein gehackte Basilikumblätter
½ TL Dijon-Senf
Meersalz und frisch gemahlener schwarzer Pfeffer

Die Dressingzutaten in ein Schraubglas füllen. Das Glas gut verschließen und kräftig schütteln, bis das Ganze vollständig emulgiert ist.

Für den Salat die Tomaten in Scheiben schneiden und auf einer Platte anrichten. Die Zwiebelringe, die Kräuter und gegebenenfalls ein paar Schnittlauch- oder Rucolablüten darüberstreuen und den Salat mit dem Dressing beträufeln. Sie werden nicht die ganze Menge brauchen. Den Rest können Sie bis zu 1 Woche im Kühlschrank aufbewahren und für andere Salate verwenden.

Den Salat sofort genießen.

Knackiger, bunter Salat mit cremigem Tahini-Dressing

FÜR 3–4 PERSONEN ALS BEILAGE

Ich bin ein Fan von gehackten Salaten wie diesem, bei dem ein cremiges Dressing einen angenehmen Kontrast zu den knackigen Zutaten bildet und ihn mit seinen gesunden Fetten zu einem idealen leichten Mittagessen macht. Sorgen diese Fette doch dafür, dass Ihr Gehirn auch am Nachmittag leistungsfähig bleibt, und helfen dem Körper gleichzeitig, die fettlöslichen Vitamine aus dem Salat besser aufzunehmen. Wenn Sie das Ganze noch mit etwas Eiweiß anreichern möchten, können Sie dazu zum Beispiel noch ein knusprig gebratenes Fischfilet (siehe Seite 62), eine gegrillte Hähnchenbrust oder Burger mit Gemüse (siehe Seite 59) servieren. Vegetariern empfehle ich stattdessen ein Stück Tempeh, das einfach in Kokosöl und etwas Tamari-Sauce in der Pfanne gebraten wird.

FÜR DEN SALAT

1 großer Kopfsalat, gehackt

1 Handvoll Kirschtomaten, halbiert

½ Salatgurke, geschält und in Würfel geschnitten

½ rote Zwiebel, in feine Ringe geschnitten

1 Handvoll Radieschen, in Scheiben geschnitten

1 Handvoll glatte Petersilienblätter, fein gehackt

FÜR DAS DRESSING

2 EL Tahini-Paste

60 ml kochendes Wasser

1 Knoblauchzehe, durchgepresst oder fein gehackt

125 g Naturjoghurt (nach Möglichkeit aus Schafs- oder Ziegenmilch) oder Kefir

3 EL frisch gepresster Zitronensaft

Für das Dressing die Tahini-Paste in einer Schüssel mit dem kochenden Wasser glatt rühren. Abkühlen lassen und die übrigen Dressingzutaten einrühren.

Die Salatzutaten in eine große Salatschüssel füllen und vorsichtig durchmischen.

So viel Dressing hinzufügen, dass der Salat leicht damit überzogen ist. Sie werden nicht das gesamte Dressing benötigen. Den Rest können Sie bis zu 1 Woche im Kühlschrank aufbewahren.

Vorzüglich schmeckt der Salat auch mit dem French Dressing von Seite 20.

MEINE HERZHAFTE
GESUNDHEITSKÜCHE   *Salate*   Gemüse und Beilagen   Fleisch und Fisch   *Eier*   Aromatisierte Joghurts   Mayonnaise   Saucen   Salsas und Chutneys

Radicchiosalat mit gegrillten Birnen und Ziegenkäse

FÜR 4 PERSONEN ALS BEILAGE

Die Brombeer-Holunderbeer-Vinaigrette, mit der dieser Salat angemacht wird, bringt seinen fruchtigen Geschmack erst so richtig zur Geltung. Die Kombination des bitteren Radicchio mit den süßen Birnen und dem cremigen Ziegenkäse ist einfach ein Gedicht.

---

2 Birnen, geschält, halbiert, die Kerngehäuse entfernt und in 6 Spalten geschnitten
1 große Handvoll blanchierte Haselnusskerne
2 EL Ahornsirup
1 großer Radicchio, die Blätter abgelöst
50 g weicher, krümeliger Ziegenkäse
1 Handvoll frische Brombeeren, längs halbiert
Brombeer-Holunderbeer-Vinaigrette (siehe rechts)

Eine gerippte gusseiserne Grillpfanne bei starker Hitze heiß werden lassen und die Birnenspalten auf jeder Seite 1–2 Minuten grillen, bis sie ein schönes Streifenmuster haben. Dabei darauf achten, dass sie nicht verbrennen. Anschließend herausnehmen und abkühlen lassen.

Eine kleine Bratpfanne bei mittlerer Hitze heiß werden lassen und die Haselnüsse ohne Zugabe von Fett darin rösten, bis sie etwas Farbe angenommen haben. Den Ahornsirup hinzufügen und so lange rühren, bis die Nüsse damit überzogen sind und der Sirup eindickt. Die Nüsse sollten zwar etwas Farbe annehmen und ihr Aroma entfalten, dürfen aber nicht verbrennen. Die Nüsse anschließend auf einem Teller abkühlen lassen.

Die Radicchioblätter in mundgerechte Stücke reißen und auf einer Servierplatte verteilen. Die gegrillten Birnenspalten darauf anrichten, den Ziegenkäse darüberkrümeln und die Brombeeren darüberstreuen. Die Nüsse grob hacken und über den Salat streuen. Den Salat mit der Vinaigrette überziehen und servieren.

Brombeer-Holunderbeer-Vinaigrette

ERGIBT 300 MILLILITER

Ideal für herzhafte Herbstsalate mit bitteren Blättern und Herbstfrüchten, zum Beispiel den Radicchiosalat auf der linken Seite.

---

150 ml Olivenöl extra vergine
150 ml Brombeer-Holunderbeer-Essig (siehe Seite 155)
½ TL Dijon-Senf
½ TL Rohhonig oder Kokosblütenzucker
Meersalz und frisch gemahlener schwarzer Pfeffer

Sämtliche Zutaten in ein Schraubglas füllen, das Glas gut verschließen und kräftig schütteln.

Die Vinaigrette kann mehrere Wochen bei Raumtemperatur aufbewahrt werden.

Variation: Himbeer-Vinaigrette.
Den Brombeer-Holunderbeer-Essig durch Himbeeressig (siehe Seite 155) ersetzen und die Vinaigrette wie oben beschrieben herstellen.

Vielseitig und absolut lecker:
ein frischer indischer Panir

FÜR 2-3 PERSONEN

Ein selbst gemachter Panir ist wirklich eine Köstlichkeit. Der luftig-leichte indische Frischkäse schmeckt einfach unvergleichlich und macht auch noch richtig satt. Kein Vergleich zu dem gummiartigen Zeug, das man im Supermarkt kaufen kann. Und er ist kinderleicht und ohne spezielle Utensilien herzustellen. Der Frischkäse schmeckt fantastisch als vegetarisches Hauptgericht, eignet sich aber auch hervorragend zum Garnieren von Suppen und Currys, ja man kann daraus sogar Desserts zubereiten.

BENÖTIGTE UTENSILIEN
ein Stück Gaze
ein Sieb
eine große Rührschüssel

FÜR DEN PANIR
2 l Bio-Vollmilch
500 g vollfetter Bio-Joghurt (selbst gemacht oder fertig gekauft) oder Kefir (siehe Seite 120–121)

Das Sieb mit der Gaze auslegen und über der Rührschüssel einhängen.

Die Milch bei starker Hitze in einem großen Topf erhitzen. Dabei häufig umrühren, damit sie nicht überkocht. Sobald die Milch fast den Siedepunkt erreicht hat, den Joghurt in drei Portionen hinzufügen. Dabei nicht zu stark rühren, damit er sich nicht vollständig auflöst. Wenn Sie den gesamten Joghurt dazugegeben haben, werden Sie feststellen, dass die Milch zu gerinnen beginnt. Ist das nicht der Fall, benötigen Sie eventuell noch etwas mehr Joghurt oder die Milch ist nicht heiß genug.

Sobald die Milch vollkommen geronnen ist, die Mischung in das Sieb abgießen. Die Enden der Gaze zusammenfassen, das so entstandene Säckchen aus dem Sieb heben, den Quark etwas abtropfen lassen und danach vorsichtig über der Schüssel ausdrücken (Vorsicht, heiß!). Die Molke in ein Schraubglas füllen und für ein anderes Gericht aufheben.

Den Quark sorgfältig in die Gaze einschlagen und zum Abtropfen auf eine ebene Oberfläche legen (am besten eignet sich dazu die Geschirrablage der Spüle).

Den Quark zum Schluss mit einem Teller abdecken und mit ein paar vollen Konservendosen (oder dem Milchtopf, sofern er einen schweren Boden hat) beschweren oder einfach mit den Händen auspressen. Welche Konsistenz der fertige Panir hat, hängt von der Abtropfzeit ab: Lässt man den Quark 20 Minuten abtropfen, wird der Panir fester. Lässt man ihn nur 5 Minuten abtropfen, wird er weicher und lockerer. Den Geschmack beeinflusst das nicht.

In beiden Fällen den Panir anschließend zu einem festen Block formen.

Der Panir kann nun in dicke Scheiben geschnitten, gewürzt und wie ein Steak gebraten werden, Sie können ihn aber beispielsweise auch fein würfeln und über ein Dhal streuen oder ihn in eine Suppe krümeln.

Das Rezept für die Panir-»Steaks« finden Sie auf Seite 32.

Dips und Pasteten Gewürzmischungen Salze Butter und Öle Kefir, Joghurt & Co. Brühen und Suppen Sauerkraut, Pickles & Co. Essige Brote, Cracker & Co.   29

Panir-»Steaks«

FÜR 3 PERSONEN

Einfach unwiderstehlich sind diese unglaublich einfach zuzubereitenden Panir-Steaks, an denen ich mich manchmal gar nicht satt essen kann. Da sie sehr viel Eiweiß enthalten, sind sie ideal für Vegetarier. Und sollten Sie spontan Lust darauf bekommen und gerade keine Gewürzmischung zur Hand haben, braten Sie den Käse, wie ich es oft mache, einfach so. Das schmeckt genauso lecker.

---

1 Rezept frisch zubereiteter Panir (siehe
   Seite 28)
1 walnussgroßes Stück Ghee
1½ TL Biryani Masala (indische

Gewürzmischung) oder eine der
Gewürzmischungen von Seite 104–108
(nach Belieben)

Den Panir in 3 dicke Scheiben schneiden und nach Belieben mit einer Gewürzmischung Ihrer Wahl bestreuen. Eine mittelgroße Pfanne bei mittlerer Hitze heiß werden lassen, das Ghee darin erwärmen und den Käse vorsichtig hineinlegen. Auf jeder Seite 1–2 Minuten braten und dabei darauf achten, dass er nicht anhängt. Die fertigen Steaks aus der Pfanne gleiten lassen und mit dem grünen Salat mit Granatapfelkernen von Seite 20 servieren.

MEINE HERZHAFTE
GESUNDHEITSKÜCHE   Salate   *Gemüse und Beilagen*   Fleisch und Fisch   Eier   Aromatisierte Joghurts   Mayonnaise   Saucen   Salsas und Chutneys

Mungbohnen-Dhal mit Sellerie

FÜR 4–6 PERSONEN

Dies ist mein derzeitiges Lieblingsdhal. Es ist ganz einfach zuzubereiten und schmeckt fantastisch. Das Rezept habe ich von meiner Freundin Michelle. Ich habe es allerdings noch mit Spinat und Panir angereichert. Das Ghee und die Gewürze sind ausgesprochen nährstoffreich und haben eine außerordentlich reinigende Wirkung auf die Körperzellen. Ghee ist ein sehr gesundes Fett, und jedes Gewürz hat seine ganz eigenen heilenden Eigenschaften. Mungbohnen sind reich an Ballaststoffen und fördern so die Verdauung. Das Dhal kann klassisch als relativ dicker Brei oder mit etwas Wasser verdünnt als Suppe serviert werden. Man kann es einfach so genießen oder, wenn der Hunger etwas größer ist, noch mit Spinat und Panierwürfeln anreichern. Traditionell wird dieses ayurvedische Gericht mit weißem Bio-Reis serviert (er ist leichter verdaulich als brauner Reis), oder probieren Sie es doch einmal mit meinem Blumenkohlreis.

Das Ghee bei mittlerer Hitze in einem großen Topf mit schwerem Boden erhitzen. Die Zwiebeln und den Lauch etwa 10 Minuten darin glasig schwitzen. Die Gewürze, die Lorbeerblätter und den Ingwer hinzufügen und 1–2 Minuten unter Rühren erhitzen, bis die Gewürze ihr Aroma entfalten.

Die Mungbohnen und den Sellerie dazugeben und 1–2 Minuten unter Rühren kochen lassen. 1,5 Liter Wasser oder Molke (oder eine Mischung aus beidem) angießen und zum Kochen bringen. Die Wärmezufuhr anschließend reduzieren und die Bohnen etwa 1 Stunde köcheln lassen. Je nach gewünschter Konsistenz während des Kochens noch etwas Wasser hinzufügen. Das Dhal, sobald die Bohnen gar sind, mit Salz und Pfeffer abschmecken.

Für den Spinat eine mittelgroße Pfanne bei mittlerer Hitze erwärmen. Das Ghee mit den Senfsamen und den Curryblättern hineingeben. Sobald die Senfsamen zu springen beginnen, den Spinat dazugeben und kurz unter Rühren zusammenfallen lassen (Achtung, das geht sehr schnell. Junger Spinat benötigt höchstens 1/2–1 Minute, größere Blätter, Grün- und Schwarzkohl brauchen eventuell 1 Minute länger). Den Spinat mit Salz und Pfeffer abschmecken, auf dem Dhal anrichten und nach Belieben mit Panirwürfeln garnieren.

Das Rezept für den Blumenkohlreis finden Sie auf Seite 49.

FÜR DAS DHAL
5 EL Ghee
3 mittelgroße Zwiebeln, fein gehackt
1 Stange Lauch, fein gehackt
1 TL gemahlener Fenchel
2 TL gemahlener Koriander
2½ TL gemahlener Kreuzkümmel
1 TL gemahlene Kurkuma
2 Lorbeerblätter
2½ EL Ingwer, geschält und gerieben
400 g Mungbohnen, einige Stunden oder über Nacht eingeweicht und abgetropft
1–2 Handvoll Knollensellerie, geschält und gerieben

Meersalz und frisch gemahlener schwarzer Pfeffer
1,5–2 l Quellwasser oder gefiltertes Wasser – oder Molke, die bei der Panir-Herstellung angefallen ist

FÜR DEN SPINAT
1 walnussgroßes Stück Ghee
1 TL schwarze Senfsamen
einige Curryblätter
100 g frischer Spinat, Grün- oder Schwarzkohl, die harten Stiele entfernt
Meersalz und frisch gemahlener schwarzer Pfeffer
Panirwürfel (siehe Seite 28) zum Servieren

Gebratene Auberginen mit Sumach und Cocktailtomaten

FÜR 4 PERSONEN

Ein supereinfaches Gericht, mit dem Sie bei Ihren Gästen für Verblüffung sorgen werden. Durch das langsame Braten können die Auberginen ihren vollen Geschmack entfalten. Die Toppings verleihen ihnen eine orientalische Note. Genießen Sie die Auberginen als vegetarisches Hauptgericht oder servieren Sie sie als Beilage zu gegrilltem oder gebratenem Lamm oder zu Merguez-Würsten.

---

2 große Auberginen
6 TL Ghee oder Olivenöl
3 TL gemahlener Sumach
300 g Cocktailstrauch-
    tomaten mit Rispen
1 Rezept Grünkohl-Walnuss-
    Pesto (siehe Seite 88)

1 Handvoll Rucola
Kerne von ½ Granatapfel
Meersalz und frisch gemahlener schwarzer Pfeffer

Den Backofen auf 220 °C (Umluft 200 °C) vorheizen.

Die Auberginen der Länge nach halbieren. Das Fruchtfleisch rautenförmig einritzen, großzügig mit Ghee bepinseln und mit etwas Salz, Pfeffer und Sumach bestreuen. Die Hälften mit der Schnittfläche nach oben auf ein Backblech legen und für etwa 35 Minuten in den Backofen schieben.

Die Auberginen aus dem Ofen nehmen und jede Hälfte mit 4–5 Cocktailtomaten (noch an der Rispe) belegen. Das Blech wieder in den Ofen schieben und die Auberginen weitere 10–15 Minuten braten, bis die Tomaten weich sind.

Die Auberginen auf vier Tellern anrichten und mit dem Pesto beträufeln. Das Pesto gegebenenfalls mit etwas Zitronensaft und/oder Olivenöl verdünnen. Mit den Rucolablättern und den Granatapfelkernen bestreuen und servieren.

Gebratene junge Möhren mit Gremolata

FÜR 3-4 PERSONEN

Die zarten, kleinen jungen Möhren schmecken einfach köstlich, wenn man sie auf diese Art zubereitet, und passen vorzüglich zu Brathähnchen oder nicht durchgebratenem Roastbeef. Man kann sie aber auch mit einer Guacamole und einem knackigen grünen Salat genießen. Gremolata ist eine italienische Würzmischung, mit der man – vor oder nach dem Kochen – die unterschiedlichsten Speisen von gebackenem Fisch bis zu Avocados auf Toast bestreuen kann. Eine wahre Geschmacksbombe, die man stets vorrätig haben sollte – zumal sie auch noch voller wertvoller Nährstoffe steckt.

---

einige Handvoll junge Möhren
Ghee oder Olivenöl
1 Rezept Gremolata (siehe
    Seite 104)

Meersalz und frisch
    gemahlener schwarzer
    Pfeffer

Den Backofen auf 180 °C (Umluft 160 °C) vorheizen.

Das Möhrenkraut bis auf etwa 2 cm abschneiden und die Möhren gut abschrubben (Schälen ist nicht erforderlich). Auf einem Backblech verteilen und mit ein paar EL Ghee oder Olivenöl beträufeln.

Das Blech für etwa 35 Minuten in den Backofen schieben, bis die Möhren weich sind.

Die Möhren aus dem Ofen nehmen, auf einer Servierplatte anrichten, mit Salz, Pfeffer und der Gremolata bestreuen und servieren.

Dips und Pasteten Gewürzmischungen Salze Butter und Öle Kefir, Joghurt & Co. Brühen und Suppen Sauerkraut, Pickles & Co. Essige Brote, Cracker & Co.

36 MEINE HERZHAFTE GESUNDHEITSKÜCHE Salate *Gemüse und Beilagen* Fleisch und Fisch Eier Aromatisierte Joghurts Mayonnaise Saucen Salsas und Chutneys

Gebratene Rote Bete mit Kräuteröl

FÜR 5–6 PERSONEN ALS BEILAGE

Durch das Braten kommt der intensive, süßlich-erdige Geschmack der Roten Beten erst richtig zur Geltung. Eine frische, grüne Note bekommt das Ganze zum Schluss durch das Kräuteröl. Servieren Sie die Roten Beten einfach als Beilage oder machen Sie daraus einen Salat. Ich genieße sie am liebsten mit einem halbierten weich gekochten Ei (hier kann ich Wachteleier wärmstens empfehlen) und etwas Brunnenkresse.

---

5 mittelgroße Rote Beten
1 Rezeptmenge Kräuteröl zum Beträufeln (siehe Seite 119)
1 Handvoll Kürbiskerne, geröstet
1 Handvoll Rucola
Meersalz und frisch gemahlener schwarzer Pfeffer

Den Backofen auf 180 °C (Umluft 160 °C) vorheizen.

Die Roten Beten waschen, die Stiele abschneiden (dabei darauf achten, dass Sie nicht ins Fruchtfleisch schneiden) und die Rüben einzeln in Alufolie verpacken. In einen Bräter legen und für etwa 1 Stunde in den Backofen schieben. Um die Garprobe zu machen, die Roten Beten in der Mitte mit einem scharfen Messer einstechen. Sie sind gar, wenn das Messer mühelos hineingleitet.

Die Folie entfernen (Vorsicht, es wird heißer Dampf entweichen!), die Roten Beten etwas abkühlen lassen und danach vorsichtig die Schale entfernen – sie sollte sich mühelos abziehen lassen.

Die Roten Beten in Spalten schneiden, auf einer Servierplatte anrichten, großzügig mit dem Öl beträufeln und mit etwas Salz und Pfeffer bestreuen. Die Kürbiskerne und den Rucola darüberstreuen und servieren.

Zucchinetti

FÜR 2 PERSONEN

Als ich feststellte, wie einfach es ist, aus Zucchini glutenfreie Gemüse-»Nudeln« herzustellen, war das geradezu eine Offenbarung. Man kann diese Nudeln als Suppeneinlage oder für eine Sauce Bolognese (siehe Seite 58) verwenden, und wenn es schnell gehen soll, serviere ich sie gerne mit meiner Lieblingstomatensauce (siehe Seite 84). Und mit frischen Tomaten, Pinienkernen, Basilikum, Parmesanspänen und etwas Olivenöl wird daraus im Handumdrehen ein leckerer Salat. Die Verwendungsmöglichkeiten sind nahezu unbegrenzt, und überdies sind diese Nudeln unglaublich gesund und reich an Nährstoffen.

Mein Sohn isst diese Zucchinetti am liebsten so zubereitet wie in diesem Rezept – mit Knoblauchgarnelen, einem Spritzer Zitronensaft und reichlich gehackter Petersilie. Zur Herstellung der feinen Nudeln ist ein guter Spiralschneider unverzichtbar. Für die breiten Nudeln reicht auch ein scharfer Gemüseschäler – nach Möglichkeit mit beweglicher Klinge – aus, falls Ihr Spiralschneider nicht über einen Hobelaufsatz verfügt. Die breiten Zucchinetti schmecken vorzüglich, wenn man sie in der Pfanne erwärmt und mit einem Spiegelei, gebratenen Pilzen oder gebratenen Cocktailtomaten als Frühstück genießt.

Da die Zucchinetti so ohne alles für meinen Geschmack ein bisschen langweilig schmecken, peppe ich sie wie hier gerne noch mit Chili auf.

2 Zucchini, die Enden abgeschnitten (pro Person rechnet man 1–2 mittelgroße Zucchini)
Olivenöl
Zitronensaft

Meersalz und frisch gemahlener schwarzer Pfeffer
1 Msp. getrocknete Chiliflocken (nach Belieben)
Schnittlauchblüten (nach Belieben)

Für die feinen Nudeln die Zucchini durch den Spiralschneider drehen, in eine Salatschüssel geben, mit Olivenöl und etwas Zitronensaft beträufeln und mit 1 kräftigen Prise Salz und Pfeffer würzen. Um den Nudeln noch etwas Schärfe zu verleihen, nach Belieben noch 1 Messerspitze Chiliflocken hinzufügen.

Die Nudeln gut durchmischen und mit Fleischbällchen, Fleischsauce, Knoblauchgarnelen, gebratenen Cocktailtomaten oder anderem gebratenem Gemüse, Pesto und Parmesan – oder worauf Sie sonst gerade Lust haben – servieren.

Für die breiten Nudeln die Zucchini mit einem scharfen Gemüseschäler der Länge nach in dünne Streifen hobeln (dabei nicht zu stark aufdrücken). Wenn Sie die Hälfte der Zucchini abgehobelt haben, können Sie sie auch zur Seite drehen. Die Nudeln werden dann einfach nur etwas schmaler. Die Nudeln in eine Schüssel füllen, mit den übrigen Zutaten mischen und mit einem Topping Ihrer Wahl servieren.

MEINE HERZHAFTE
40 GESUNDHEITSKÜCHE   Salate   *Gemüse und Beilagen*   Fleisch und Fisch   Eier   Aromatisierte Joghurts   Mayonnaise   Saucen   Salsas und Chutneys

Kürbis mit Grünkohlpesto und Mozzarella

FÜR 6–8 PERSONEN

Dies ist ein Wohlfühlgericht vom Feinsten! Das Rezept habe ich von meiner lieben Freundin Tanja, die zehn Jahre in Venezuela gelebt hat, wo sich das Gericht großer Beliebtheit erfreut. Ihre Kinder werden von diesem ungewöhnlichen Kürbisgericht begeistert sein. Ich selbst bin ein großer Kürbisfan und kann es kaum erwarten, das goldgelbe Fruchtfleisch mit der nussigen Note zu genießen, wenn die Bäume die Blätter abwerfen und die Abende kühler werden. Im Garten meiner Mutter wuchsen sämtliche Kürbissorten, und ich liebte sie schon als Kind. Am liebsten mochte ich die Sorten mit dem nussigen, trockeneren Fruchtfleisch, die so wunderbar mit selbst gemachter Butter und Salz schmecken. Kürbisse mit möglichst trockenem Fruchtfleisch sollte man auch für dieses Rezept verwenden, denn das Pesto und der Mozzarella sorgen für ausreichend Geschmack und Saftigkeit. Und nehmen Sie nach Möglichkeit einen Büffelmozzarella. Mozzarella aus Kuhmilch ist zwar preiswerter, gibt aber für meinen Geschmack beim Kochen zu viel Flüssigkeit ab, und dadurch wird das Kürbisfruchtfleisch wässrig. Und sollte sich doch zu viel Flüssigkeit bilden, gießen Sie sie am besten während des Kochens ab.

---

2 kleine, runde Kürbisse (à etwa 400 g)
1 Rezept Grünkohlpesto mit Cashewkernen (siehe Seite 88)

2 Kugeln Mozzarella (nach Möglichkeit aus Büffelmilch)

Den Backofen auf 180 °C (Umluft 160 °C) vorheizen.

Die Kürbisse gründlich waschen und abschrubben. Oben jeweils einen Deckel abschneiden: möglichst so, dass ein kleiner Rand entsteht, auf dem der Deckel später aufliegt. So wird verhindert, dass er in den Kürbis fällt, wenn dieser beim Garen etwas einschrumpft. Die Deckel zur Seite legen, die Kerne im Inneren des Kürbis mit einem Löffel entfernen und entsorgen.

Die Kürbisse auf ein Backblech setzen und jeweils 4 EL Pesto hineingeben, je 1 Mozzarellakugel daraufsetzen und die Deckel auflegen. Das Blech anschließend für 1 Stunde in den heißen Backofen schieben. Die Kürbisse danach herausnehmen, die Deckel abnehmen und die Kürbisse nochmals für 20 Minuten in den Ofen schieben, bis der Käse geschmolzen ist und Blasen wirft. Das Blech herausnehmen, die Deckel wieder auflegen und die Kürbisse sofort – im Ganzen oder in Spalten geschnitten – servieren.

Die Garzeit kann je nach Größe und Sorte erheblich variieren. Deshalb empfiehlt es sich, mit einem scharfen Messer zu prüfen, ob das Fruchtfleisch weich ist. Die Kürbisse sind fertig, wenn das Messer mühelos in das Fruchtfleisch gleitet und der Käse geschmolzen ist.

Ofenchips mit Rosmarin und Knoblauch

FÜR 4–6 PERSONEN ALS BEILAGE

Manchmal braucht man nicht mehr als einen Teller Chips. Die Chips meiner Mutter waren einfach einmalig: Sie machte sie aus den herrlichen Kartoffeln aus ihrem Garten und bestreute sie mit Rosmarin aus ihrem Kräutergarten und einer kräftigen Prise Meersalz. Einfach himmlisch!

Tomatensauce gab es bei uns zu Hause nicht. Dafür hatten wir den köstlichen selbst gemachten Pflaumenketchup (siehe Seite 79) meiner Mutter. Auf Seite 86 finden Sie außerdem ein Rezept für einen probiotischen Ketchup. Er wird fermentiert und enthält deshalb die »guten« Hefen und Bakterien, die für einen gesunden Darm sorgen, der wiederum das Immunsystem stärkt.

5 EL Ghee
2 große Süßkartoffeln, ungeschält und abgeschrubbt
1 große Kartoffel, ungeschält und abgeschrubbt
¼ mittelgroßer Knollensellerie, geschält
2 Zweige Rosmarin
1 Knolle Knoblauch, die Zehen abgelöst, aber nicht geschält
Meersalz und frisch gemahlener schwarzer Pfeffer

ZUM SERVIEREN
(Welche bzw. wie viele dieser Zutaten Sie verwenden, bleibt Ihnen überlassen.)
Probiotischer Ketchup (siehe Seite 86)
Pflaumenketchup (siehe Seite 79)
Selbst gemachte Aioli, Sriracha-Sauce oder Safranmayonnaise (oder eine andere Mayonnaise Ihrer Wahl; siehe Seite 73–74)

Den Backofen auf 190 °C (Umluft 170 °C) vorheizen.

4 EL Ghee in einem großen, flachen Bräter im Backofen erhitzen.

Die Süßkartoffeln, die Kartoffel und den Sellerie der Länge nach in dünne Scheiben schneiden und in einer Schüssel mit dem restlichen Ghee vermischen. Anschließend in den vorgeheizten Bräter füllen und mit dem Rosmarin und den Knoblauchzehen bestreuen. Damit die Chips schön knusprig werden, darauf achten, dass das Gemüse nicht übereinanderliegt.

Die Chips 40–50 Minuten im Backofen rösten und nach der Hälfte der Zeit einmal wenden.

Sobald sie eine schöne goldbraune Farbe haben und an den Rändern leicht angebräunt sind, den Bräter aus dem Ofen nehmen und die Chips mit dem probiotischen Ketchup oder einer Sauce Ihrer Wahl genießen. Die Chips eignen sich auch gut als Beilage.

Süß-scharfe gebratene rote Zwiebelringe

FÜR 4–6 PERSONEN ALS BEILAGE

Mit diesen köstlichen dunkelroten Ringen können Sie vielen Gerichten Geschmack und Farbe verleihen. Sie sind zugleich scharf und süß und schmecken vorzüglich in Salaten, zu gebratenem Fleisch, auf Sandwichs oder als Garnitur auf vegetarischen Gerichten. Kurz: Sie sind großartig, um einem Gericht eine gewisse Raffinesse zu verleihen.

8–10 mittelgroße rote Zwiebeln, geschält	70 ml Ghee oder Olivenöl Meersalz und frisch
130 ml Ahornsirup	gemahlener schwarzer
220 ml Balsamico-Essig	Pfeffer

Den Backofen auf 180 °C (Umluft 160 °C) vorheizen.

Die Zwiebeln in etwa 3 mm dicke Scheiben schneiden und diese in einer Schicht auf einem Backblech verteilen. Mit dem Ahornsirup und dem Essig und danach mit dem Ghee oder Olivenöl beträufeln. Die Zwiebeln für 30 Minuten in den Backofen schieben und nach der Hälfte der Zeit wenden. Sie sind fertig, wenn sie eine intensive dunkelrote Farbe angenommen haben und zu karamellisieren beginnen.

Die gebratenen Zwiebeln warm oder kalt servieren. Am besten schmecken sie frisch zubereitet.

Langsam geröstete Tomaten mit Fenchel und Thymian

FÜR 4 PERSONEN

Diese kleinen, leuchtend roten Leckerbissen verleihen einer Vielzahl von Gerichten Geschmack und Farbe. Sie sind weicher und nicht so zäh wie sonnengetrocknete Tomaten, die ich persönlich nicht so sonderlich mag. Durch das Braten bekommen diese kleinen Schönheiten einen noch intensiveren Geschmack. Sie passen nicht nur sehr gut zu Fisch, rotem Fleisch und Salaten, sondern auch zu Käse, vor allem Ziegenkäse und Ricotta. Frisch aus dem Ofen schmecken sie wunderbar mit Rührei und reichlich Schnittlauch. Ich bereite meist gleich eine größere Menge zu und bewahre die Tomaten, die übrig bleiben, mit Olivenöl bedeckt im Kühlschrank auf (sie sind so etwa 1 Woche haltbar), um sie beispielsweise zu einer Käseplatte oder auf einem Sandwich zu servieren.

20–30 kleine Datteltomaten (etwa 300 g)	½ TL Thymianblätter Zitronensaft
15 g Kokosblütenzucker	Meersalz und frisch gemahle-
1 Msp. Chiliflocken	ner schwarzer Pfeffer
1 TL Fenchelsamen	

Den Backofen auf 110 °C (Umluft 90 °C) vorheizen und ein Backblech mit Backpapier auslegen.

Die Tomaten der Länge nach halbieren und mit der Schnittfläche nach oben nebeneinander auf dem Blech verteilen. Den Zucker mit den Chiliflocken, den Fenchelsamen, den Thymianblättern sowie je 1 kräftigen Prise Salz und Pfeffer mischen und die Tomaten damit bestreuen. Mit Zitronensaft beträufeln und für 3–4 Stunden in den Backofen schieben. Die Tomaten sollten etwas einschrumpfen.

Im Kühlschrank sind diese köstlichen Tomaten etwa 1 Woche haltbar.

Süßkartoffeln auf schwedische Art

FÜR 4 PERSONEN

Bekannt ist dieses schwedische Kartoffelgericht, das normalerweise mit herkömmlichen Kartoffeln zubereitet wird, auch unter dem Namen Hasselback-Kartoffeln. Ich habe hier Süßkartoffeln verwendet (die in Neuseeland *kumara* heißen). Dazu serviere ich einen Avocadosalat und Parmesanspäne. Sehr gut schmecken die knusprigen Kartoffeln aber auch mit Fleischbällchen in Tomatensauce.

---

4 mittelgroße Süßkartoffeln, gewaschen
4 Stückchen weiche Butter (à 30–50 g)
Olivenöl
Blätter von 4 Thymianzweigen
½ TL Sumach
Meersalz und frisch gemahlener schwarzer Pfeffer

Den Backofen auf 180 °C (Umluft 160 °C) vorheizen.

Die Kartoffeln waagrecht auf ein Küchenbrett legen und über die gesamte Länge fächerförmig in schmale Scheiben schneiden, ohne sie dabei ganz durchzuschneiden (die Scheiben müssen zum Schluss noch zusammenhängen).

Die Kartoffeln nebeneinander in eine ofenfeste Form schichten und mit der Butter bepinseln. Die Butter dabei auch in die Schlitze reiben. Großzügig mit Olivenöl beträufeln, mit den Thymianblättern und dem Sumach bestreuen und mit Salz und Pfeffer würzen.

Die Kartoffeln etwa 40 Minuten auf der mittleren Schiene des Backofens backen, bis sie weich sind und an den Rändern braun werden.

Sehr heiß mit Beilagen Ihrer Wahl servieren.

Sie mögen es gerne pikant? Dann ersetzen Sie den Sumach und den Thymian zur Abwechslung doch einmal durch eine meiner Gewürzmischungen (siehe Seite 104–108).

Pilze mit knuspriger Haselnuss-Pecorino-Kruste

FÜR 4–6 PERSONEN ALS BEILAGE

Genau das Richtige für kühle Herbsttage sind diese Pilze, die man als vegetarisches Hauptgericht genießen oder mit einem grünen Salat als Beilage zu Brathähnchen servieren kann. Die Haselnusskruste sorgt für einen angenehmen Biss.

---

100 g Haselnusskerne
120 g Butter
200 g Champignons, gesäubert und in breite Streifen geschnitten
200 g Pfifferlinge, gesäubert
1 kleines Bund glatte Petersilie, die Blätter abgezupft und grob gehackt
2 TL frische Thymianblätter
Saft von ½ Zitrone
50 g Pecorino, gerieben
Meersalz und frisch gemahlener schwarzer Pfeffer

Den Backofen auf 180 °C (Umluft 160 °C) vorheizen.

Die Haselnusskerne auf ein Backblech streuen und etwa 8 Minuten im Backofen goldbraun rösten. Anschließend die Häutchen in einem sauberen Geschirrtuch abreiben. Die Nüsse in zwei gleich große Portionen teilen. Eine Hälfte in der Küchenmaschine fein mahlen, die andere Hälfte grob hacken.

Eine große Pfanne bei relativ starker Hitze heiß werden lassen. Die Hälfte der Butter darin erhitzen, die Pilze hineingeben und die Pfanne kurz schwenken. Die Pilze 2 Minuten anbraten. Dabei nicht zu häufig umrühren, damit sie nicht zu viel Flüssigkeit abgeben und matschig werden. Die Pilze nach 2 Minuten wenden und auf der anderen Seite braten. Sind sie fast gar, die Petersilie, 1 TL Thymianblätter und 1 kräftigen Spritzer Zitronensaft hinzufügen. Mit Salz und Pfeffer würzen, kurz umrühren und die Pilze in eine nicht zu große ofenfeste Form füllen; sie dürfen ruhig etwas übereinanderliegen.

Den Backofengrill bei mittlerer Hitze vorheizen. Die restliche Butter mit den gemahlenen Haselnüssen, 1 TL Thymianblättern, Salz und Pfeffer vermengen. Die grob gehackten Nüsse und zum Schluss den Pecorino untermengen. Die Mischung über die Pilze streuen, die Form unter den Grill schieben und die Pilze 2–3 Minuten grillen, bis sie schön gebräunt sind. Heiß servieren.

Gemüsestampf mit gebratenem Knoblauch und Schnittlauch

FÜR 4 PERSONEN

Dieser leckere, sahnige Stampf aus Möhren, Sellerie und Steckrübe lässt sich mit allem Möglichen kombinieren. Ich serviere ihn beispielsweise gerne mit gebratenem Fleisch oder Würsten, aber auch mit Blattgemüse und knusprig gebratenem Spiegelei. Ein absolutes Wohlfühlgericht, das obendrein satt macht und gesund ist. Genau das Richtige für kalte Wintertage.

- 1 Knolle Knoblauch (im Ganzen)
- 2 EL Ghee
- 4–5 große Möhren, geschält und in 3 cm große Stücke geschnitten
- 1/3 Steckrübe, geschält und in 3 cm große Stücke geschnitten
- ½ Knolle Sellerie, geschält und in 3 cm große Stücke geschnitten
- 100 g Butter
- 1 kleines Bund Schnittlauch, grob gehackt
- Meersalz und frisch gemahlener schwarzer Pfeffer

Den Backofen auf 200 °C (Umluft 180 °C) vorheizen.

Die Knoblauchknolle waagrecht halbieren, auf ein großes Stück Alufolie legen, mit dem Ghee beträufeln und mit Salz und Pfeffer würzen. Die Folie über dem Knoblauch verschließen, das Päckchen auf ein Backblech legen und den Knoblauch 40 Minuten im Backofen braten, bis er weich und goldbraun ist.

Das Gemüse in einen großen Topf mit leicht gesalzenem Wasser geben, zum Kochen bringen und 20 Minuten köcheln lassen, bis es weich ist. Anschließend in ein Sieb abgießen und 5 Minuten abkühlen lassen.

Das Gemüse in einen sauberen Topf füllen. Eine Hälfte der Knoblauchknolle darüberpressen (die papierene Schalen vorher entfernen und die zweite Hälfte für ein anderes Gericht aufheben) und die Butter hinzufügen. Das Ganze mit einer Gabel oder dem Kartoffelstampfer grob zerdrücken und mit Salz und Pfeffer abschmecken.

Das Püree in eine Servierschüssel füllen, mit dem Schnittlauch bestreuen und sehr heiß servieren.

MEINE HERZHAFTE
GESUNDHEITSKÜCHE   Salate   *Gemüse und Beilagen*   Fleisch und Fisch   Eier   Aromatisierte Joghurts   Mayonnaise   Saucen   Salsas und Chutneys

Pikanter gebratener Blumenkohl

FÜR 4 PERSONEN

Ein großartiges, etwas ungewöhnliches vegetarisches Hauptgericht, das, mit den entsprechenden Beilagen, sogar dem Sonntagsbraten Konkurrenz machen und auf einer Festtafel seinen Platz finden kann.

FÜR DIE MARINADE

1 unbehandelte Zitrone (für die Marinade wird nur der Saft benötigt, die Schale brauchen Sie später)
einige Zweige Thymian (nur die Blätter)
2–3 EL Olivenöl oder Ghee
1 TL Honig
4–5 Knoblauchzehen, geschält
1 TL geräuchertes Paprikapulver
1 TL Sumach
etwas frisch gemahlener schwarzer Pfeffer
1 kräftige Prise Meersalz

FÜR DEN BLUMENKOHL

1 großer Blumenkohl
4 EL trockener Marsala
400 g Cocktailtomaten
einige Zweige Thymian
40 g Mandelblättchen, leicht geröstet
20 g Kürbiskerne, leicht geröstet
½ Bund glatte Petersilie, die Blätter abgezupft und in kleine Stücke gerissen
Olivenöl extra vergine
etwas frisch gemahlener schwarzer Pfeffer

Den Backofen auf 180 °C (Umluft 160 °C) vorheizen.

Die Marinadenzutaten in der Küchenmaschine zu einer groben Paste vermengen.

Die Blätter und den Strunk des Blumenkohls abschneiden, so dass er einen guten Stand hat. Wenn die Blätter noch nicht welk sind, können Sie sie in einer Gemüsebrühe mitverwenden.

Den Blumenkohl rundherum mit der Marinade einreiben und in eine ofenfeste Form mit Deckel setzen (ich nehme dazu gerne eine Kasserolle mit schwerem Boden). Mit dem Marsala beträufeln und den Deckel auflegen.

Den Blumenkohl für etwa 1 Stunde in den Backofen schieben, bis er weich ist. Die Garzeit kann sich je nach Größe um 10–15 Minuten verlängern.

Den Blumenkohl aus dem Ofen nehmen. Die Tomaten und die Thymianzweige darauf verteilen und die Zitronenschale darüberreiben. Die Backofentemperatur auf 220 °C (Umluft 200 °C) erhöhen und den Blumenkohl weitere 15 Minuten im geöffneten Topf garen, bis sich eine schöne goldbraune Kruste gebildet hat.

Den Blumenkohl anschließend herausnehmen, mit den Mandelblättchen, den Kürbiskernen und der Petersilie bestreuen, mit etwas Garflüssigkeit aus dem Topf begießen, mit etwas Olivenöl beträufeln und etwas Pfeffer darübermahlen.

Den Blumenkohl zerteilen und sofort servieren. Sehr gut passt dazu gebratenes Gemüse, ein warmer Grünkohlsalat und ein Auberginen- oder Kichererbsendip.

Schnelles, grünes Gemüse

FÜR 4 PERSONEN

Gemüse auf diese Art zuzubereiten, habe ich von einem Freund gelernt, der ein großartiger Koch ist. Das Tolle an dieser Methode ist für mich, dass dabei alle Nährstoffe erhalten bleiben und das Gemüse seinen Eigengeschmack nicht verliert. Nur allzu oft werden Brokkoli und anderes grünes Gemüse in zu viel Wasser gekocht, und die ganzen wertvollen Inhaltsstoffe landen im Wasser anstatt auf Ihrem Teller. Dieses Garverfahren eignet sich auch für alle möglichen anderen Gemüsesorten. Das Einzige, was unter Umständen variiert, ist die Garzeit. Ich kann Ihnen nur wärmstens empfehlen, es einmal auszuprobieren. Sie werden garantiert nicht wieder zu Ihrer alten Methode zurückkehren. Zum Schluss kann das Gemüse nach Belieben noch mit einer Kräuterbutter (siehe Seite 114) oder einem Kräuteröl (siehe Seite 118–119) verfeinert werden.

BENÖTIGTE UTENSILIEN
eine gute Bratpfanne
   oder Sauteuse mit fest
   schließendem Deckel (oder
   ein Topf mit schwerem
   Boden)

FÜR DAS GEMÜSE
einige Handvoll Stangen-
   brokkoli
1 Handvoll grüne Bohnen, die
   Enden abgeschnitten
1 Handvoll Grünkohl, die
   harten Stiele entfernt
2 EL Olivenöl
1 kräftige Prise Meersalz und
   etwas frisch gemahlener
   schwarzer Pfeffer

Das Gemüse auf einem Teller neben dem Topf bereitlegen (wichtig für das Gelingen dieses Rezepts ist, dass alles gut vorbereitet ist).

Die Pfanne oder den Topf einige Minuten bei sehr starker Hitze heiß werden lassen. Der Topf muss so heiß sein, dass Sie die Hitze spüren, wenn Sie die Hand darüberhalten.

Inzwischen in einer Tasse oder einer kleinen Schüssel das Öl mit 4 EL kaltem Wasser, dem Salz und dem Pfeffer verrühren und neben das Gemüse stellen. Den Topf- oder Pfannendeckel ebenfalls bereitlegen.

Sobald der Topf richtig heiß ist, das Ölgemisch und danach sofort das Gemüse hineingeben und den Deckel auflegen. Wenn das Wasser auf die heiße Oberfläche des Topfs trifft, entsteht sehr viel Dampf, der das Gemüse gart, ohne dass es an Geschmack und Inhaltsstoffen einbüßt. Das Öl, das Salz und der Pfeffer sorgen gleichzeitig für die richtige Würze. Das Salz sorgt außerdem dafür, dass das Gemüse seine leuchtende Farbe behält. Damit möglichst wenig Dampf entweicht, ist es wichtig, den Deckel so schnell wie möglich aufzulegen. Das Gemüse nur maximal 2–3 Minuten garen. Um die Garprobe zu machen, den Deckel auf einer Seite kurz anheben, ein Stück Brokkoli herausnehmen und probieren. Das Gemüse sollte noch etwas Biss haben. Ist es gar, den Deckel abnehmen, das Gemüse mit einer Zange aus dem Topf nehmen und auf einer vorbereiteten Servierplatte anrichten.

Das Gemüse nach Belieben noch mit einem Stückchen Butter, etwas Kräuterbutter oder Kräuteröl – besonders zu empfehlen ist das Bärlauchöl – verfeinern und servieren.

MEINE HERZHAFTE
GESUNDHEITSKÜCHE   Salate   *Gemüse und Beilagen*   Fleisch und Fisch   Eier   Aromatisierte Joghurts   Mayonnaise   Saucen   Salsas und Chutneys

Pikante Blumenkohltoasts

FÜR 4 PERSONEN

Diese köstlichen kleinen Toasts sind eine echte Offenbarung. Man kann sie mit einem Spiegelei servieren – mit einer Beilage, die das flüssige Eigelb aufsaugt, schmecken Spiegeleier für mich einfach noch mal so gut. Sie könnten sie aber auch mit einer Guacamole garnieren und mit einem grünen Salat servieren oder aber mit gebratenen Pilzen und gebratenen Tomaten. Der Blumenkohl ist ein enorm vielseitiges Gemüse, wurde aber leider bisher oft ein bisschen verkannt. Deshalb liegt es mir sehr am Herzen, sein Image ein wenig aufzupolieren.

---

1 großer Blumenkohl
Ghee oder Olivenöl
3–4 EL Za'atar (siehe Seite 108), Dukkah mit Pistazien und Grünkohl (siehe

Seite 104) oder einfach etwas gemahlener Kreuzkümmel und Paprikapulver
Meersalz und frisch gemahlener schwarzer Pfeffer

Den Backofen auf 180 °C (Umluft 160 °C) vorheizen.

Den Strunk des Blumenkohls abschneiden, damit er einen guten Stand hat. Dabei aber nicht zu viel abschneiden, damit die Scheiben nicht auseinanderfallen.

Den Blumenkohl auf ein Küchenbrett setzen und senkrecht in 3 cm dicke Scheiben schneiden. Die Scheiben auf einem Backblech verteilen und großzügig mit Ghee oder Olivenöl beträufeln. Mit der Gewürzmischung Ihrer Wahl bestreuen und mit Salz und Pfeffer würzen.

Das Blech in den Backofen schieben und die Toasts etwa 25 Minuten backen, bis sie am Rand dunkel werden und eine schöne Farbe angenommen haben.

Die Toasts aus dem Ofen nehmen und mit einem Belag Ihrer Wahl garnieren. Wie wäre es beispielsweise mit dem schnellen, schonend gegarten Gemüse von Seite 48, einem pochierten Ei oder einem Spiegelei (siehe Seite 67 und 69)?

Blumenkohlreis mit Kräutern

FÜR 4 PERSONEN ALS BEILAGE

Dieser Blumenkohlreis ist eine wunderbare Alternative, wenn Sie auf Getreide verzichten möchten oder müssen. Er passt hervorragend zu gegrilltem Fleisch und eignet sich vorzüglich als Ersatz für Reis oder Couscous in vegetarischen Hauptgerichten.

---

1 Handvoll Cashewkerne
½ Blumenkohl
Saft von 1 Zitrone
Olivenöl extra vergine
1 Knoblauchzehe, durchgepresst
1 Handvoll frisches Koriandergrün, grob gehackt

6 Stängel Minze, die Blätter abgezupft und in kleine Stücke gerissen
Kerne von ½ Granatapfel
Meersalz und frisch gemahlener schwarzer Pfeffer

Die Cashewkerne bei mittlerer Hitze ohne Zugabe von Fett einige Minuten in einer Pfanne rösten, bis sie rundherum goldbraun sind. Die Pfanne alle 20 Sekunden rütteln, damit sie nicht verbrennen. Die Kerne anschließend auf einem Küchenbrett grob hacken und zur Seite stellen.

Den Strunk aus dem Blumenkohl herausschneiden. Den Kohlkopf anschließend zunächst in Scheiben schneiden und danach in kleine Stücke in der Größe von Reiskörnern hacken. Zum Zerkleinern der Blumenkohlscheiben können Sie auch die Küchenmaschine verwenden. Achten Sie aber darauf, dass Sie den Blumenkohl nicht zu fein hacken, sonst wird er später zu Brei.

Die reiskorngroßen Blumenkohlstückchen in eine große Schüssel füllen, mit dem Zitronensaft übergießen, großzügig mit Olivenöl beträufeln, den Knoblauch und die Cashewkerne hinzufügen und alles gut durchmischen. Die Kräuter unterheben, mit Salz und Pfeffer würzen und die Granatapfelkerne darüberstreuen. Fertig ist der Blumenkohlreis!

Dips und Pasteten Gewürzmischungen Salze Butter und Öle Kefir, Joghurt & Co. Brühen und Suppen Sauerkraut, Pickles & Co. Essige Brote, Cracker & Co.

Brathähnchen mit Knusperhaut

FÜR 4–6 PERSONEN

Besonders knusprig wird die Hähnchenhaut, wenn man das Geflügel nach der Spatchcock-Methode zubereitet. Dazu trennt man das Rückgrat aus dem Hähnchen heraus und klappt es auseinander, so dass es flach auf dem Küchenbrett liegt. Anschließend wird es einfach nur mit Ghee bepinselt, mit Salz und Pfeffer gewürzt und gebraten. Oder Sie machen es wie ich und peppen es mit der Za'atar-Gewürzmischung von Seite 108 auf. Ob Groß, ob Klein – jeder wird dieses einfach zuzubereitende Gericht lieben.

Die Za'atar-Gewürze passen besonders gut zu der knusprigen Haut und dem zarten Fleisch, probieren Sie aber auch einmal eine der anderen Gewürzmischungen von Seite 104–108 aus. Sie werden sehen, das Hähnchen schmeckt auch damit einfach köstlich.

BENÖTIGTE UTENSILIEN

2 lange Bambus- oder Metall-
    spieße
eine Geflügelschere

1 mittelgroßes Freiland-
    hähnchen
2 EL Ghee
3 EL Za'atar (siehe Seite 108)

ZUM SERVIEREN

Kerne von ½ Granatapfel
1 kleines Bund frisches
    Koriandergrün oder Rucola
Joghurt mit Knoblauch und
    Kräutern (siehe Seite 72)

Den Backofen auf 200 °C (Umluft 180 °C) vorheizen.

Das Hähnchen mit der Küchenschere entlang des Rückgrats aufschneiden und den Knochen entfernen. Das Hähnchen auseinanderklappen, so dass es flach vor Ihnen liegt. Die Brust sollte nach oben, die Flügel und die Keulen nach außen zeigen.

Die Spieße über Kreuz durch die Mitte des Hähnchens stecken. Dadurch wird gewährleistet, dass es beim Braten flach liegen bleibt.

Das Hähnchen auf ein Backblech legen, mit dem Ghee einreiben, mit der Za'atar-Gewürzmischung bestreuen und 20 Minuten im Backofen braten. Die Temperatur danach auf 180 °C (Umluft 160 °C) reduzieren und das Hähnchen weitere 40 Minuten braten, bis die Haut knusprig ist und das Fleisch sich von den Knochen löst.

Das Hähnchen aus dem Ofen nehmen und etwa 10 Minuten ruhen lassen. Ich bestreue es vor dem Servieren gerne noch mit Granatapfelkernen und Koriander- oder Rucolablättern und reiche dazu etwas Joghurt mit Knoblauch und Kräutern.

Weitere Serviervorschläge.
Das Hähnchen mit Piri-Piri-Gewürzmischung (siehe Seite 106) würzen und mit einer Guacamole (siehe Seite 100) und einem grünen Salat servieren.

Das Hähnchen mit der mediterranen Kräutermischung von Seite 108 würzen und mit selbst gemachten Chips und mit einem grünen Salat und der Aioli von Seite 74 oder dem probiotischen Tomatenketchup von Seite 86 (oder mit beidem) servieren.

Dips und Pasteten Gewürzmischungen Salze Butter und Öle Kefir, Joghurt & Co. Brühen und Suppen Sauerkraut, Pickles & Co. Essige Brote, Cracker & Co. 51

Tipps für die Zubereitung von Brathähnchen

Ein Brathähnchen ist ein Gericht, das ohne großen Aufwand und ohne viel Nachdenken zubereitet werden kann, man muss es im Grunde einfach nur in den Ofen schieben. Deshalb ist es ideal als Sonntagsbraten oder als Abendessen unter der Woche. Und aus den Resten lassen sich noch weitere leckere Mahlzeiten herstellen. Nie käme es mir in den Sinn, die Karkasse wegzuwerfen. Denn selbst wenn sie nur noch aus Knochen besteht, kann man daraus noch eine Brühe herstellen, die wiederum als Basis für eine Suppe oder einen Risotto dienen kann.

Ich möchte an dieser Stelle vorausschicken, dass es kein Patentrezept für die einzig wahre Zubereitung eines Brathähnchens gibt. Da hat jeder so seine eigenen Vorlieben. Wichtig ist nur, dass man mit dem Ergebnis zufrieden ist. Soll die Haut schön knusprig werden, muss man die Flüssigkeit (z.B. den Wein), die man zum Garen verwendet, sparsam dosieren. Legt man dagegen Wert auf viel Bratensaft, geht das auf Kosten der Knusprigkeit. Beides unter einen Hut zu bekommen ist leider nicht möglich. Sollte man Geflügel bridieren (die Schenkel mit Küchengarn am Körper festbinden) oder nicht? Ich persönlich mache mir die Mühe in der Regel nicht. Wenn Sie Ihr Hähnchen allerdings füllen oder wenn es perfekt aussehen soll, sollte man auf das Bridieren nicht verzichten. Besonders zart und saftig wird Ihr Geflügel, wenn Sie es vor dem Braten in Salzwasser legen. Doch auch darauf kann man getrost verzichten. Im Folgenden habe ich Ihnen ein paar einfache Regeln zusammengestellt – so gelingt Ihnen Ihr Brathähnchen garantiert.

Besonders zart und saftig wird Ihr Hähnchen, wenn Sie es 10 Minuten in siedendem Wasser pochieren. Die Haut wird dann zwar nicht ganz so knusprig, aber das Fleisch wird butterweich.

Das Hähnchen vor dem Braten einige Stunden offen im Kühlschrank ruhen lassen. Dadurch trocknet die Haut aus und wird schön knusprig.

Geflügel niemals direkt aus dem Kühlschrank in den Ofen schieben, sondern immer erst braten, wenn es sich auf Raumtemperatur erwärmt hat.

Der Bräter sollte nicht zu groß sein, ansonsten besteht das Risiko, dass die Bratflüssigkeit einbrennt.

Den Backofen stets vorheizen, bevor Sie das Hähnchen hineinschieben.

Lässt sich die Bratflüssigkeit nur schwer mit einem Löffel aus dem Bräter schöpfen, das Hähnchen während des Bratens einfach mit zerlassener Butter bepinseln.

Geflügel vor dem Tranchieren immer erst eine Weile ruhen lassen, damit sich die Fleischfasern entspannen können und zarter werden. Wenn Sie befürchten, dass das Brustfleisch zu trocken geworden ist, das Hähnchen mit der Brust nach unten ruhen lassen. So kann der Fleischsaft in die trockene Brust eindringen und sie wird wieder saftiger.

Soll die Haut besonders knusprig werden, das Hähnchen auf dem Rost und bei höherer Temperatur braten.

Achten Sie beim Einkauf auf Qualität. Die gesundheitlichen Vorzüge eines Bio-Freilandhähnchens sind hinlänglich bekannt, und die Karkasse eignet sich vorzüglich für eine Knochenbrühe, die Sie wiederum für ein oder zwei andere Mahlzeiten verwenden können. Und damit hat sich die Investition gleich wieder amortisiert.

Faustregel für die Garzeit und die Gartemperatur: 20 Minuten im vorgeheizten Backofen bei 180 °C (Umluft 160 °C) plus 15 Minuten je 450 g Gewicht.

Um die Garprobe zu machen, eine Keule etwas vom Körper wegziehen und das Fleisch an der dicksten Stelle mit einem scharfen Messer einstechen. Das Hähnchen ist gar, wenn ein klarer Saft austritt.

Ein perfektes Roastbeef

FÜR 6-8 PERSONEN

Mit diesem Rezept gelingt Ihnen das Roastbeef für Ihr Sonntagsessen garantiert. Sie können dafür einfach ein Stück aus der Rinderoberschale nehmen. Wenn Sie Ihre Freunde und Ihre Familie allerdings besonders beeindrucken wollen, würde ich Ihnen ein Lendenstück mit Knochen und Filet oder ein Entrecôte empfehlen. Ich esse mein Roastbeef am liebsten medium rare mit einer selbst gemachten sahnigen Meerrettichsauce. Eine unschlagbare Kombination! Und falls Sie wilden Meerrettich für Ihre Sauce finden, schmeckt das Roastbeef noch einmal so gut.

Rezepte für Meerrettichsaucen finden Sie auf Seite 80.

2,3 kg Rindfleisch aus der Oberschale, Lende oder Hochrippe	3–4 kleine rote Zwiebeln, halbiert
1 EL Senfpulver (nach Belieben)	1 weiße Zwiebel, halbiert
1 EL Dinkelmehl (nach Belieben)	1 Knolle Knoblauch, waagrecht halbiert
	Salz und frisch gemahlener schwarzer Pfeffer

Den Backofen auf 240 °C (Umluft 220 °C) vorheizen.

Das Fleisch rechtzeitig aus dem Kühlschrank nehmen, damit es sich auf Raumtemperatur erwärmen kann. Die Fettschicht nach Belieben mit Senfpulver und Mehl einreiben und das Fleisch anschließend großzügig mit Salz und Pfeffer würzen. Wenn Sie auf das Senfpulver und das Mehl verzichten, das Fleisch lediglich mit Salz und Pfeffer würzen.

Die Zwiebeln und den Knoblauch in einem Bräter verteilen, das Fleisch darauflegen und für 20 Minuten in den Backofen schieben. Die Temperatur danach auf 190 °C (Umluft 170 °C) reduzieren und das Fleisch fertig garen. Mögen Sie es blutig, müssen Sie 15 Minuten je 450 g rechnen. Soll es innen noch rosa sein, verlängert sich die Gesamtgarzeit um 15 Minuten. Soll es durchgegart sein, verlängert sich die Gesamtgarzeit um 30 Minuten.

Damit das Fleisch schön saftig bleibt, muss es während des Garens regelmäßig mit der Bratflüssigkeit begossen werden. Dazu den Bräter einfach etwas herausziehen, leicht kippen und die Flüssigkeit mit einem Löffel über das Fleisch gießen. Und die Backofentür so schnell wie möglich wieder schließen, damit die Temperatur nicht absinkt.

Das Fleisch aus dem Ofen nehmen, sobald es den gewünschten Gargrad erreicht hat. Auf eine Platte oder ein Küchenbrett legen, lose mit Alufolie und einem sauberen Geschirrtuch abdecken und mindestens 30 Minuten ruhen lassen.

Wenn Sie die Sauce zubereiten, daran denken, den Saft, den das Fleisch während des Ruhens abgibt, zur restlichen Bratflüssigkeit in den Topf zu gießen.

Sobald die Sauce fertig ist (Anleitung siehe unten) und das Fleisch ausreichend geruht hat, das Roastbeef aufschneiden und mit Beilagen Ihrer Wahl servieren.

Grobe Anleitung für eine schmackhafte, leichte Bratensauce:
Wie viel Bratflüssigkeit anfällt, ist von der Größe des Fleischstücks abhängig. Braten Sie lediglich ein kleines Stück an, bei dem nur wenig Bratflüssigkeit anfällt, erhitzen Sie diese bei starker Hitze, löschen mit einem Schuss Rotwein ab und lassen das Ganze 1 Minute bei relativ starker Hitze einkochen. Gießen Sie danach so viel Brühe an, wie Sie für die gewünschte Saucenmenge benötigen, lassen die Sauce etwas einkochen und eindicken, würzen sie gut mit Salz und Pfeffer, nehmen den Topf dann vom Herd und rühren ein Stückchen eiskalte Butter mit dem Schneebesen ein. Die Sauce anschließend in eine Sauciere füllen und servieren. Genauso verfahren Sie bei größeren Mengen Bratflüssigkeit, fügen dann aber entsprechend mehr Brühe und Rotwein hinzu.

Dips und Pasteten Gewürzmischungen Salze Butter und Öle Kefir, Joghurt & Co. Brühen und Suppen Sauerkraut, Pickles & Co. Essige Brote, Cracker & Co.   55

56 MEINE HERZHAFTE GESUNDHEITSKÜCHE   Salate   Gemüse und Beilagen   *Fleisch und Fisch*   Eier   Aromatisierte Joghurts   Mayonnaise   Saucen   Salsas und Chutneys

Das perfekte Steak

FÜR 2 PERSONEN

Bei den Steaks gebe ich in jedem Fall dem Rib-Eye-Steak den Vorzug. Es ist saftig und schmackhaft und hat für mich auch eine angenehmere Textur als andere Steaks. An zweiter und dritter Stelle meiner Beliebtheitsskala folgen das Sirloin-Steak und das Filetsteak. Es hat eine Weile gedauert, bis ich den Bogen beim Steakbraten heraushatte. Am Anfang kann es eine ganz schöne Herausforderung sein, das richtig hinzubekommen. Mit der unten beschriebenen Methode kann man aber kaum etwas falsch machen, und die Steaks werden schön saftig. Steaks können einfach so gebraten werden. Wer es aber besonders gut machen will, mariniert sie vorher noch. Dafür eignet sich beispielsweise die Teriyaki-Sauce von Seite 87 oder eine der unten aufgeführten Marinaden. Zu einem perfekt gebratenen, saftigen, lediglich mit Salz und Pfeffer gewürzten Steak schmeckt vorzüglich die Chimichurri-Sauce von Seite 82.

---

2 mittelgroße Rib-Eye-Steaks
   (2–2,5 cm dick)
4 EL Ghee oder Olivenöl
Meersalz und frisch gemahlener schwarzer Pfeffer

Ein paar Anregungen für Marinaden
ORIENTALISCHE ART
1 TL Sumach
1 TL Kreuzkümmel
einige Thymianzweiglein
einige frische Oreganoblätter
1–2 Scheiben einer unbehandelten Orange (nach Belieben)
2 Knoblauchzehen

MEDITERRANE ART
2 Knoblauchzehen
abgeriebene Schale und
   Saft von 2 unbehandelten
   Clementinen
einige Thymianzweiglein
1 kleine Handvoll Basilikumblätter

ASIATISCHE ART
2 TL Tamari (traditionell
   hergestellte, glutenfreie
   japanische Sojasauce)
abgeriebene Schale und
   Saft von 1 unbehandelten
   Limette
1 TL Kokosblütenzucker
2 TL Ingwer, geschält und
   gerieben
½ TL geröstetes Sesamöl

Die Steaks in eine Schüssel (sie darf nicht aus Metall sein) legen, mit dem Ghee oder dem Olivenöl beträufeln und kräftig mit Salz und Pfeffer würzen (beim Würzen dürfen Sie ruhig sehr großzügig sein). Sie können die Steaks jetzt entweder so lassen, wie sie sind, oder Sie fügen noch die Marinadenzutaten Ihrer Wahl hinzu und massieren sie mit den Händen vorsichtig in das Fleisch ein. Die Steaks anschließend abdecken und im Kühlschrank marinieren lassen (maximal 3 Tage, mindestens aber über Nacht).

Die Steaks mindestens 1 Stunde vor dem Braten aus dem Kühlschrank nehmen.

Eine gerippte Grillpfanne sehr heiß werden lassen. Die Steaks in die heiße Pfanne legen und 1½–2 Minuten braten, ohne sie dabei zu bewegen. Anschließend wenden und auf der anderen Seite ebenfalls 1½–2 Minuten braten. Die Steaks sind danach innen noch blutig. Bevorzugen Sie sie medium rare, braten Sie sie 1 Minute länger.

Die Steaks aus der Pfanne nehmen, auf einen Teller oder ein sauberes Küchenbrett legen, lose mit Alufolie abdecken (damit sich kein Dampf entwickelt) und vor dem Servieren mindestens 5–10 Minuten ruhen lassen, damit sich das Fleisch entspannt und zarter wird. Das Fleisch in breite Streifen schneiden und servieren.

Das Fleisch vor dem Braten rechtzeitig aus dem Kühlschrank nehmen, damit es sich auf Raumtemperatur erwärmen kann und dann gleichmäßig gart.

Die Garzeit hängt von der Dicke des Steaks ab. Bei dünneren Steaks ist sie kürzer, bei dickeren länger.

Das Steak, nachdem Sie es in die heiße Pfanne gegeben haben, erst einmal nicht bewegen. Nur so kann es eine schöne Kruste bilden und karamellisieren.

Eine perfekte, gesunde Sauce Bolognese

FÜR 4–6 PERSONEN

Von diesem Gericht gibt es auf der Welt so viele Versionen, wie es italienische *nonnas* gibt. Die Variante, die ich über die Jahre entwickelt habe, schmeckt nicht nur ausgezeichnet und ist ganz einfach zuzubereiten, sondern ist überdies außerordentlich nährstoffreich. Darüber hinaus hat die Bolognese den Vorzug, dass man sie gleich in größeren Mengen herstellen und einen Teil davon einfrieren kann. So hat man, wenn es mal eilt, immer eine schnelle Mahlzeit zur Hand. Dass meine Version so nährstoffreich ist, ist insbesondere meinen beiden Geheimzutaten – der Leber und der Knochenbrühe – zu verdanken. Der Kakao, den ich außerdem noch hinzufüge, ist zwar nicht typisch italienisch, verleiht dem Ganzen aber noch mehr Geschmackstiefe.

---

1 großes Stückchen Butter

120 g durchwachsener Räucherspeck, fein gewürfelt

1 Zwiebel, fein gehackt

1 Möhre, geschält und fein gewürfelt

2 Stangen Sellerie, fein gewürfelt

2 Knoblauchzehen, fein gehackt

1 Zweig Rosmarin, die Nadeln abgezupft und fein gehackt

300 g zimmerwarmes Hackfleisch vom Rind

40 g Hühnerleber, fein gehackt

150 ml Hühnerknochenbrühe (siehe Seite 136) oder Hühnerbrühe

frisch geriebene Muskatnuss

150 ml trockener Weißwein

1 Dose (400 g) Passata

1 Handvoll süßliche Cocktailtomaten

1 TL Tomatenmark

1 TL geriebene Kakaobohne (nach Belieben)

Meersalz und frisch gemahlener schwarzer Pfeffer

Den Backofen auf 150 °C (Umluft 130 °C) vorheizen.

Die Butter bei mittlerer Hitze in einer ofenfesten Kasserolle mit schwerem Boden und gut schließendem Deckel zerlassen. Sobald sie zu brutzeln beginnt, den Räucherspeck mit der Zwiebel darin anschwitzen. Die Möhre hinzufügen und ebenfalls einige Minuten anschwitzen. Den Sellerie, den Knoblauch und den Rosmarin dazugeben und alles einige Minuten anschwitzen. Das Gemüse und die Zwiebel sollten weich sein und der Speck sollte sein Fett abgegeben und sein Aroma entfaltet haben.

Das Hackfleisch in die Kasserolle geben, mit einem Pfannenwender zerkrümeln und unter häufigem Rühren anbräunen. Sparsam mit Salz und Pfeffer würzen, die Leber hinzufügen und das Ganze noch etwa 5 Minuten braten.

Die Brühe angießen, etwa ¼ TL frisch geriebene Muskatnuss hinzufügen und die Sauce etwa 30 Minuten köcheln lassen, bis die Brühe fast vollständig verdunstet ist.

Den Wein angießen, die Passata, die Tomaten und das Tomatenmark einrühren und den Kakao hinzufügen. Die Kasserolle mit leicht geöffnetem Deckel für mindestens 3½ Stunden in den Backofen schieben. Während der Garzeit von Zeit zu Zeit prüfen, ob noch genügend Flüssigkeit im Topf ist und gegebenenfalls noch etwas Knochenbrühe oder Wasser hinzufügen oder die Backofentemperatur etwas verringern. Die Bolognese noch einmal mit Salz und Pfeffer abschmecken und servieren.

Mit Zucchini-Nudeln (siehe Seite 38) oder einer Süßkartoffel auf schwedische Art (siehe Seite 44) und mit Parmesan oder Pecorino bestreut servieren.

Burger-Patties (oder Fleischbällchen) mit Gemüse

FÜR 4–6 PERSONEN

Mit reichlich Gemüse habe ich meine nährstoffreiche Version der klassischen Burger-Patties angereichert. Sie können aus der Fleischmasse aber genauso gut Fleischbällchen machen. Denn so kam ich überhaupt auf diese Idee, als ich bei der Zubereitung einmal ausprobierte, das Paniermehl durch Gemüse zu ersetzen. Und Ihre Kinder werden gar nicht merken, dass in ihren geliebten Burgern haufenweise Gemüse steckt! Besonders gut eignen sich Möhren oder Rote Beten, aber auch geraspelte Zucchini. Die sollten Sie allerdings etwas ausdrücken, bevor Sie sie zum Fleisch geben. Nach Belieben kann man die Fleischmasse auch noch mit einem Teelöffel einer der Gewürzmischungen verfeinern, die Sie auf den Seiten 104–108 finden. Lassen Sie sich dabei einfach davon inspirieren, was Sie dazu servieren wollen. Zu Burger-Patties mit grünem Salat und einem aromatisierten Joghurt (siehe Seite 72) bietet sich beispielsweise die marokkanische Gewürzmischung an.

---

4 EL Ghee
1 große Zwiebel, fein gehackt
450 g Hackfleisch vom Rind
2 große Möhren, gerieben
1 TL Meersalz
½ TL frisch gemahlener
   schwarzer Pfeffer

1 Ei, verquirlt (nach Belieben)
1 EL fein gehackter Thymian
   oder Petersilie (nach
   Belieben)

In einer großen Pfanne 2 EL Ghee bei relativ starker Hitze heiß werden lassen und die Zwiebel darin etwa 5 Minuten goldgelb anschwitzen. Aus der Pfanne nehmen und abkühlen lassen. Die Pfanne sauber reiben.

Die übrigen Zutaten, bis auf das restliche Ghee, in eine Schüssel füllen, die Zwiebel dazugeben und die Zutaten sorgfältig mit den Händen vermengen.

Je 1 großen Löffel der Fleischmasse mit angefeuchteten Händen zu einem Burger-Patty formen. Wie groß und dick Ihre Burger werden, bleibt ganz Ihnen überlassen. Ich mache in der Regel vier bis sechs Burger-Patties. Wenn Sie Fleischbällchen daraus machen wollen, einfach einen kleinen Löffel voll zwischen den Handflächen zu walnussgroßen Kugeln rollen.

Die Pfanne erneut auf die Herdplatte stellen, das restliche Ghee bei mittlerer Hitze heiß werden lassen und die Patties oder Fleischbällchen darin braten, bis sie rundherum braun und durchgegart sind. Die Garzeit hängt von der Temperatur und von der Größe der Patties oder Fleischbällchen ab. In der Regel benötigen die Patties auf jeder Seite 3–4 Minuten. Bei Fleischbällchen müssen Sie insgesamt etwa 10 Minuten rechnen. Werden sie außen zu dunkel und sind innen noch nicht gar, die Wärmezufuhr verringern. Die Patties können auch in der Grillpfanne oder auf dem Holzkohlegrill gebraten werden.

Die Patties mit einem Salat und einer Sauce Ihrer Wahl servieren – vorzüglich schmecken sie mit meinem probiotischen Tomatenketchup (siehe Seite 86) – und nach Belieben selbst gemachte Ofenchips (siehe Seite 42) dazu reichen.

Fleischbällchen können einfach so serviert werden oder – mit Zucchini-Nudeln (siehe Seite 28) und Parmesan – in der Tomatensauce von Seite 84.

Dips und Pasteten Gewürzmischungen Salze Butter und Öle Kefir, Joghurt & Co. Brühen und Suppen Sauerkraut, Pickles & Co. Essige Brote, Cracker & Co.

Lammschulter mit Rosen-Harissa und Fenchel
FÜR 6–8 PERSONEN

Nichts ist leichter als die Zubereitung dieser Lammschulter. Das langsam gegarte Fleisch ist so zart, dass es am Ende förmlich vom Knochen fällt, und die Kombination von Lamm, Rosen-Harissa und Fenchel ist einfach unübertrefflich. Mit verschiedenen Gewürzmischungen lässt sich das Grundrezept jederzeit abwandeln. Eine blumige Note können Sie dem Gericht verleihen, wenn Sie es zum Schluss noch mit getrockneten Rosenblättern bestreuen. Dazu passt vorzüglich der Joghurt mit Knoblauch und Kräutern von Seite 72.

4 große Zwiebeln, halbiert und in dünne Scheiben geschnitten

6 Knollen Fenchel, geputzt und in je 6 Spalten geschnitten

4 Knollen Knoblauch

Saft von ½ Zitrone

50 ml Sherryessig

250 ml Rotwein

75 ml Olivenöl oder Ghee

2 gehäufte EL Rosen-Harissa (siehe Seite 109)

1,5 kg Lammschulter mit Knochen

ZUM SERVIEREN

getrocknete Rosenblätter (nach Belieben)

Granatapfelkerne (nach Belieben)

Den Backofen auf 180 °C (Umluft 160 °C) vorheizen.

Die Zwiebeln mit dem Fenchel und dem Knoblauch in einem großen Bräter (er sollte so groß sein, dass die Lammschulter und das Gemüse gerade Platz darin haben) verteilen und mit dem Zitronensaft, dem Essig, dem Rotwein und dem Olivenöl begießen. Das Fleisch mit der Harissa einreiben und diese leicht einmassieren. Die Lammschulter auf das Gemüse legen und mit 1,2 Liter kaltem Wasser begießen. Ein ausreichend großes Stück Alufolie einmal zusammenfalten und den Bräter gut damit abdecken.

Das Fleisch in den Backofen schieben und 1 Stunde garen. Den Ofen anschließend auf 150 °C (Umluft 130 °C) herunterschalten und die Lammschulter weitere 4–5 Stunden braten, bis sich das Fleisch vom Knochen löst. In den letzten 30 Minuten die Folie abnehmen und die Temperatur auf 170 °C (Umluft 150 °C) erhöhen. Die Lammschulter anschließend vorsichtig aus dem Bräter nehmen und auf einer Servierplatte anrichten.

Das Fett vom Gemüse abschöpfen (die Zwiebeln und der Fenchel sollten jetzt sehr weich sein und fast an ein Chutney erinnern) und – nach Belieben mit getrockneten Rosenblättern bestreut – zur Lammschulter servieren. Als Farbtupfer kann man auch noch ein paar Granatapfelkerne darüberstreuen, die dem Gericht zusätzlich eine frische, säuerliche Note verleihen.

Das Fleisch nicht aufschneiden, sondern mit zwei Gabeln vom Knochen lösen.

Dazu passt ein aromatisierter Joghurt (siehe Seite 72), ein großer grüner Salat mit Granatapfelkernen (siehe Seite 20) oder Blumenkohlreis mit Kräutern (siehe Seite 49).

Dips und Pasteten   Gewürzmischungen   Salze   Butter und Öle   Kefir, Joghurt & Co.   Brühen und Suppen   Sauerkraut, Pickles & Co.   Essige   Brote, Cracker & Co.

Knusprig gebratenes Fischfilet

FÜR 1 PERSON

Mein Sohn mag Fisch am liebsten, wenn die Haut schön knusprig ist. Deshalb habe ich hart daran gearbeitet, dass mir dies auch perfekt gelingt. Dieses supereinfache Fischgericht ist ideal als schnelle, gesunde Mahlzeit unter der Woche. Fisch ist reich an entzündungshemmenden Omega-3-Fettsäuren, gesunden Fetten und Vitamin D, die für die Stoffwechselprozesse in unserem Körper unverzichtbar sind. Und zudem schmeckt er auch noch vorzüglich!

So zubereitet kann man das Fischfilet mit einem knackigen grünen Salat servieren, oder Sie machen daraus ein richtiges Wohlfühlgericht und reichen dazu den probiotischen Tomatenketchup (siehe Seite 86) und selbst gemachte Ofenchips (siehe Seite 42).

---

1 Fischfilet (etwa 230 g; z. B. vom Lachs, vom Wolfsbarsch, vom Seelachs, Kabeljau, Snapper, Seehecht oder der Roten Meerbarbe) mit Haut
Ghee oder Traubenkernöl (Olivenöl oder kaltgepresstes Sonnenblumenöl ist ebenfalls gut geeignet)

1 walnussgroßes Stückchen Butter (nach Belieben)
Saft von ½ Zitrone
Meersalz und frisch gemahlener schwarzer Pfeffer

Eine Pfanne einige Minuten bei mittlerer bis starker Hitze erhitzen, bis sie sehr heiß ist. Ich verwende eine Stahlpfanne mit schwerem Boden oder eine gusseiserne Pfanne. Beschichtete Pfannen haben zwar den Vorteil, dass nichts ansetzt, die Haut wird darin aber nicht richtig kross.

Das Fischfilet unter fließendem kaltem Wasser abspülen, mit Küchenpapier sorgfältig trocken tupfen (sonst wird die Haut nicht knusprig) und auf beiden Seiten mit Salz und Pfeffer würzen.

Den heißen Pfannenboden gleichmäßig mit etwas Öl bedecken (nehmen Sie möglichst ein Öl mit hohem Rauchpunkt wie Ghee oder Traubenkernöl). Das Öl erhitzen, bis es fast zu rauchen beginnt, und das Fischfilet mit der Hautseite nach unten in das heiße Öl legen.

Sollte sich das Filet zusammenziehen und nach oben biegen, den Fisch einige Sekunden mit einem biegsamen Pfannenwender leicht am Pfannenboden andrücken. So gart er gleichmäßig und die Haut wird überall schön knusprig.

Den Fisch braten, bis die Haut am Rand eine schöne goldbraune Farbe annimmt und das Fleisch nicht mehr durchsichtig ist. Das Filet dann vorsichtig mit dem Pfannenwender wenden, damit es nicht zerbricht, und noch einige Minuten auf der anderen Seite braten. Dabei die Butter hinzufügen und das Filet während des Bratens damit begießen.

Das fertig gebratene Filet aus der Pfanne nehmen, mit etwas Zitronensaft beträufeln und mit Beilagen Ihrer Wahl servieren.

Das Ei – eine kleine Nährstoffbombe

Ich bin wirklich froh, dass die Medizin das Ei in den vergangenen Jahren endlich rehabilitiert hat. War die köstliche kleine Nährstoffbombe in den letzten Jahrzehnten doch ziemlich in Verruf geraten, weil uns die Wissenschaft erklärte, Eier wirkten sich negativ auf den Cholesterinspiegel aus. Zum Glück hat man gründlich mit diesem Mythos aufgeräumt, und wir können wieder guten Gewissens unser Frühstücksei genießen. Allerdings muss ich gestehen, dass ich mir, wenigstens an ein paar Tagen der Woche, sowieso immer ein Frühstücksei gegönnt habe. Eier sind für mich einfach so etwas wie ein nährstoffreiches Fast Food. Und was gibt es Besseres als ein weich gekochtes Ei mit etwas Butter, Salz und Pfeffer? Einfach himmlisch! Ich liebe Eier in jeder Form – ob als Rührei zubereitet, ob pochiert oder in Ghee als Spiegelei gebraten, ob als spanische Tortilla oder mit Gemüse in einer Frittata … Vorzüglich ist auch die orientalische Shakshuka (siehe Seite 70). Eier lassen sich auf zahllose Arten zubereiten.

Eier sind ein richtiges Superfood, denn sie gehören mit zu den nährstoffreichsten Lebensmitteln. Sie sind reich an Vitamin A, B_2, B_5, B_{12}, Folsäure, Phosphor und Selen. Darüber hinaus enthalten sie die Vitamine D, E, K und B_6, Kalzium und Zink, nicht zu vergessen das Protein und die gesunden Fette. Damit der Körper in den Genuss all dieser wertvollen Nährstoffe kommt, muss man allerdings das ganze Ei, also das Eiweiß und das Eigelb, essen.

Wie immer gilt auch beim Eierkauf: Achten Sie auf Qualität. Hühner, die ihr Dasein im Stall fristen, die nie die Sonne sehen und kein gesundes Futter erhalten, legen keine gesunden Eier. Die Eier dieser bedauernswerten Tiere enthalten die Substanzen, die die Immunabwehr stärken und für ein gut funktionierendes Gehirn sorgen, bei Weitem nicht in den Mengen, die darin enthalten sein sollten. Kaufen Sie also möglichst Eier von Hühnern aus artgerechter Haltung, die draußen im Freien das frische Gras, das Sonnenlicht und all die anderen Dinge genießen können, die Hühner brauchen, um wohlschmeckende, nährstoffreiche Eier zu legen. Noch besser wäre es allerdings, Sie kauften sich ein paar Hühner. Dann kämen Sie jeden Morgen in den Genuss eines frisch gelegten Eis.

Extracremiges Rührei

FÜR 2 PERSONEN

Ein weiches, cremiges Rührei ist einfach ein absolutes Wohlfühlgericht. Wenn Sie dieses Rührei lieber laktosefrei genießen wollen, verzichten Sie einfach auf die Sahne (es wird dann allerdings nicht ganz so cremig) und ersetzen die Butter durch Ghee oder Kokosöl.

---

4 Bio-Freilandeier
1 Schuss Sahne (nach
   Belieben)
1 walnussgroßes Stückchen
   Butter (ersatzweise Ghee
   oder Kokosfett)

1 kleine Handvoll Petersilie
   oder Kerbel (oder eine
   Mischung aus beidem)
Meersalz und frisch gemahlener schwarzer Pfeffer

Eine mittelgroße Pfanne bei mittlerer Hitze auf der kleinsten Herdplatte heiß werden lassen.

Die Eier über einer Schüssel aufschlagen und kräftig mit einer Gabel verquirlen (es ist nicht notwendig, dass die Eigelbe und die Eiweiße vollständig emulgieren). Die Sahne unterrühren und mit Salz und Pfeffer würzen.

Die Butter in die Pfanne geben. Sobald sie leicht zu brutzeln beginnt, die Eier hineingießen und die Wärmezufuhr verringern.

Mit einem Holzpfannenwender 4–5 Minuten vorsichtig rühren und dabei die untere Schicht immer wieder nach oben heben, damit das Rührei gleichmäßig gart. Und lassen Sie sich Zeit, ein Rührei muss langsam gegart werden.

Wenn die Eiermasse fast gestockt, aber noch schön cremig ist, die Kräuter darüberstreuen. Das Rührei anschließend auf einen Teller gleiten lassen. Dazu passt am besten ein frisches Sauerteigbrot oder ein selbst gebackenes Brot.

Spiegeleier mit knusprigem Salbei

FÜR 1–2 PERSONEN

So zubereitet werden Ihre Spiegeleier besonders knusprig und eignen sich hervorragend als krönender Abschluss eines Nudelgerichts, von gebratenem Gemüse, gebratenen Süßkartoffeln und vielem anderem mehr.

2–3 EL Ghee oder Kokosfett
2 Eier
6–8 Salbeiblätter

Meersalz und frisch gemahlener schwarzer Pfeffer

Eine kleine oder mittelgroße Pfanne bei relativ starker Hitze heiß werden lassen. Sobald sie warm wird, das Fett hineingeben und erhitzen (es sollte aber nicht rauchend heiß sein). Die Eier über der Pfanne aufschlagen und bei relativ starker Hitze braten, bis sie am Rand knusprig sind. Die Pfanne dabei schwenken und die Eier mit dem heißen Fett begießen.

Sind sie am Rand knusprig und ist das Eiweiß vollständig gestockt, die Eier mithilfe eines Fischhebers oder eines Schaumlöffels auf einen Teller gleiten lassen.

Die Salbeiblätter in die Pfanne geben und 15–20 Sekunden anbraten. Über die Spiegeleier streuen und das Ganze zum Schluss noch mit etwas Salz und Pfeffer bestreuen.

Auf einem frisch gekochten Nudel- oder Reisgericht, getoastetem Sauerteigbrot mit Avocado oder gebratenen Tomaten anrichten oder mit gebratenem Gemüse und einem grünen Salat servieren.

Wenn Sie Ihren Kindern zeigen, wie man ein Spiegelei brät, nur wenig Fett in die Pfanne geben und die Eier nicht direkt über der Pfanne aufschlagen (das heiße Fett kann spritzen), sondern erst in eine Tasse schlagen. Für kleine Kinderhände ist es leichter, die Tasse am Henkel zu halten und das Ei von dort in die Pfanne zu gießen.

68 MEINE HERZHAFTE GESUNDHEITSKÜCHE   Salate   Gemüse und Beilagen   Fleisch und Fisch   *Eier*   Aromatisierte Joghurts   Mayonnaise   Saucen   Salsas und Chutneys

Ein perfekt pochiertes Ei

FÜR 1 PERSON

Ich bin schon oft gefragt worden, wie man Eier richtig pochiert. Nach meinem Dafürhalten kommt es dabei ganz wesentlich auf die Frische der Eier an. Ganz frische Eier zu finden ist allerdings gar nicht so einfach. Die Eier im Supermarkt sind zwar frisch, was aber nicht heißt, dass sie am Vortag gelegt wurden. Schlägt man ein Ei auf, das gerade gelegt wurde, verläuft das Eiweiß nicht, sondern behält seine Form. Schlägt man hingegen ein Ei auf, das bereits einige Tage – oder gar ein, zwei Wochen – alt ist, wird das Eiweiß sofort verlaufen.

Deshalb wird ein superfrisches Ei auch beim Pochieren seine Form behalten, bei einem nicht mehr ganz so frischen Ei hingegen wird das Eiweiß verlaufen und ausfransen. Dem Geschmack tut das zwar keinen Abbruch, aber das ältere Ei sieht eben nicht so schön aus. Mit ein paar Tricks lässt sich jedoch auch aus einem nicht mehr ganz so frischen Ei ein perfektes pochiertes Ei zubereiten.

1–2 möglichst sehr frische Bio-Freilandeier pro Person	2 TL Apfelessig (er sorgt dafür, dass die Eier in Form bleiben)

Einen hohen, mittelgroßen Topf einige Zentimeter hoch mit Wasser füllen und das Wasser bei mittlerer Hitze gerade zum Köcheln bringen (es sollte nicht sprudelnd kochen).

Das erste Ei in ein Auflaufförmchen oder eine Tasse schlagen (Ihr Toast oder Salat sollte bereits fertig sein, bevor Sie mit dem Pochieren beginnen).

Den Essig in das siedende Wasser gießen und den Topf leicht schwenken, so dass ein leichter Strudel entsteht. Das Ei – mit dem Eiweiß voran – vorsichtig in die Mitte des Strudels gleiten lassen, kurz kochen lassen und danach mit einer Schaumkelle herausheben. Mit dem zweiten Ei ebenso verfahren.

Nach etwa 2–3 Minuten sollte das Eigelb die richtige Konsistenz haben. Um das zu prüfen, das Ei mit einem Schaumlöffel aus dem Topf nehmen und kurz dagegenklopfen. Die Eier anschließend auf Küchenpapier abtropfen lassen oder gegebenenfalls noch einmal ins Wasser zurückgleiten und noch etwas kochen lassen.

Die Eier nach dem Abtropfen auf Toast oder einem Salat anrichten und sofort heiß servieren.

Um eine größere Menge an Eiern zu pochieren, arbeitet man am besten mit zwei Töpfen und lässt sie zunächst im ersten Topf stocken, um sie anschließend im zweiten Topf fertig zu garen.

Besitzen Sie lediglich einen Topf, verzichten Sie einfach auf den Strudel und platzieren die Eier kreisförmig am Topfrand. Optisch wird das Resultat dann zwar unter Umständen nicht ganz so perfekt, den Geschmack beeinträchtigt das aber ganz und gar nicht, und das Eiweiß können Sie nach dem Kochen immer noch mit einer Küchenschere in Form schneiden.

Omelett mit Cheddar und Petersilie

FÜR 1 PERSON

Schnelligkeit und ein aufmerksames Auge sind bei einem Omelett gefragt. Denn dieses ebenso einfache und preiswerte wie nährstoffreiche und leckere Gericht ist praktisch im Handumdrehen fertig. Und es lässt sich noch mit den unterschiedlichsten Zutaten, wie zum Beispiel knusprig gebratenem Bacon, gebratenen Pilzen, Räucherlachs oder roter Zwiebel, verfeinern.

---

2 Freilandeier
1 kleine Handvoll sehr fein
  gehackte Petersilienblätter
1 großes Stückchen Butter

1 kleine Handvoll geriebener
  Cheddar
Meersalz und frisch gemahlener schwarzer Pfeffer

Die Eier über einer Schüssel aufschlagen. Die Petersilie hinzufügen, das Ganze kräftig mit einem Metallschneebesen oder einer Gabel verrühren und sparsam mit Salz und Pfeffer würzen.

Eine Pfanne bei mittlerer Hitze erwärmen und die Butter darin erhitzen, bis sie zu schäumen beginnt. Die Pfanne schwenken, um die Butter auf dem Boden zu verteilen. Wenn die Butter nicht mehr so stark schäumt, die Eier vorsichtig in die Pfanne gießen.

Die Pfanne leicht rütteln, um die Eier gleichmäßig zu verteilen. Die Eiermasse etwa 20 Sekunden mit einem Holzkochlöffel oder einer Gabel vom Rand in die Pfannenmitte ziehen und die Pfanne schwenken, damit keine Löcher entstehen. Das Omelett anschließend 10 Sekunden braten lassen und danach mit etwas Käse bestreuen. Sobald die Eiermasse am Rand gestockt, innen aber noch etwas flüssig ist, eine Hälfte über die andere schlagen und das Omelett auf einen Teller gleiten lassen.

Das Omelett nach Belieben mit etwas Salz und Pfeffer oder ein paar Petersilienblättchen bestreuen und sehr heiß als nährstoffreiches Frühstück oder Abendessen genießen – z. B. mit der Tomatensalsa mit Chili von Seite 92 und dem magischen goldgelben Sauerkraut von Seite 145.

Shakshuka

FÜR 4 PERSONEN

Diese in einer schmackhaften Tomatensauce pochierten Eier sind genau das Richtige für ein Sonntagsfrühstück oder ein schnelles Abendessen am Wochenende. Die Zubereitung ist ganz einfach, deshalb ist dieses Gericht auch ideal, wenn Sie eine größere Gästeschar erwarten. Ich serviere es am liebsten mit getoastetem Sauerteigbrot und einer frischen Guacamole (siehe Seite 100) oder mit Blumenkohltoasts (siehe Seite 49).

---

1 TL Kreuzkümmelsamen
150 ml Ghee oder Olivenöl
2 große Zwiebeln, halbiert
  und in feine Scheiben
  geschnitten
2 rote Paprikaschoten, in
  Streifen geschnitten
4 TL Kokosblütenzucker oder
  Ahornsirup
2 Lorbeerblätter
Blätter von einigen
  Thymianzweigen

1 kleine Handvoll gehackte
  glatte Petersilie
4 große reife Tomaten, grob
  gehackt
1 Dose (400 g) stückige Tomaten
1 Msp. Safranfäden
1 Msp. Cayennepfeffer
5–6 Freilandeier
Meersalz und frisch gemahlener schwarzer Pfeffer
frisches Koriandergrün zum
  Bestreuen

Eine große Pfanne bei relativ starker Hitze heiß werden lassen und den Kreuzkümmel 1–2 Minuten darin rösten. Das Ghee und die Zwiebeln dazugeben und 5 Minuten anschwitzen. Die Paprikaschoten, den Kokosblütenzucker, die Lorbeerblätter und die Kräuter hinzufügen und das Ganze weitere 5–10 Minuten braten, bis die Zwiebeln schön gebräunt sind. Die Tomaten, den Safran und den Cayennepfeffer hinzufügen und mit etwas Salz und Pfeffer abschmecken. Die Wärmezufuhr verringern und das Gemüse 15 Minuten köcheln lassen. Während des Kochens etwas Wasser angießen, damit die Mischung die Konsistenz einer Pastasauce bekommt. Die Sauce zum Schluss noch einmal abschmecken – aufregend würzig soll sie sein.

Die Lorbeerblätter herausnehmen und mit dem Rücken eines Löffels 5–6 Mulden in die Tomatenmischung drücken. In jede Vertiefung ein Ei schlagen, mit Salz und Pfeffer bestreuen und die Pfanne zudecken. Das Ganze 6–7 Minuten bei geringer Hitze köcheln lassen, bis die Eier gerade gestockt und die Eigelbe noch flüssig sind. Die Shakshuka vom Herd nehmen, mit Koriandergrün bestreuen, etwas Pfeffer darübermahlen und servieren.

MEINE HERZHAFTE
GESUNDHEITSKÜCHE Salate Gemüse und Beilagen Fleisch und Fisch *Eier* Aromatisierte Joghurts Mayonnaise Saucen Salsas und Chutneys

Dips und Pasteten Gewürzmischungen Salze Butter und Öle Kefir, Joghurt & Co. Brühen und Suppen Sauerkraut, Pickles & Co. Essige Brote, Cracker & Co.

Aromatisierte Joghurts

ERGIBT 250 GRAMM (FÜR 4–6 PERSONEN)

Diese aromatisierten Joghurts passen besonders gut zu meinen von der nahöstlichen und der nordafrikanischen Küche inspirierten Gerichten. Ein großer Löffel voll davon auf pikant gewürztem gebratenem Gemüse oder Fleisch serviert mildert den scharfen, erdigen Geschmack der Speisen.

Am besten eignet sich dicker griechischer Joghurt. Er hat nicht nur eine wunderbar cremige Konsistenz, sondern bringt auch den Geschmack der Aromen besser zur Geltung als ein dünnerer Joghurt. Aber auch aus einem dünnen Joghurt lässt sich ein etwas dickerer machen. Dazu muss man ihn lediglich etwa eine Stunde in einem Gazesäckchen über einer Schüssel aufhängen, damit die Molke langsam abtropfen kann. Die proteinreiche Molke sollte man nicht wegschütten, sondern in Suppen oder einem Dhal weiterverarbeiten.

---

250 g dicker griechischer Joghurt
1 TL Tabasco oder meine Chilisauce von Seite 77
abgeriebene Schale und Saft von 1 unbehandelten Limette
10 Minzeblätter, fein gehackt

1 kräftige Prise Meersalz und etwas frisch gemahlener schwarzer Pfeffer
1 EL Olivenöl extra vergine
1 Knoblauchzehe, durchgepresst (nach Belieben)

Sämtliche Zutaten in einer Schüssel kräftig verrühren. Den Joghurt noch einmal abschmecken und gegebenenfalls noch etwas Salz und Pfeffer oder Limettensaft hinzufügen.

Die Schüssel zudecken und bis zum Servieren in den Kühlschrank stellen. Damit er seinen vollen Geschmack entfalten kann, sollte man den Joghurt vor dem Verzehr etwa 1 Stunde durchziehen lassen. In einem gut verschlossenen Behälter hält er sich im Kühlschrank mehrere Tage.

Auf gebratenem Gemüse oder Fleisch oder in einer Schüssel zu einem sommerlichen Barbecue servieren. Der Joghurt schmeckt leicht gekühlt am besten.

Chili-Kick: 1–2 mittelgroße frische Chilischoten von den Samen befreien, fein hacken und unter den Joghurt rühren.
Ingwer-Note: 1 TL frisch geriebenen Ingwer mit Saft unter den Joghurt rühren.
Geschmacksexplosion: 2 EL fein gehacktes Koriandergrün, 1 fein gehackte Knoblauchzehe und 1 frische, mittelgroße fein gehackte Chilischote (ohne Samen) unterrühren.

MEINE HERZHAFTE GESUNDHEITSKÜCHE Salate Gemüse und Beilagen Fleisch und Fisch Eier *Aromatisierte Joghurts* Mayonnaise Saucen Salsas und Chutneys

Meine klassische Mayonnaise – Grundrezept

ERGIBT 600 MILLILITER

Mayonnaisen dienen zum Abrunden von Speisen und können, je nachdem, für welches Gericht man sie verwenden möchte, mit den verschiedensten Zutaten wie Safran, Knoblauch, gerösteten Nüssen, Kräutern, Anchovis, Zitronenschale, Kimchi und Sriracha-Sauce verfeinert werden. Besonders gut eignen sich solche Mayonnaisen für mediterrane und asiatische Gerichte.

Ich verwende für meine Mayonnaise ausschließlich Olivenöl extra vergine. Manche empfinden den Geschmack allerdings als zu intensiv. In diesem Fall würde ich Ihnen eine Mischung aus Olivenöl und kaltgepresstem Sonnenblumenöl empfehlen. Wenn Sie nur Olivenöl nehmen, greifen Sie am besten zu einem Öl mit süßlichem, fruchtigem Geschmack. Ein Olivenöl mit grasiger Note könnte der Mayonnaise einen leicht bitteren Geschmack verleihen.

Die klassische Mayonnaise, die lediglich mit Zitronensaft und Zitronenschale abgerundet wird, passt hervorragend zu Krebsfleisch, weißfleischigem Fisch, Krustentieren und Sommergemüse wie Spargel, Erbsen und dicken Bohnen. Ich schlage meine Mayonnaise zwar nach wie vor von Hand und nicht in der Küchenmaschine – die Macht der Gewohnheit ... –, Sie können aber genauso gut mit der Küchenmaschine arbeiten. Die Zubereitung ist die gleiche. Da Mayonnaise rohe Eier enthält, sollten Sie nur so viel davon herstellen, wie Sie benötigen. Brauchen Sie weniger als die hier angegebene Menge, halbieren Sie die Zutatenmengen einfach und nehmen nur 1 großes Eigelb.

3 Eigelb (möglichst von Bio-Freilandeiern)
abgeriebene Schale und Saft von ½ unbehandelten Zitrone
2 TL Dijon-Senf

500 ml mildes, fruchtiges Olivenöl oder 250 ml kaltgepresstes Oliven- und 250 ml kaltgepresstes Sonnenblumenöl
Meersalz und frisch gemahlener schwarzer Pfeffer

Die Eigelbe in eine schwere Rührschüssel geben (die Schüssel sollte beim Schlagen nicht wegrutschen, deshalb am besten ein angefeuchtetes Geschirrtuch unterlegen). Den Zitronensaft, den Senf sowie je 1 kräftige Prise Salz und Pfeffer hinzufügen und das Ganze kurz mit dem Schneebesen verrühren.

Die Mischung anschließend mit dem Schneebesen aufschlagen, bis sie vollständig emulgiert ist. Das Öl dabei anfangs nur tropfenweise hinzufügen und später – unter laufendem Schlagen – langsam in einem feinen Strahl einlaufen lassen.

Die Mayonnaise noch einmal abschmecken und gegebenenfalls noch etwas Salz, Pfeffer oder Zitronensaft hinzufügen. Die fertige Mayonnaise bis zum Servieren im Kühlschrank aufbewahren.

Tipp: Gerinnt die Mayonnaise, 1 EL warmes Wasser hinzufügen und danach das restliche Öl unterschlagen.
Alle Zutaten sollten Raumtemperatur haben.

Mayonnaise (*Fortsetzung*)

Safranmayonnaise
Das Safranaroma passt gut zu Fisch, Hähnchen, Bohnen und Lamm.

15–20 Safranfäden 10 Minuten in 1–2 EL heißem Wasser ziehen lassen und das Ganze anschließend gleich zu Beginn zu den Mayonnaisenzutaten geben.

Kräutermayonnaise
Die Kräuternote passt gut zu Fisch, Hähnchen, grünen Bohnen und Spargel.

Gleich zu Beginn 2 EL fein gehacktes Basilikum und fein gehackte Petersilie mit dem Senf und dem Zitronensaft unterrühren.

Aioli
Der Knoblauchgeschmack der Aioli passt gut zu Brot, Hähnchen, Lamm, Fisch und Bohnen.

2 fein gehackte oder durchgepresste Knoblauchzehen mit dem Senf und dem Zitronensaft unter die Mayonnaise rühren.

Sardellenmayonnaise
Passt gut zu Fisch, grünem Wintergemüse, Hähnchen und Lamm.

3 fein gehackte oder zerdrückte Sardellenfilets mit dem Senf und dem Zitronensaft unter die Mayonnaise rühren.

Nussmayonnaise
Der nussige Geschmack passt gut zu Wintergemüse, Hähnchen, Fisch und Lamm.

1 kleine Handvoll geröstete und gemahlene Nüsse, z. B. Mandeln, Walnusskerne, Pekan- oder Paranüsse mit dem Senf und dem Zitronensaft unter die Mayonnaise rühren.

Pikante Mayonnaise mit Rosen-Harissa
Diese Kombination passt vorzüglich zu Lamm, Hähnchen und Winterkürbis.

Gleich zu Beginn mit dem Senf und dem Zitronensaft 3 TL Rosen-Harissa (siehe Seite 109) unterrühren.

Mayonnaise mit Kimchi
Diese Mayonnaise passt hervorragend zu gebratenem Fisch.

Ganz zum Schluss 2 EL fein gehacktes Kimchi unter die Mayonnaise rühren.

Mayonnaise mit Sriracha
Passt gut zu Hähnchen, herzhaftem Wintergemüse und Schweinefleisch.

Die Zitrone durch 1 Limette ersetzen und zum Schluss 1 EL Sriracha-Sauce (siehe Seite 77) unterrühren.

Fermentierte Mayonnaise
Kann in jedem Gericht als Alternative zu herkömmlicher Mayonnaise verwendet werden. Fermentierte Mayonnaise hat eine säuerlichere Note und ist reich an Probiotika.

1 EL Kefir- oder Joghurtmolke in die klassische Mayonnaise rühren. In ein Schraubglas füllen, das Glas gut verschließen und die Mayonnaise 7–8 Stunden bei Zimmertemperatur fermentieren lassen. Die Mayonnaise anschließend in den Kühlschrank stellen und innerhalb weniger Tage verbrauchen.

Dips und Pasteten Gewürzmischungen Salze Butter und Öle Kefir, Joghurt & Co. Brühen und Suppen Sauerkraut, Pickles & Co. Essige Brote, Cracker & Co.

Sriracha-Sauce

ERGIBT ETWA 2 GLÄSER À 450 MILLILITER

Ähnlich wie das Kimchi zählt diese scharfe Chilisauce zu jenen magischen Zutaten, die man, hat man sie erst einmal gekostet, am liebsten für alles verwenden würde. Probieren Sie sie einmal zu Fisch oder gebratenem Gemüse oder reichern Sie eine Mayonnaise damit an und servieren diese zu ofengerösteten Süßkartoffelchips.

BENÖTIGTE UTENSILIEN
sterilisierte Schraubgläser oder
    Flaschen (siehe Seite 79)

150 g Knoblauchzehen,
    geschält
500 g rote oder grüne Jala-
    peño-Chilischoten, am
    besten eingeweicht, ohne

Stiele und Samen, in feine
    Ringe geschnitten
500 ml Apfelessig
115 g klarer Honig
2 EL grobes Meersalz
2 EL Tomatenmark
1 EL Pfeilwurzstärke (nach
    Belieben)
2 EL Fischsauce

Zunächst die Knoblauchzehen blanchieren. Die Zehen dazu in einen kleinen Topf geben, mit kochendem Wasser übergießen und 30 Sekunden bei starker Hitze kochen lassen. Anschließend abgießen und unter fließendem kaltem Wasser abschrecken. Den Vorgang noch einmal wiederholen.

Den Knoblauch grob hacken und in einem großen Topf mit den Chilischoten und dem Essig mischen. Das Ganze zum Kochen bringen und 3 Minuten köcheln lassen. Den Topf danach vom Herd nehmen, den Honig und das Salz einrühren und die Mischung einige Stunden durchziehen lassen.

Die Mischung mit dem Stabmixer glatt rühren, das Tomatenmark einrühren und die Sauce bei starker Hitze aufkochen lassen. Die Wärmezufuhr anschließend verringern und die Sauce 15–20 Minuten köcheln lassen.

Zum Andicken die Pfeilwurzstärke mit 1 EL lauwarmem Wasser anrühren, mit dem Schneebesen in die köchelnde Sauce rühren und diese noch 2 Minuten kochen lassen, bis sie eingedickt ist.

Den Topf vom Herd nehmen, die Sauce etwas abkühlen lassen und die Fischsauce einrühren. Die fertige Sauce in Schraubgläser oder Flaschen füllen. Im Kühlschrank ist sie mindestens 6 Monate haltbar (wenn Sie so lange widerstehen können …).

Gurken-Raita

FÜR 6 PERSONEN

Diese cremige, erfrischende Raita schmeckt großartig zu Dhal oder Currys, aber auch zu pikant gewürztem gebratenem Fleisch und ist ein idealer Begleiter zu scharfen Gerichten, deren Schärfe durch die kühlende Gurke und den Joghurt etwas abgemildert wird.

1 kleine Salatgurke, geschält,
    die Kerne entfernt und fein
    gehackt oder geraspelt
abgeriebene Schale und Saft
    von ½ unbehandelten
    Zitrone
200 g vollfetter Naturjoghurt
    oder griechischer Joghurt

2 EL fein gehacktes Korian-
    dergrün plus ein paar
    Blätter zum Garnieren
1 TL Kreuzkümmelsamen, leicht
    geröstet und zerdrückt
Meersalz und frisch gemahle-
    ner schwarzer Pfeffer

Sämtliche Zutaten in einer Schüssel verrühren. Die Raita noch einmal abschmecken und gegebenenfalls noch etwas Zitronensaft, Salz oder Pfeffer hinzufügen. Die Raita bis zum Servieren in den Kühlschrank stellen. Gekühlt ist sie einige Tage haltbar, schmeckt aber frisch zubereitet am besten.

Servieren Sie die Gurken-Raita z. B. zu dem Mungbohnen-Dhal mit Sellerie von Seite 33.

Frische rote Jalapeño-Chilischoten sind unter Umständen schwer zu bekommen. Sie können aber ebenso gut die grünen Schoten nehmen, die Sriracha-Sauce bekommt dann nur eine etwas andere Farbe. Kaufen Sie Jalapeño-Chilischoten am besten in einem asiatischen Supermarkt und vergessen Sie nicht, sie vorher einzuweichen.

78 MEINE HERZHAFTE GESUNDHEITSKÜCHE   Salate   Gemüse und Beilagen   Fleisch und Fisch   Eier   Aromatisierte Joghurts   Mayonnaise   *Saucen*   Salsas und Chutneys

Pflaumenketchup

ERGIBT 5 LITER

Mit dieser Sauce, dem berühmten Pflaumenketchup meiner Mutter, bin ich groß geworden. Ich LIEBE ihn! Müsste ich fünf Dinge nennen, deren Geschmack ich in meiner Kindheit besonders geliebt habe, dies wäre eines davon. Bei uns gab es diesen Ketchup zu allem, ob nun zu Fish and Chips oder zur Shepherd's Pie – und natürlich zu unseren köstlichen selbst gemachten Würsten. Meine Mutter hatte stets große Mengen dieses Ketchups vorrätig, den wir anstelle von Tomatenketchup verwendeten. Deshalb ist auch dieses Rezept sehr großzügig bemessen. Es bietet sich also an, ihn in der Saison zuzubereiten, wenn es Pflaumen in Hülle und Fülle gibt. Meine Mutter machte immer so viel davon, dass wir damit bis zur nächsten Saison ausgesorgt hatten. Wollen Sie sich keinen so großen Vorrat anlegen, halbieren Sie die Zutatenmengen einfach.

BENÖTIGTE UTENSILIEN
sterilisierte Glasflaschen
  (siehe unten) mit Schraub-
  verschlüssen

3,5 kg säuerliche dunkelrote
  Pflaumen, halbiert und
  entsteint

750 g Vollrohr- oder Kokosblütenzucker
650 g heller, klarer Honig
2 TL Meersalz
1 TL Pimentkörner
1 TL Gewürznelken
55 g Ingwer, geschält und
  gerieben
2 l Cidre-Essig

Sämtliche Zutaten in einen Topf mit schwerem Boden füllen, zum Kochen bringen und 2 Stunden köcheln lassen. Den Topf anschließend vom Herd nehmen und die Mischung etwas abkühlen lassen. Die noch heiße Sauce in die vorbereiteten Flaschen füllen. Verschlossen ist der Ketchup einige Monate haltbar.

Gläser sterilisieren

Die Gläser dazu entweder – mitsamt den Deckeln – in der Geschirrspülmaschine spülen oder in einem Topf mit Wasser 10 Minuten auskochen.

Barbecuesauce

ERGIBT 2–3 GLÄSER À 450 MILLILITER

Was wäre ein zünftiger Grillabend ohne Barbecuesauce? Die Sauce eignet sich aber auch hervorragend zum Marinieren von Fleisch.

BENÖTIGTE UTENSILIEN
sterilisierte Schraubgläser
  (siehe links)

1 kg Strauchtomaten
2 EL Olivenöl oder Ghee
2 rote Zwiebeln, fein gehackt
5 Knoblauchzehen, durchgepresst
1½ TL geräuchertes Paprikapulver

2½ TL gemahlener Kreuz-
  kümmel
1 TL braune Senfkörner
3 TL Thymianblätter
2 EL Cidre-Essig
100 ml Ahornsirup
2 TL Tamari (traditionell
  hergestellte, glutenfreie
  japanische Sojasauce)
1 TL Dijon-Senf

Die Tomaten am Stielansatz kreuzweise einschneiden. In eine große Schüssel legen, mit kochendem Wasser bedecken und etwa 1 Minute im Wasser liegen lassen. Anschließend abgießen und unter fließendem kaltem Wasser gut abschrecken. Die Schalen vorsichtig abziehen, die Tomaten vierteln und die Samen entfernen. Das Fruchtfleisch grob hacken und zur Seite stellen.

Das Öl oder das Ghee bei mittlerer Hitze in einem großen Topf erhitzen und die Zwiebeln unter gelegentlichem Rühren 5 Minuten darin anschwitzen. Den Knoblauch, die Gewürze und den Thymian hinzufügen und 1 Minute unter Rühren anschwitzen.

Die Tomaten dazugeben und das Ganze zum Kochen bringen. Die Wärmezufuhr danach verringern und die Tomaten 10–12 Minuten köcheln lassen. Die übrigen Zutaten hinzufügen und die Sauce weitere 15 Minuten köcheln lassen, bis sie eingedickt ist.

Die fertige Sauce sofort in die vorbereiteten Gläser füllen. Die Deckel zuschrauben, die Gläser auf den Kopf stellen und vollständig abkühlen lassen. Die Sauce anschließend im Kühlschrank aufbewahren. Gekühlt ist sie mindestens einige Wochen haltbar.

Meerrettichsauce auf zweierlei Art

FÜR 4–6 PERSONEN

Mit der Meerrettichsauce ist es genau wie mit den meisten anderen Dingen: Selbst gemacht schmeckt sie einfach am besten. Crème fraîche verleiht ihr eine Konsistenz und eine Cremigkeit, die man bei gekauften Saucen vergeblich suchen wird. Zitronensaft verhindert nicht nur, dass sich der geriebene Meerrettich braun verfärbt, er bringt auch seinen Geschmack erst richtig zur Geltung. Ein weiteres Plus: Die Sauce ist kinderleicht zuzubereiten und kann mindestens 4–5 Tage im Kühlschrank aufbewahrt werden. Ich serviere beide Versionen gerne zu Roastbeef, auf Roastbeefsandwichs und zu Rote-Bete-Salat.

Bedauerlicherweise hat frischer Meerrettich nur kurze Zeit Saison. Decken Sie sich dann also unbedingt damit ein! Die Saucenzutaten am besten vorsichtig mit einem Pfannenwender vermengen und nicht schlagen oder rühren.

MEERRETTICHSAUCE – GRUNDREZEPT
250 g Crème fraîche
1 gehäufter TL Dijon-Senf
1 Spritzer Zitronensaft
1 Stück (5–6 cm) frischer Meerrettich, geschält und gerieben (je nachdem, wie scharf die Sauce sein soll, können Sie auch mehr oder weniger nehmen)
Meersalz und frisch gemahlener schwarzer Pfeffer

Sämtliche Zutaten in einer Schüssel vorsichtig untereinanderheben. Wird die Crème fraîche geschlagen oder gerührt, fällt sie zusammen und die Sauce wird dünnflüssig und nicht dick und cremig. Die Sauce zum Schluss noch einmal abschmecken und bis zum Servieren in den Kühlschrank stellen. Gekühlt ist sie einige Tage haltbar.

Meerrettichsauce mit Rucola (die aufgepeppte Variante)
Die Sauce wie oben beschrieben herstellen und 1–2 Handvoll sehr fein gehackten Rucola unterziehen. Die Sauce vor dem Servieren 30 Minuten im Kühlschrank durchziehen lassen.

Apfel-Cranberry-Sauce

FÜR 8–10 PERSONEN

Diese Sauce ist ein Mittelding zwischen einer Apfel- und einer Cranberrysauce und ist deshalb besonders vielseitig für die verschiedensten Herbst- und Wintergerichte verwendbar. Sie passt vorzüglich zu jeder Art von gebratenem Geflügel und lässt sich hervorragend mit jedem beliebigen Wintergemüse kombinieren.

---

350 g Cranberrys (am schnellsten geht es mit tiefgefrorenen Früchten)
2 säuerliche Äpfel (z. B. Granny Smith oder Renette), die Kerngehäuse entfernt und in 1 cm große Stücke geschnitten
abgeriebene Schale und Saft von 2 unbehandelten Clementinen
5 EL heller klarer Honig
1 EL Ingwer, geschält und gerieben
1 Msp. gemahlene Gewürznelken

Die Zutaten mit 110 ml Wasser in einen mittelgroßen Topf geben und aufkochen lassen. Die Wärmezufuhr danach verringern und das Ganze 10–15 Minuten köcheln lassen.

Den Topf vom Herd nehmen und die Sauce etwas abkühlen lassen. Anschließend entweder sofort servieren oder in ein kleines Schraubglas füllen und im Kühlschrank aufbewahren. Gekühlt ist sie 1 Woche haltbar.

Klassische Apfelsauce für jede Gelegenheit

FÜR 4–6 PERSONEN

Diese Apfelsauce sollten Sie unbedingt einmal zu Schweinebraten oder Schweinekoteletts probieren. Oder Sie verfeinern in den Wintermonaten, wenn es Äpfel in Hülle und Fülle gibt, Ihr Porridge oder Müsli mit einem Löffel dieser Sauce. Ob Sie sie nun heiß oder kalt genießen, sie schmeckt immer köstlich. Mit verschiedenen Apfelsorten können Sie für Abwechslung sorgen. Besonders gut eignen sich alte Apfelsorten, die man auf dem Wochenmarkt bekommt.

---

250 g Kochäpfel (z.B. Renette oder Granny Smith), geschält, die Kerngehäuse entfernt und gehackt

abgeriebene Schale von ½ unbehandelten Zitrone

20 g Butter

1 EL heller Honig, Ahornsirup, Kokosblüten- oder Vollrohrzucker (je nach Belieben auch etwas mehr oder weniger)

Die Äpfel mit der Zitronenschale und 2 EL Wasser in einen Topf geben und zugedeckt etwa 10 Minuten bei geringer Hitze kochen lassen, bis sie zerfallen sind. Je nach verwendeter Sorte die Äpfel anschließend gegebenenfalls noch mit einer Gabel zerdrücken. Der in den Äpfeln enthaltene Zucker brennt leicht an; behalten Sie die Äpfel deshalb während des Kochens stets im Auge.

Sobald die Äpfel weich sind, den Topf vom Herd nehmen, die Butter und das Süßungsmittel hinzufügen und unterschlagen. Die Sauce sofort servieren oder in ein Schraubglas füllen und nach dem Abkühlen im Kühlschrank aufbewahren. Gekühlt ist sie etwa 1 Woche haltbar.

Wenn Sie Tafeläpfel verwenden, muss die Sauce unter Umständen nur wenig gesüßt werden. Probieren Sie die Äpfel in diesem Fall nach dem Kochen, bevor Sie das Süßungsmittel dazugeben.

Chimichurri

FÜR 4–6 PERSONEN

Chimichurri ist eine argentinische Kräutersauce, die traditionell zu gegrilltem Fleisch, vor allem zu Steaks, und Gemüse gereicht wird. Sie ist in wenigen Minuten fertig und schmeckt ausgezeichnet. Man kann sie entweder sofort servieren oder gekühlt wie ein aromatisiertes Öl verwenden. In Argentinien hat jede Familie ihr eigenes Rezept, die Grundzutaten sind jedoch in der Regel immer die gleichen. Wer es gerne etwas schärfer mag, nimmt einfach etwas mehr Chili. Und sollten Sie keinen Oregano haben, nehmen Sie stattdessen einfach frische Thymianblätter.

---

2 kleine Bund glatte Petersilie, fein, aber nicht zu fein gehackt
1 TL frischer Oregano, fein, aber nicht zu fein gehackt
4 große Knoblauchzehen, fein gehackt
2 Schalotten, fein gehackt

1 TL Chiliflocken
7 EL Olivenöl extra vergine
Saft von 1 Zitrone
4 EL Rotweinessig
Meersalz und frisch gemahlener schwarzer Pfeffer

Verwenden Sie zum Hacken der Kräuter am besten ein sehr scharfes Messer. So werden die Blätter nicht zerdrückt. Die Kräuter mit dem Knoblauch und den Schalotten in eine kleine Schüssel füllen und mit den übrigen Zutaten mischen. Die Sauce mit Salz und Pfeffer abschmecken und innerhalb der nächsten Tage verbrauchen.

Wenn Sie es eilig haben oder kein gutes, scharfes Messer besitzen, die Zutaten in der Küchenmaschine verrühren, bis eine nicht zu glatte und nicht zu grobe Sauce entstanden ist. Die Sauce in eine Schüssel füllen und bis zum Servieren in den Kühlschrank stellen.

Minzsauce nach Art meiner Großmutter

FÜR 4-6 PERSONEN

Dies ist das Spezialrezept meiner Großmutter Maida. Sie machte die beste Minzsauce, die ich je gegessen habe. Selbst wenn ich nur daran denke, erinnere ich mich genau an ihren pikanten süßsäuerlichen Geschmack. Ich muss allerdings zugeben, dass ich den traditionellen weißen Zucker hier durch einen etwas gesünderen ersetzt habe. Denn Kokosblütenzucker hat einen weitaus geringeren Fruktosegehalt und treibt die Blutzuckerwerte deshalb nicht so in die Höhe. Probieren Sie diese herrliche Sauce unbedingt einmal aus, wenn Sie das nächste Mal eine Lammkeule zubereiten. Ich bin überzeugt, Sie werden genauso begeistert davon sein wie ich.

---

1 mittelgroßes Bund Minze

1 Prise Meersalz

1 schwach gehäufter EL Kokosblüten- oder Vollrohrzucker

5 EL kochendes Wasser

5 EL naturtrüber Apfelessig

Die Minze gründlich unter fließendem Wasser waschen, abschütteln und in der Salatschleuder trocken schleudern. Die Blätter von den Stielen streifen (die Stiele wegwerfen – oder Sie machen sich daraus einen Tee, den Sie während der Zubereitung schlürfen können).

Die Minzeblätter mit dem Salz bestreuen und fein hacken. In einen Krug füllen, den Zucker und das Wasser dazugeben, umrühren und abkühlen lassen. Den Essig unterrühren und die Sauce noch einmal abschmecken.

Zu gebratenem oder gegrilltem Lammfleisch servieren.

Cremige Käsesauce (und gratinierter Blumenkohl)

ERGIBT 800 MILLILITER

Muskat und Cayennepfeffer verleihen dieser cremigen, gehaltvollen Käsesauce ihre besondere Note. Ich verwende sie gerne für gratinierten Blumenkohl oder für Räucherfisch-Pies.

---

30 g Butter

30 g weißes Dinkelmehl

650 ml Vollmilch

1 kräftige Prise Meersalz

1 kräftige Prise frisch gemahlener weißer Pfeffer

1 Prise Cayennepfeffer

1 Msp. frisch geriebene Muskatnuss

90 g Käse (Cheddar, Gouda oder Gruyère), gerieben

Die Butter bei mittlerer Hitze in einem Topf zerlassen. Das Mehl einrühren und 2–3 Minuten anschwitzen. Dabei laufend mit einem Löffel oder einem Schneebesen rühren. Den Topf vom Herd nehmen und nach und nach die Milch hinzufügen. Dabei laufend mit dem Schneebesen rühren, damit keine Klümpchen entstehen.

Den Topf wieder auf die Herdplatte stellen und die Sauce unter Rühren aufkochen lassen. Anschließend 8–10 Minuten köcheln lassen. Zum Schluss die Gewürze einrühren. Ist die Sauce für eine Fisch-Pie bestimmt, zusätzlich noch Petersilie, Senf und Zitronensaft hinzufügen. Den Käse einstreuen und schmelzen lassen. Dabei darauf achten, dass die Sauce nicht mehr zum Kochen kommt. Sie gerinnt sonst.

Gratinierter Blumenkohl (für 6 Personen): 1 Blumenkohl in Röschen zerteilen und diese 5 Minuten dämpfen, bis sie weich sind, aber noch etwas Biss haben. Die Röschen in eine mittelgroße Auflaufform füllen, mit der Käsesauce überziehen, mit etwas Cayennepfeffer oder Semmelbröseln bestreuen und 15-20 Minuten im 180 °C heißen Backofen (Umluft 160 °C) goldbraun backen. Den Blumenkohl anschließend unter den heißen Backofengrill schieben, bis sich eine goldbraune Kruste gebildet hat.

Meine Lieblingstomatensauce für Pasta, Zucchinetti und Bohnen

FÜR 3-4 PERSONEN

Dosentomaten sind zwar praktisch, wenn man es eilig hat, das Ergebnis überzeugt mich persönlich aber nicht so ganz. Deshalb bevorzuge ich, wenn es frische Tomaten gibt, diese leichtere, frischere Version.

Dazu verwende ich rote, orangefarbene und gelbe Tomaten, die ich mit roten Cocktailtomaten mische. Denn abgesehen von ihrer schönen Farbe enthalten gelbe und orangefarbene Tomaten größere Mengen an Lycopin, dem Pflanzenstoff, der Krebserkrankungen vorbeugen kann.

---

300 g Cocktailtomaten oder eine
    Mischung aus roten, orangefarbenen
    und gelben Cocktail- und Eiertomaten
4–6 Knoblauchzehen, geschält und leicht
    zerdrückt

einige Basilikumblätter plus ein paar
    Blätter zum Garnieren
100 ml Olivenöl
Meersalz und frisch gemahlener
    schwarzer Pfeffer

Sämtliche Zutaten in einen kleinen Topf geben und zugedeckt bei mittlerer bis starker Hitze zum Kochen bringen. Anschließend etwa 20 Minuten bei mittlerer Hitze kochen lassen, bis die Tomaten zerfallen sind und ihren Saft vollständig abgegeben haben.

Ich mag es am liebsten, wenn die Sauce noch Tomatenstücke enthält, man kann sie aber auch mit einer Gabel zerdrücken.

Die Sauce mit Pasta, Zucchinetti oder gekochten Borlotti-Bohnen servieren, das Ganze noch mit Parmesanspänen und Basilikum bestreuen – fertig ist eine wärmende, sättigende Mahlzeit.

Fügen Sie zur Abwechslung einmal 1 Msp. Chiliflocken hinzu oder ersetzen Sie das Basilikum durch Rosmarin (besonders zu empfehlen, wenn Sie die Sauce zu Borlotti-Bohnen servieren wollen).

Dips und Pasteten   Gewürzmischungen   Salze   Butter und Öle   Kefir, Joghurt & Co.   Brühen und Suppen   Sauerkraut, Pickles & Co.   Essige   Brote, Cracker & Co.   85

Probiotischer Tomatenketchup

ERGIBT 1 LITER

Dieser pikante, süßsäuerliche Tomatenketchup schmeckt einfach nach mehr. Ich mache ihn vor allem für meinen Sohn, der darin gerne seine Chips – und vieles andere mehr – ertränkt. Ich muss mir allerdings keine Sorgen machen, dass er zu viel davon nimmt, denn dieser Ketchup ist supergesund, steckt er doch voller Probiotika, die das Immunsystem stärken, die Heilung des Darms unterstützen, die Verdauung fördern, für ein gut funktionierendes Gehirn sorgen und und und. Da es sich um eine fermentierte Sauce handelt, ist sie praktisch zuckerfrei. Denn während des Fermentationsprozesses ernähren sich die Bakterien von den darin enthaltenen Zuckern. Je länger man den Ketchup fermentieren lässt, desto säuerlicher wird der Geschmack. Nach einem Monat im Kühlschrank kann er sogar richtig sauer sein und fast schon zu moussieren beginnen. Ich mag das zwar sehr gerne, für Kinder würde ich Ihnen jedoch empfehlen, ihn dann ein wenig zu süßen.

BENÖTIGTE UTENSILIEN
sterilisiertes (siehe Seite 79)
  Schraubglas mit
  1 l Fassungsvermögen
Trichter

2 EL Ghee oder Butter
2 mittelgroße Zwiebeln, grob
  gehackt
2 Schalotten, grob gehackt
2 Knoblauchzehen, grob
  gehackt
2 Lorbeerblätter
7 EL Cidre-Essig
800 g Passata

7 EL Ahornsirup oder heller
  klarer Honig
½ TL gemahlener
  Kreuzkümmel
1 Prise Cayennepfeffer
Meersalz und frisch gemahlener schwarzer Pfeffer

FÜR DEN STARTER
2 EL Sauerkrautsaft oder
  Saft eines anderen
  fermentierten Gemüses
  (siehe Seite 145–153), oder
  Joghurt- oder Kefirmolke

Das Ghee bei mittlerer Hitze in einem mittelgroßen Topf oder einer hohen Pfanne mit Deckel erhitzen. Die Zwiebeln, die Schalotten, den Knoblauch und die Lorbeerblätter hineingeben und umrühren. Sobald das Gemüse zu brutzeln beginnt, die Wärmezufuhr verringern und das Ganze 10 Minuten goldgelb karamellisieren lassen.

Die Wärmezufuhr erhöhen, den Essig hinzufügen und etwas verdunsten lassen. Die übrigen Zutaten dazugeben, die Wärmezufuhr erneut verringern und die Mischung 40 Minuten köcheln lassen, bis sie die Konsistenz eines Ketchups hat.

Den Topf vom Herd nehmen, die Lorbeerblätter entfernen und die Mischung mit dem Stabmixer glatt pürieren. Anschließend zur Seite stellen und vollständig abkühlen lassen.

Sobald die Mischung erkaltet ist, 1 EL des Starters einrühren. Den Ketchup mithilfe des Trichters in das Glas füllen und vorsichtig 1 weiteren EL des Starters daraufgießen, so dass keine Luft mehr an den Ketchup kommt. Das Glas zum Schutz vor Insekten mit einem runden Stück Pergamentpapier abdecken und das Papier mit einem Gummiring befestigen.

Den Ketchup bei Zimmertemperatur bis zu 5 Tage fermentieren lassen.

Das Pergamentpapier danach entfernen, das Glas mit dem Deckel verschließen und in den Kühlschrank stellen. Der Fermentationsprozess geht auch im Kühlschrank weiter, verläuft aufgrund der niedrigeren Temperatur dann aber langsamer. Der Ketchup ist mehrere Monate haltbar, wird mit der Zeit aber immer saurer. Ist Ihnen der Geschmack zu sauer, können Sie ihn mit 1 EL Ahornsirup nachsüßen.

Olis Lieblings-Teriyaki-Sauce

FÜR 2–3 PERSONEN

Auch die Teriyaki-Sauce lässt sich ganz leicht selbst herstellen und ist bei Kindern äußerst beliebt. Der beste Beweis dafür ist mein Sohn Oli. In Japan verwendet man die Sauce, um den Speisen besonderen Glanz und Geschmack zu verleihen. Sie schmeckt vorzüglich zu gegrilltem Lachs oder Hähnchen. Man kann auch gebratene Tempeh (ist gesünder als Tofu) damit überziehen oder sie zu gekochter Quinoa (siehe Seite 159) und gedämpftem Gemüse (Seite 48) reichen.

Worauf es hier ganz entscheidend ankommt, ist die Qualität der Tamari-Sauce und des Mirin. Die meisten Produkte, die in den Supermärkten angeboten werden, enthalten große Mengen an genverändertem Soja, Maissirup mit hohem Fruchtzuckergehalt, Aroma- und Konservierungsstoffen. Traditionell hergestellte Erzeugnisse sind dagegen frei von diesen ganzen Zusatzstoffen, schmecken vorzüglich und haben einen positiven Einfluss auf die Gesundheit.

4–5 EL Tamari oder Shoyu (traditionell hergestellte dunkle japanische Sojasauce)
4–5 EL Mirin (süßer japanischer Reiswein)
abgeriebene Schale und Saft von 1 unbehandelten Limette

2 EL Ahornsirup
1 große Knoblauchzehe, in feine Scheiben geschnitten
1 Stück Ingwer, geschält und in feine Scheiben geschnitten

Die Zutaten in einen kleinen Topf geben und zum Kochen bringen. Die Wärmezufuhr danach verringern und die Sauce köcheln lassen, bis sie etwas eingekocht und klebrig ist. Die Knoblauch- und die Ingwerscheiben mit einem Löffel herausnehmen, die Sauce noch einmal abschmecken und gegebenenfalls noch etwas Limettensaft oder Ahornsirup hinzufügen. Ein saftiges Steak oder ein Stück gebratenen Lachs, Gemüse oder Tempeh damit überziehen und mit Blattgemüse und Quinoa servieren.

Süße Chilisauce

FÜR EIN GLAS À 450 MILLILITER

Die meisten fertig gekauften süßen Chilisaucen enthalten Unmengen an Zucker. Eine gesündere Alternative ist diese mit Honig gesüßte Variante, die nicht minder gut schmeckt.

Sie passt wunderbar zu Reis, Nudeln, Frühlingsrollen, Tempura und anderen asiatischen Gerichten, schmeckt aber auch vorzüglich zu Käse und gebratenem Wintergemüse.

BENÖTIGTE UTENSILIEN
ein sterilisiertes Schraubglas (siehe Seite 79)

10 lange rote Chilischoten
4 Knoblauchzehen, durchgepresst
25 g Ingwer, geschält und gerieben
185 ml Apfelessig
220 g heller klarer Honig
1 kräftige Prise Meersalz

Die Chilischoten der Länge nach halbieren, die Samen entfernen (oder mit verwenden – die Sauce wird dann allerdings schärfer) und das Fruchtfleisch diagonal in feine Streifen schneiden oder fein hacken.

Sämtliche Zutaten in einen mittelgroßen Topf geben, umrühren und das Ganze bei geringer Hitze zum Köcheln bringen. Die Sauce 10–15 Minuten köcheln lassen, bis sie eingedickt ist und eine leicht sirupartige Konsistenz hat.

Die Sauce in das Glas füllen, vollständig abkühlen lassen und danach in den Kühlschrank stellen. Sie ist gut 1 Monat haltbar.

Pesto-Variationen

FÜR 4–6 PERSONEN

Ob als Dip, als Sauce zu geröstetem Gemüse, als Dressing, auf einem Sandwich oder einem herzhaften winterlichen Eintopf, ob mit Zucchini-Nudeln oder als Aufstrich auf einem Roggentoast mit Frischkäse und pfeffrigem Rucola – für mich geht einfach nichts über ein Pesto. Die Pinienkerne und das Olivenöl gehören zu den guten Fetten, die dafür sorgen, dass unser Gehirn gut funktioniert.

KLASSISCHES PESTO
1 Knoblauchzehe, gehackt
3 Handvoll Basilikumblätter, gehackt
1 Handvoll Pinienkerne, leicht geröstet
50 g Parmesan oder reifer Pecorino, gerieben
150 ml Olivenöl extra vergine
1 Spritzer Zitronensaft
Meersalz und frisch gemahlener schwarzer Pfeffer

Den Knoblauch mit dem Basilikum, den Pinienkernen, dem Parmesan und dem Olivenöl kurz im Mixer pürieren. Das Pesto mit 1 Spritzer Zitronensaft, Salz und Pfeffer abschmecken und zugedeckt im Kühlschrank aufbewahren. Es ist so bis zu 1 Woche haltbar.

GRÜNKOHLPESTO MIT CASHEWKERNEN
85 g Cashewkerne, leicht geröstet
50 g Parmesan, gerieben
2 Knoblauchzehen
100 ml Olivenöl extra vergine
85 g Grünkohlblätter ohne Stiele und Blattrippen
1 Spritzer Zitronensaft
Meersalz und frisch gemahlener schwarzer Pfeffer

Sämtliche Zutaten kurz im Mixer pürieren. Das Pesto mit Salz und Pfeffer abschmecken und gegebenenfalls noch etwas Zitronensaft oder Parmesan hinzufügen.

WALNUSSPESTO MIT PETERSILIE, BASILIKUM ODER GRÜNKOHL
175 g Walnusskerne (Hälften oder Stücke)
1 Knoblauchzehe
70 g Parmesan, gerieben
1 Handvoll Petersilie, Basilikum oder Grünkohl
150 ml Olivenöl extra vergine
Meersalz und frisch gemahlener schwarzer Pfeffer

Sämtliche Zutaten kurz im Mixer pürieren. Das Pesto mit Salz und Pfeffer abschmecken und gegebenenfalls noch etwas Parmesan oder Öl hinzufügen.

Salsa verde

FÜR 4–6 PERSONEN

Ich bin ein absoluter Fan dieser vielseitigen, wandelbaren grünen Sauce, die man praktisch zu allem servieren kann, sei es nun Gemüse, Hähnchen, Fisch oder gegrilltes Fleisch. Wichtig ist dabei nur die richtige Auswahl der Kräuter. Will ich die Sauce beispielsweise zu Fisch reichen, ersetze ich die Minze durch Estragon oder Dill. Bei Lamm empfiehlt sich Rosmarin anstelle des Basilikums. Da die Salsa verde aus frischen Kräutern hergestellt wird, sollte man sie, der Farbe und des Geschmacks wegen, am besten frisch zubereitet servieren.

---

2 Knoblauchzehen
1 kleine Handvoll Kapern (keine in Salzlake eingelegten Kapern)
7 Sardellenfilets
3 Handvoll glatte Petersilie, die Blätter abgezupft
1 Bund frisches Basilikum, die Blätter abgezupft
1 Handvoll frische Minze, die Blätter abgezupft
1 EL Dijon-Senf
3 EL Rotweinessig
10 EL Olivenöl extra vergine
Meersalz und frisch gemahlener schwarzer Pfeffer

Den Knoblauch, die Kapern, die Sardellen und die Kräuter am besten ganz traditionell von Hand sehr fein hacken. Mit dem Senf und dem Essig in eine Schüssel füllen und langsam das Öl einrühren, bis die Sauce die gewünschte Konsistenz hat. Die Salsa zum Schluss mit Salz und Pfeffer abschmecken und gegebenenfalls noch etwas Essig hinzufügen.

Sie können die Zutaten aber auch im Mixer zu einer nicht zu glatten Sauce pürieren und danach noch einmal abschmecken.

Die Salsa verde schmeckt am besten, wenn man sie am selben oder spätestens am nächsten Tag genießt.

Dips und Pasteten Gewürzmischungen Salze Butter und Öle Kefir, Joghurt & Co. Brühen und Suppen Sauerkraut, Pickles & Co. Essige Brote, Cracker & Co. 89

MEINE HERZHAFTE
GESUNDHEITSKÜCHE   Salate   Gemüse und Beilagen   Fleisch und Fisch   Eier   Aromatisierte Joghurts   Mayonnaise   Saucen   *Salsas und Chutneys*

Feigen-Dattel-Chutney

ERGIBT ETWA 1 KILOGRAMM

Ein süßsaures Feigenchutney ist ein wahrer Gaumenschmaus, und ganz besonders gerne esse ich dieses Feigen-Dattel-Chutney. Kein Wunder also, dass mein Sohn und ich immer sofort nach dem Glas greifen, wenn wir ein gutes Stück Käse genießen möchten. Am besten bereitet man es im Spätsommer zu, wenn Feigen Saison haben. Wenn Sie nicht in der glücklichen Lage sind, einen Feigenbaum im eigenen Garten zu haben, kaufen Sie Ihre Feigen am besten auf dem Markt oder beim Obsthändler, denn in den Supermärkten sind frische Feigen oft sehr teuer. Und achten Sie darauf, dass die Früchte, die Sie für dieses Chutney verwenden wollen, bereits sehr reif sind.

BENÖTIGTE UTENSILIEN
sterilisierte Schraubgläser
 (siehe Seite 79)

1 kg frische Feigen
300 ml Cidre-Essig
250 g Zwiebeln, gehackt
250 g Sultaninen
5 Medjool-Datteln, entsteint
 und gehackt
1 TL Meersalz
½ TL Zimt
½ TL gemahlene
 Gewürznelken
½ TL geschroteter schwarzer
 Pfeffer
1 TL Koriandersamen
250 g Kokosblüten- oder
 Vollrohrzucker

Die Feigen entstielen, grob hacken und in einen großen Edelstahl- oder Emailtopf füllen. Die übrigen Zutaten – bis auf den Zucker – dazugeben, umrühren und das Ganze zum Kochen bringen. Die Mischung 30–35 Minuten köcheln lassen, bis die Früchte und die Zwiebeln weich sind.

Den Zucker unterrühren und das Chutney langsam erneut zum Kochen bringen. Die Wärmezufuhr danach verringern und die Mischung bei sehr geringer Hitze weitere 15 Minuten köcheln lassen. Dabei gelegentlich umrühren, damit das Chutney nicht am Topfboden ansetzt. Sobald es die Konsistenz einer dicken Marmelade hat, den Topf vom Herd nehmen und das Chutney in die vorbereiteten Gläser füllen. Ungeöffnet hält sich das Chutney mehrere Monate bei Zimmertemperatur.

Zu Käse, selbst gebackenem Brot und anderen herzhaften Köstlichkeiten servieren.

Apfel-Birnen-Chutney mit Ingwer

ERGIBT ETWA 1 KILOGRAMM

Wenn Sie nicht mehr wissen, wohin mit Ihren Äpfeln, und Sie sich an Apfelkuchen satt gegessen haben, dann sollten Sie dieses Chutney einmal ausprobieren, das sich auch hervorragend als Gastgeschenk eignet.

BENÖTIGTE UTENSILIEN
ein Stück saubere Gaze
sterilisierte Schraubgläser
 (siehe Seite 79)

700 g Kochäpfel, geschält,
 die Kerngehäuse entfernt
 und grob gehackt
300 g Birnen, geschält, die
 Kerngehäuse entfernt und
 grob gehackt
3–4 mittelgroße Zwiebeln,
 fein gehackt
5 Knoblauchzehen, geschält
 und fein gehackt
100 g Sultaninen, grob gehackt
12 Datteln, entsteint und
 gehackt

100 g Ingwer, geschält und
 gerieben
50 g eingelegter Ingwer, in
 feine Scheiben geschnitten
2 TL Meersalz
750 ml Apfelessig
500 g Vollrohrzucker (oder
 Kokosblütenzucker,
 unraffinierter brauner
 Zucker oder Honig)

FÜR DAS GEWÜRZSÄCKCHEN
5 TL Koriandersamen
1 TL gelbe Senfkörner
1 TL Fenchelsamen
8 Gewürznelken
2 TL schwarze Pfefferkörner
2 TL Kreuzkümmelsamen

Die Gewürze auf ein sauberes Stück Gaze legen, die Enden zusammenfassen und das so entstandene Säckchen mit Küchengarn zubinden. Mit den vorbereiteten Zutaten und dem Salz in einen großen Einmachtopf mit schwerem Boden geben und den Essig darübergießen.

Das Ganze langsam zum Kochen bringen. Die Wärmezufuhr danach verringern und die Mischung unter gelegentlichem Rühren 30–45 Minuten köcheln lassen, bis das Obst zerfällt. Den Zucker hinzufügen und das Chutney 1½–2 Stunden köcheln lassen. Dabei immer wieder umrühren, damit es nicht am Topfboden ansetzt.

Den Topf vom Herd nehmen und das Gewürzsäckchen entfernen. Das Chutney in die sterilisierten Gläser füllen und diese sofort verschließen. Das Chutney 2–3 Monate bei Zimmertemperatur ruhen lassen und innerhalb eines Jahres verbrauchen. Angebrochene Gläser im Kühlschrank aufbewahren.

Tomatensalsa mit Chili

FÜR 6–8 PERSONEN

Diese supereinfache klassische mexikanische Salsa wird aus gegrillten Cocktailtomaten hergestellt.

600g Cocktailtomaten, gewaschen und trocken getupft

3–4 frische Serrano- oder Jalapeño-Chilis, die Stiele entfernt

3 mittelgroße Knoblauchzehen, geschält

1 TL Meersalz

2 EL frisch gepresster Limettensaft

½ rote Zwiebel, fein gehackt

1 Handvoll gehacktes Koriandergrün

Olivenöl extra vergine

Meersalz und frisch gemahlener schwarzer Pfeffer

Die Tomaten auf einem großen, mit Alufolie ausgelegten Backblech verteilen und 10–15 Minuten unter den heißen Backofengrill schieben, bis sie weich sind und die Schale sich hier und da schwarz färbt. Aus dem Ofen nehmen und etwas abkühlen lassen.

Die Chilischoten bei geringer bis mittlerer Hitze ohne Zugabe von Fett in einer großen Pfanne rösten, bis die Schalen Blasen werfen und an einigen Stellen schwarz sind. Die Pfanne vom Herd nehmen und die Chilischoten etwas abkühlen lassen.

Die Tomatenschalen abziehen. Die Schalen der Chilischoten mit einem kleinen Schälmesser abkratzen. Es macht nichts, wenn ein paar Reste zurückbleiben – ein paar verbrannte Schalenstücke verleihen dem Ganzen noch mehr Geschmack.

Die Knoblauchzehen mit den Chilischoten und dem Salz in den Mörser geben und das Ganze zu einer Paste zermahlen. In eine Schüssel füllen und die Tomaten mit einer Gabel unterheben und dabei leicht zerdrücken. Den Limettensaft, die Zwiebel, das Koriandergrün und 1 kräftigen Schuss Olivenöl unterrühren und die Salsa mit Salz und Pfeffer abschmecken.

Omas Tomaten-Kasundi

ERGIBT ETWA 3 LITER

Mein erstes Kasundi-Relish habe ich in einer wunderbaren Bäckerei in Melbourne gegessen, in der ich eine Zeit lang gearbeitet habe. Das Kasundi-Relish hat einen angenehm warmen, intensiven Geschmack. Man serviert es zu gegrilltem Fleisch, Spiegelei oder Käsetoast. Dieses Rezept stammt von meiner lieben Freundin Marguerite Guinness, einer begnadeten Köchin und Gärtnerin. Sie macht ihr Kasundi-Relish immer im Spätsommer, wenn es in ihrem Garten süße, sonnengereifte Tomaten in Hülle und Fülle gibt. Einen noch intensiveren Geschmack bekommt das Relish, wenn Sie die Kochzeit etwas verlängern und das Kasundi noch etwas einkochen lassen.

BENÖTIGTE UTENSILIEN
sterilisierte Schraubgläser (siehe Seite 79)

25 g Kreuzkümmelsamen, leicht geröstet

200 ml Ghee oder kaltgepresstes Sonnenblumenöl

40 g Senfkörner

2 EL gemahlene Kurkuma

4 EL Chilipulver

2 EL gemahlener Koriander

200 g Ingwer, geschält und fein gehackt

100 g Knoblauch, durchgepresst

2,5 kg große frische Tomaten, gehackt

400 g Kokosblütenzucker

500 ml Malzessig

3 EL Meersalz

frisch gemahlener schwarzer Pfeffer

Den Kreuzkümmel im Mörser leicht zerstoßen.

Das Ghee oder das Öl in einem großen Topf bei mittlerer bis starker Hitze heiß werden lassen. Die Senfkörner und den Kreuzkümmel hineingeben und so lange rösten, bis sie zu springen beginnen. Die Wärmezufuhr verringern, die übrigen Gewürze dazugeben und ebenfalls einige Minuten rösten, bis sie ihr Aroma entfalten.

Die restlichen Zutaten unterrühren und das Relish 1½ Stunden köcheln lassen, bis es eingedickt ist. Das heiße Kasundi in die vorbereiteten Gläser füllen und diese sofort verschließen. Das Relish ist einige Monate haltbar. Angebrochene Gläser im Kühlschrank aufbewahren.

MEINE HERZHAFTE GESUNDHEITSKÜCHE Salate Gemüse und Beilagen Fleisch und Fisch Eier Aromatisierte Joghurts Mayonnaise Saucen *Salsas und Chutneys*

Dips und Pasteten Gewürzmischungen Salze Butter und Öle Kefir, Joghurt & Co. Brühen und Suppen Sauerkraut, Pickles & Co. Essige Brote, Cracker & Co.   93

Pico de gallo

FÜR 4-6 PERSONEN

Pico de gallo ist eine frische mexikanische Tomatensalsa, von der ich einfach nicht genug bekommen kann. Tomaten sind reich an Lycopin, einem Pflanzenstoff, der vor Krebs schützen kann. Die rohen Zwiebeln und der Knoblauch enthalten große Mengen an Präbiotika, von denen sich die Probiotika, die »guten« Darmbakterien, ernähren. Über diese Sauce freut sich also nicht nur Ihr Gaumen, sondern auch Ihre Darmflora. Ich serviere diese schnelle, einfache Salsa gerne mit Avocado und Eiern auf Roggentoast. Sie lässt sich aber auch mit den verschiedensten anderen Dingen kombinieren.

---

300 g Tomaten (nach Möglichkeit eine Mischung aus verschiedenen alten Sorten und Cocktailtomaten)
1 mittelgroße rote Chilischote, fein gehackt
1 mittelgroße grüne Chilischote, fein gehackt
1 kleine rote Zwiebel, fein gehackt

1 Knoblauchzehe, durchgepresst
Saft von 1 Limette
abgeriebene Schale und Saft von ½ unbehandelten Zitrone
1 kleines Bund Koriandergrün, grob gehackt
1 kleiner Spritzer Olivenöl
Meersalz und frisch gemahlener schwarzer Pfeffer

Die großen Tomaten klein schneiden, die Cocktailtomaten je nach Größe halbieren oder vierteln. Mit den übrigen Zutaten in eine große Schüssel füllen, mit Salz und Pfeffer würzen und alles gut durchmischen.

Die Salsa in eine Servierschüssel füllen und bis zum Servieren in den Kühlschrank stellen. Die Pico de gallo sollte möglichst frisch gegessen werden.

Rote-Bete-Chutney mit Ingwer

ERGIBT ETWA 1,2 KILOGRAMM

Dies ist eines meiner Lieblingschutneys. Es ist wunderbar aromatisch, und beim Kochen duftet die ganze Küche danach. Ich bin ein Fan der Roten Bete, und ein Chutney ist eine großartige Möglichkeit, größere Mengen zu verarbeiten. Manchmal verschenke ich dieses Chutney zu Weihnachten, denn es passt vorzüglich zu kaltem Braten und den Resten von Festessen.

BENÖTIGTE UTENSILIEN
sterilisierte Schraubgläser (siehe Seite 79)

500 g frische Rote Bete, geschält und fein gewürfelt
1 kg Kochäpfel, geschält, die Kerngehäuse entfernt und grob gehackt
2 große rote Zwiebeln, grob gehackt

2 TL Ingwer, geschält und gerieben
80 g eingelegter Ingwer, fein gehackt
350 g Vollrohr- oder Kokosblütenzucker
2 TL Meersalz
½ TL Zimt
½ TL gemahlene Gewürznelken
1 TL Kreuzkümmel
750 ml Rotweinessig

Die Roten Beten mit den Äpfeln und den Zwiebeln in einen großen Topf geben. Den frischen und den eingelegten Ingwer, den Zucker und die Gewürze dazugeben, den Essig angießen und gut umrühren. Das Ganze zum Kochen bringen. Die Wärmezufuhr danach verringern und die Mischung etwa 1 Stunde köcheln lassen. Dabei gelegentlich umrühren, damit nichts am Topfboden ansetzt.

Nach 1 Stunde sollte das Chutney fertig und die Roten Beten weich sein. Das heiße Chutney in die Gläser füllen und diese sofort verschließen.

Im gut verschlossenen Glas ist das Chutney mehrere Monate haltbar. Angebrochene Gläser im Kühlschrank aufbewahren und den Inhalt binnen 3 Wochen verbrauchen. Servieren Sie das Chutney zu Käse, kaltem Braten, selbst gemachten Quiches und Gemüsetartes.

Hummus-Variationen

FÜR 4–6 PERSONEN

Hummus ist bei Groß und Klein beliebt. Ich jedenfalls kenne niemanden, der es nicht mag. Es gibt zwar ein paar ganz anständige Fertigprodukte, mein selbst gemachtes Hummus schmeckt mir aber einfach am besten. Außerdem kann ich sicher sein, dass es nur bestes Öl enthält und keine ungesunden Fette, die man – und das gilt insbesondere für Kinder – unbedingt meiden sollte, denn diese ungesunden Fette, wie z.B. gehärtete Fette, die man in vielen Fertigdips findet, enthalten hoch giftige Transfette. Ein selbst gemachtes Hummus schmeckt nicht nur besser, sondern Sie haben auch die Gewissheit, dass es nur beste Zutaten enthält. Traditionell wird Hummus aus Kichererbsen hergestellt, sehr gut schmeckt es – wie dieses Rezept beweist – aber auch, wenn man es noch mit gebratenem und püriertem Gemüse anreichert.

FÜR DAS GRUNDREZEPT	100 ml Tahini-Sauce
200 g Kichererbsen (aus dem Glas oder der Dose), abgetropft	2 EL Olivenöl extra vergine
	Meersalz
etwa 2 EL Zitronensaft	
2 Knoblauchzehen, durchgepresst	**ZUM GARNIEREN**
	1 TL Paprikapulver
1 TL Kreuzkümmel	1 EL fein gehackte krause Petersilie

Sämtliche Zutaten mit 4 EL kaltem Wasser in der Küchenmaschine (oder in einer Schüssel mit dem Stabmixer) zu einem glatten Püree mixen und das Hummus noch einmal abschmecken.

Das Hummus in eine Schüssel füllen und mit dem Löffelrücken glatt streichen. Mit dem Paprikapulver und der Petersilie bestreuen und mit etwas Olivenöl extra vergine beträufeln.

Hummus mit roten Paprikaschoten und Chili

Das Hummus wie zuvor beschrieben zubereiten. Den Kreuzkümmel und das Wasser jedoch weglassen. Stattdessen 2 geröstete, geschälte und entkernte rote Paprikaschoten sowie 1½ TL gemahlene Chipotle-Chili hinzufügen. Das Ganze in der Küchenmaschine zu einem glatten Püree mixen und noch einmal abschmecken. Das Hummus statt mit Paprikapulver und Petersilie mit gemahlener Chipotle-Chili bestreuen.

Hummus mit Kürbis und Sumach

Das Hummus wie zuvor beschrieben herstellen. Das Wasser jedoch weglassen und 100 g gerösteten Butternusskürbis hinzufügen. Das Ganze in der Küchenmaschine zu einem glatten Püree mixen und noch einmal abschmecken. Das Hummus statt mit Paprikapulver mit ½ TL Sumach bestreuen.

Hummus mit Möhre und Kurkuma

Das Hummus wie zuvor beschrieben herstellen. Das Wasser jedoch weglassen und 1 Handvoll geröstete Möhrenstücke sowie 1 TL gemahlene Kurkuma hinzufügen. Das Ganze in der Küchenmaschine zu einem glatten Püree mixen, noch einmal abschmecken und zum Schluss großzügig mit Olivenöl extra vergine beträufeln und mit gehackter krauser Petersilie bestreuen.

Artischocken-Dip mit Cashewkernen

FÜR 8-10 PERSONEN

Diesen köstlichen und obendrein ausgesprochen gesunden Dip habe ich schon bei vielen Partys serviert. Artischocken sind nicht nur reich an Präbiotika, sondern zählen mit zu den Gemüsesorten mit besonders hoher Nährstoffdichte. Rohe Cashewkerne sind ausgezeichnete Lieferanten von Mineralstoffen, Ballaststoffen, Eiweiß und ungesättigten Fettsäuren.

---

145 g rohe Cashewkerne, bis zu 4 Stunden, mindestens aber 1 Stunde in zimmerwarmem Wasser eingeweicht

400 g geröstete Artischockenherzen (selbst gemacht oder in Öl eingelegt aus dem Glas)

Saft von 1 Zitrone

½ rote Zwiebel, fein gehackt

½–1 TL Cayennepfeffer

¼ TL Paprikapulver

½ TL gemahlener Sumach

3 kleine Knoblauchzehen, fein gehackt

1 kleines Bund glatte Petersilie, die Blätter abgezupft und fein gehackt, plus glatte Petersilie zum Garnieren

Olivenöl extra vergine

Meersalz und frisch gemahlener schwarzer Pfeffer

Die Cashewkerne abgießen und mehrmals unter fließendem kaltem Wasser abspülen.

Sämtliche Zutaten in der Küchenmaschine zu einer dicken, glatten Creme verrühren und dabei so viel Olivenöl hinzufügen, bis der Dip eine glatte, cremige Konsistenz hat.

Den Dip in eine Servierschüssel füllen, mit Petersilie – und nach Belieben noch mit einem Hauch Sumach – bestreuen und mit Olivenöl beträufeln.

Den Dip bis zum Servieren kalt stellen. Zugedeckt kann er einige Tage im Kühlschrank aufbewahrt werden.

Weiße-Bohnen-Püree mit geröstetem Knoblauch, Rosmarin und Sumach

FÜR 10 PERSONEN ALS DIP

Dieses köstliche Bohnenpüree ist eine wunderbare Alternative zu Kartoffelpüree, kann aber genauso gut als Dip oder Teil einer Mezze-Platte serviert werden. Ausgezeichnet schmeckt es auch, wenn man Crostini damit bestreicht und diese anschließend noch mit Prosciutto und einem frittierten Salbeiblatt belegt. Einfach himmlisch!

---

2 große Knoblauchknollen

3–4 große Rosmarinzweige

1–2 EL Ghee

2 Dosen (à 400 g) weiße Bohnenkerne, abgetropft und abgespült

3 EL Olivenöl extra vergine

Saft von ½ Zitrone

1 TL gemahlener Sumach

Meersalz und frisch gemahlener schwarzer Pfeffer

Den Backofen auf 170 °C (Umluft 150 °C) vorheizen.

Zunächst den Knoblauch rösten. Dazu die Knollen mit dem Rosmarin in eine kleine ofenfeste Form legen und mit 1 EL Ghee beträufeln. Die Form in Alufolie verpacken und für etwa 1 Stunde in den Backofen schieben, bis der Knoblauch sehr weich ist.

Den Knoblauch aus dem Ofen nehmen, etwas abkühlen lassen und die weiche Paste anschließend aus den Zehen in die Küchenmaschine drücken. Die Schalen wegwerfen. Die Rosmarinnadeln abzupfen und ebenfalls in die Küchenmaschine geben. Die Stiele wegwerfen.

Zum Schluss das in der Form verbliebene Knoblauchöl hineingießen.

Die Bohnen, das Olivenöl und den Zitronensaft dazugeben und das Ganze grob pürieren. Ist die Mischung zu dick, noch etwas Öl oder warmes Wasser hinzufügen. Das Püree mit Salz, Pfeffer und gegebenenfalls noch etwas Zitronensaft abschmecken und in eine Servierschüssel füllen. Mit Sumach bestreuen und mit Olivenöl und Ghee beträufeln.

MEINE HERZHAFTE GESUNDHEITSKÜCHE Salate Gemüse und Beilagen Fleisch und Fisch Eier Aromatisierte Joghurts Mayonnaise Saucen Salsas und Chutneys

Dips und Pasteten Gewürzmischungen Salze Butter und Öle Kefir, Joghurt & Co. Brühen und Suppen Sauerkraut, Pickles & Co. Essige Brote, Cracker & Co. 97

Auberginendip mit Granatapfelmelasse

FÜR 6-8 PERSONEN

Dies ist meine Version des libanesischen Klassikers Baba Ghanoush. Der Dip hat einen angenehm rauchigen Geschmack und ist wunderbar sämig – genau wie ein guter Auberginendip sein sollte. Besonders gut passt er zu gebratenem Fleisch oder herzhaftem Herbstgemüse.

1 große oder 2 kleinere Auberginen	1 Prise Cayennepfeffer
140 g zimmerwarmer griechischer Joghurt	1 Knoblauchzehe, fein gehackt oder zerdrückt
2 EL Olivenöl extra vergine	Kerne von ½ Granatapfel
1½ TL Granatapfelmelasse	2 EL fein gehackte krause Petersilie zum Bestreuen
2 EL Zitronensaft	Meersalz und frisch gemahlener schwarzer Pfeffer
1 TL Sumach	
½ TL Kreuzkümmel	

Wenn Sie einen Gasherd besitzen, können Sie die Aubergine direkt über der offenen Flamme rösten. Das geht um einiges schneller als das Grillen im Backofen – allerdings müssen Sie den Herd danach gründlich reinigen. Die Aubergine mit einer Metallzange 12–14 Minuten über der Gasflamme (mittlere Stufe) wenden, bis die Schale trocken wird und aufplatzt und sich ein rauchiges Aroma entfaltet. Besitzen Sie keinen Gasherd, die Aubergine je nach Größe 40–60 Minuten unter dem heißen Backofengrill rösten und dabei gelegentlich wenden, damit die Schale nicht verbrennt, bevor das Fruchtfleisch gar ist. Die Aubergine anschließend etwas abkühlen lassen.

Die Schale der Länge nach aufschneiden und das Fruchtfleisch mit einem Löffel herauslösen. Das Fruchtfleisch 10 Minuten in einem Sieb abtropfen lassen (Auberginen enthalten erstaunlich viel Flüssigkeit und wenn das Fruchtfleisch zu viel davon enthält, wird der Dip matschig) und danach auf einem Küchenbrett grob zerkleinern.

Das Fruchtfleisch in einer Rührschüssel sorgfältig mit den übrigen Zutaten (die Hälfte der Granatapfelkerne zum Garnieren aufheben) vermengen und den Dip noch einmal abschmecken. Anschließend in eine Servierschüssel füllen und mit der Petersilie und den restlichen Granatapfelkernen bestreuen.

Tapenade

FÜR 1 KLEINE SCHÜSSEL

Die Tapenade ist ein wunderbares kleines Gericht, das man am besten an lauen Sommerabenden mit etwas rohem Gemüse zum Aperitif serviert. Traditionell wird sie wie hier aus schwarzen Oliven hergestellt, man kann aber auch grüne Oliven oder andere Zutaten nehmen, zum Beispiel sonnengetrocknete Tomaten. Verwenden Sie nach Möglichkeit Oliven mit Stein. Das Entsteinen macht zwar ein bisschen Arbeit, der Geschmack ist dafür aber weitaus intensiver.

350 g schwarze Kalamata-Oliven, entsteint	2½ EL frisch gehackte Thymianblätter
4 Anchovis, gut abgespült und grob gehackt	Saft von ½ Zitrone (gegebenenfalls etwas mehr)
2 mittelgroße Knoblauchzehen, zerdrückt	7–8 EL Olivenöl extra vergine frisch gemahlener schwarzer Pfeffer
3½ EL Kapern, abgespült	
1 EL gehackte krause Petersilie	

Die Oliven in der Küchenmaschine mit den Anchovis, dem Knoblauch, den Kapern und den Kräutern zu einem groben Püree verrühren. Den Zitronensaft hinzufügen und während des Rührens langsam so viel Öl einlaufen lassen, bis die Tapenade die gewünschte Konsistenz hat.

Die Küchenmaschine danach ausschalten, den Deckel abnehmen und die Tapenade kräftig mit Pfeffer würzen. Anschließend noch einmal abschmecken und gegebenenfalls noch etwas Zitronensaft oder Pfeffer hinzufügen.

Die Tapenade sofort genießen oder bis zum Servieren in den Kühlschrank stellen. Gekühlt ist sie einige Tage haltbar.

Die Tapenade als Teil einer Vorspeisenplatte oder als Dip mit Crackern und/oder rohem Gemüse servieren.

Paprikacreme mit Rosmarin

FÜR 4 PERSONEN ALS BEILAGE,
FÜR EINE GRÖSSERE PERSONENZAHL ALS DIP

Die Anregung zu diesem Dip fand ich in der *Grünen Küche*, einem vegetarischen Kochbuch von David Frenkiel und Luise Vindahl. Das Rezept war so köstlich, dass ich eine eigene Version kreieren wollte. Inzwischen habe ich stets ein Glas davon in meinem Kühlschrank stehen. Der Dip schmeckt vorzüglich auf getoastetem Roggenbrot mit Avocado und Salat oder mit rohem Gemüse der Saison. Ich serviere ihn aber auch zu geröstetem Gemüse oder gegrilltem Fisch. Die Sonnenblumen- und die Kürbiskerne sind reich an guten Fetten. Kürbiskerne enthalten außerdem viel Zink, das für einen ausgeglichenen Hormonhaushalt und reine Haut sorgt.

---

3 rote Paprikaschoten, halbiert und die Samen entfernt
Olivenöl
50 g Sonnenblumenkerne
50 g Kürbiskerne
1 Prise geräuchertes Paprikapulver
Saft von ½ Zitrone
2 Zweige Rosmarin, die Nadeln abgezupft
je 1 kräftige Prise Meersalz und frisch gemahlener schwarzer Pfeffer

Den Backofen auf 200 °C (Umluft 180 °C) vorheizen.

Die Paprikaschoten auf ein Backblech legen, mit Olivenöl beträufeln und etwa 40 Minuten im Backofen rösten, bis sie an den Rändern leicht verbrannt sind und sich die Schale mühelos abziehen lässt. Das Blech aus dem Ofen nehmen und die Paprikaschoten etwas abkühlen lassen.

Die Kerne ohne Zugabe von Fett in einer Pfanne leicht anrösten, bis sie ihr Aroma entfalten und zu springen beginnen. Die gerösteten Kerne in eine Schüssel füllen.

Wenn die Paprikaschoten ausreichend abgekühlt sind, die Schalen abziehen.

Die Paprikaschoten mit den übrigen Zutaten in eine Schüssel geben und das Ganze mit dem Stabmixer zu einer glatten Creme verrühren. Die Creme noch einmal abschmecken, in ein Schraubglas füllen und im Kühlschrank aufbewahren. Gekühlt ist sie bis zu 2 Wochen haltbar (Wenn dann überhaupt noch etwas davon übrig ist! Bei mir bestimmt nicht …).

Frische Guacamole

FÜR 10 PERSONEN

Dieses Guacamole-Rezept ist mein ganz besonderer Favorit. Wenn man gerade eine größere Menge Avocados verbrauchen muss, ist es eine ideale Möglichkeit, ein leichtes Mittagessen daraus zu machen. Reichen Sie einen Tomatensalat dazu oder bestreichen Sie eine mit Knoblauch eingeriebene, geröstete Scheibe Sauerteigbrot damit und beträufeln es mit Olivenöl. Unfassbar köstlich! Das Rezept ist für eine relativ große Menge berechnet. Bei Bedarf können Sie aber auch nur die Hälfte oder ein Viertel der Zutatenmengen nehmen.

6 reife Avocados, halbiert und die Kerne entfernt
abgeriebene Schale und Saft von 1 unbehandelten Zitrone
abgeriebene Schale von 1 unbehandelten Limette und Saft von 2 Limetten
1 rote Zwiebel, fein gehackt
2 Knoblauchzehen, durchgepresst
2 mittelgroße grüne Chilischoten, die Samen entfernt und fein gehackt
8 EL kaltgepresstes Olivenöl (möglichst extra vergine) und noch etwas zum Beträufeln
1 kleines Bund Koriandergrün, grob gehackt, plus ein paar Stängel zum Garnieren
Meersalz und frisch gemahlener schwarzer Pfeffer

Das Avocadofruchtfleisch mit einem Löffel aus den Schalen lösen und in einer mittelgroßen Schüssel mit einer Gabel zerdrücken. Den Zitronen- und den Limettensaft unterrühren, die restlichen Zutaten untermischen und die Guacamole mit Salz und Pfeffer abschmecken. In eine Servierschüssel füllen, mit etwas Olivenöl beträufeln und mit ein paar Stängeln Koriandergrün garnieren.

Erbsen-Bohnen-Püree mit Minze und Petersilie

FÜR 4 PERSONEN

Dieses frische, köstliche kleine Frühlingsgericht schmeckt nicht nur vorzüglich als Dip, sondern auch als Aufstrich auf einer getoasteten, mit einem pochierten Ei belegten und mit Rucola oder Erbsensprossen garnierten Scheibe Sauerteigbrot. Nutzen Sie also die kurze Zeit, wenn frische dicke Bohnen Saison haben, denn sie sind reich an Vitamin C.

1 kleine Handvoll Minzeblätter
einige Stängel Petersilie, die Blätter abgezupft
4–5 Basilikumblätter
1 große Handvoll frische oder tiefgekühlte Erbsen (Tiefkühlerbsen etwas antauen lassen)
1 Handvoll frische oder tiefgekühlte dicke Bohnen (tiefgekühlte Bohnen etwas antauen lassen), gepalt und die Häutchen entfernt
1 große Knoblauchzehe, geschält
1 große Handvoll geriebener Pecorino oder Parmesan
Olivenöl extra vergine
Saft von ½ Zitrone
frische Erbsensprossen zum Garnieren
Meersalz und frisch gemahlener schwarzer Pfeffer

Die Minze-, Petersilien- und Basilikumblätter mit den Erbsen, den Bohnen und dem Knoblauch im Mörser zu einem Püree zerstampfen.

Den Pecorino untermischen und so viel Olivenöl hinzufügen, bis das Püree die gewünschte Konsistenz hat. Das Püree mit etwas Zitronensaft, Salz und Pfeffer abschmecken und servieren.

Dips und Pasteten Gewürzmischungen Salze Butter und Öle Kefir, Joghurt & Co. Brühen und Suppen Sauerkraut, Pickles & Co. Essige Brote, Cracker & Co 101

Hühnerleber-Pâté

FÜR 15 PERSONEN, ERGIBT 2 SCHÜSSELN

320 g Butter
Ghee oder 1 Stückchen Butter
3 Schalotten oder ½ rote Zwiebel, fein gehackt
3 große Knoblauchzehen, fein gehackt
450 g Hühnerlebern (von Freilandhühnern)
einige Stängel frischer Salbei, die Blätter abgezupft
½ TL Thymianblätter, fein gehackt
125 ml Marsala
½ TL gemahlener Ingwer
Meersalz und frisch gemahlener schwarzer Pfeffer

Die Hälfte der Butter bei geringer bis mittlerer Hitze langsam in einer kleinen Stielkasserolle erhitzen. Nach etwa 10 Minuten sollte sich das Eiweiß am Topfboden und als Schaum an der Oberfläche abgesetzt haben. Den Schaum mit einem feinmaschigen Sieblöffel abschöpfen, die Butter vorsichtig in ein feines Sieb abgießen und die geklärte Butter in eine saubere Schüssel füllen.

In einer großen Pfanne etwas Ghee oder 1 Stückchen Butter erhitzen und die Schalotten mit dem Knoblauch 10 Minuten bei geringer Hitze darin anschwitzen, bis sie weich sind. Aus der Pfanne nehmen und auf einen Teller geben. Die Pfanne ausreiben und erneut auf die Herdplatte stellen. Die Wärmezufuhr erhöhen, die Lebern und den größten Teil des Salbeis und der Thymianblätter hineingeben und die Lebern auf jeder Seite 2 Minuten braten, bis sie etwas Farbe angenommen haben, in der Mitte aber noch rosa sind. Die Lebern mit den Kräutern auf einen Teller geben.

Den Marsala in die Pfanne gießen und etwa 1 Minute bei geringer Hitze einkochen lassen. Die Pfanne von der Herdplatte nehmen und den reduzierten Marsala in die Küchenmaschine gießen. Die Schalotten, den Knoblauch, den Ingwer und die Lebern dazugeben und alles zu einem glatten Püree verrühren. Die restliche Butter unterrühren und die Mischung mit Salz und Pfeffer abschmecken.

Die Mischung auf zwei Schüsseln verteilen, die restlichen Salbeiblätter darauf verteilen und die geklärte Butter darübergießen. Die Pastete mindestens 2 Stunden im Kühlschrank fest werden lassen (noch besser schmeckt sie, wenn man sie einige Tage ruhen lässt).

Leber ist ein echtes Superfood. Sie ist außerordentlich nährstoffreich und enthält sogar mehr Mikronährstoffe als das meiste Obst und Gemüse oder rotes Fleisch.

Kaufen Sie nach Möglichkeit nur Lebern von Tieren aus Weidebzw. Freilandhaltung, die nicht mit all den Chemikalien, Hormonen und all dem anderen Zeug belastet sind, das sich in den Lebern von Tieren aus Massenhaltung findet. Und achten Sie darauf, dass die Leber frisch ist und eine schöne dunkle Farbe hat.

Diese Pastete zergeht förmlich auf der Zunge und passt vorzüglich zu den Mandelcrackern mit Kräutern von Seite 157.

Walnuss-Linsen-Pâté

FÜR 6–8 PERSONEN

Mit Crostini oder meinen Crackern von Seite 157 zaubern Sie mit dieser köstlichen Pastete im Handumdrehen kleine Party-Kanapees.

---

2 EL Ghee
1 mittelgroße rote Zwiebel, gehackt
1 mittelgroße Stange Sellerie, fein gehackt
2 Lorbeerblätter
100 g Walnusskerne, mindestens 4 Stunden eingeweicht, abgegossen und abgespült
1 EL frische Thymian- und Oreganoblätter, fein gehackt
180 g Puy-Linsen, gekocht

2 EL Tamari oder Shoyu (traditionell hergestellte dunkle japanische Sojasauce)
2 EL Zitronensaft
3 EL Olivenöl extra vergine und etwas mehr zum Beträufeln
1–2 TL traditionell hergestellte weiße Misopaste (nach Belieben)
½ TL geräuchertes Paprikapulver und etwas mehr zum Bestreuen
Meersalz und frisch gemahlener schwarzer Pfeffer

Den Backofen auf 170 °C (Umluft 150 °C) vorheizen.

Das Ghee bei mittlerer Hitze in einer mittelgroßen Pfanne erwärmen. Die Zwiebel, den Sellerie und die Lorbeerblätter hineingeben und 12–15 Minuten bei geringer Hitze anschwitzen, bis das Gemüse weich und karamellisiert ist. Dabei immer wieder umrühren, damit die Zwiebeln nicht anbrennen.

Inzwischen die Walnüsse auf ein Backblech streuen und 10–15 Minuten im Backofen rösten, bis sie knusprig sind und eine goldbraune Farbe angenommen haben. Dabei darauf achten, dass die Nüsse nicht verbrennen. Die Nüsse nach der Hälfte der Zeit wenden, damit sie gleichmäßig geröstet werden. Anschließend herausnehmen und abkühlen lassen.

Die Lorbeerblätter aus der Pfanne nehmen und die Zwiebelmischung mit Salz und Pfeffer würzen (wenn Sie Miso verwenden, nur sparsam salzen). Die Mischung mit den Kräutern, den Linsen, den Walnüssen, dem Tamari, dem Zitronensaft, dem Olivenöl und dem Miso in den Mixer füllen und alles zu einer glatten Creme verrühren. Zum Schluss das Paprikapulver einrühren, die Mischung in eine Servierschüssel füllen, mit etwas Paprikapulver bestreuen, mit Olivenöl beträufeln und großzügig mit Pfeffer übermahlen.

Geräucherte Makrelen-Pâté

FÜR 6–8 PERSONEN

Ein echter Leckerbissen ist diese Pastete aus geräucherten Makrelen. Sie schmeckt hervorragend auf getoastetem Roggenpumpernickel, aber auch auf Gurkenscheiben oder in kleinen Schalen aus Salatblättern serviert. Die Makrele ist ein fetter Fisch, der sehr viel Vitamin D, einige B-Vitamine, Selen und Omega-3-Fettsäuren enthält – all dies sorgt dafür, dass unser Gehirn fit bleibt. Die Makrelen lassen sich ohne Weiteres auch durch andere Räucherfische ersetzen.

---

3 mittelgroße oder 4 kleinere heiß geräucherte Makrelenfilets
250 g Crème fraîche (Sie können auch saure Sahne nehmen, brauchen dann aber unter Umständen mehr Zitronensaft)
3 TL frisch geriebener Meerrettich (wenn Sie keinen frischen Meerrettich

bekommen, nehmen Sie stattdessen ½–1 TL Dijon-Senf)
Saft von 1 Zitrone
1 kleine Handvoll Dill, die Stiele entfernt und fein gehackt
1 kleine Handvoll Petersilie, die Blätter abgezupft und sehr fein gehackt
Meersalz und frisch gemahlener schwarzer Pfeffer

Die Makrelenfilets vorsichtig enthäuten und gegebenenfalls entgräten. Die Gräten sind manchmal sehr klein, deshalb sollte man den Fisch sorgfältig danach absuchen.

Gut zwei Drittel der Filets in kleine Stücke zupfen und mit der Crème fraîche und dem Meerrettich oder dem Senf in der Küchenmaschine zu einem glatten Püree verrühren. Oder die Zutaten einfach in einer Schüssel mit der Gabel zerdrücken (das erspart Ihnen Abwasch!).

Mit Salz, 1 kräftigen Prise Pfeffer und dem Zitronensaft abschmecken und die Kräuter unterrühren. Den restlichen Fisch in nicht zu kleine Stücke zupfen und untermischen.

Die Pâté bis zum Servieren kalt stellen. Zugedeckt ist sie im Kühlschrank einige Tage haltbar.

Tipp: Sehr dekorativ sieht es aus, wenn Sie die Pastete noch mit Schnittlauchblüten bestreuen. Die zartlilafarbenen Blüten sehen nicht nur hübsch aus, sie verleihen der Pâté auch eine pikante Note.

Dips und Pasteten Gewürzmischungen Salze Butter und Öle Kefir, Joghurt & Co. Brühen und Suppen Sauerkraut, Pickles & Co. Essige Brote, Cracker & Co.

Gremolata auf zweierlei Art

FÜR 2 GERICHTE

Gremolata mit Petersilie

Ich bin ein absoluter Fan dieser Würzmischung, die selbst einfachen Gerichten einen besonderen Geschmack verleiht. Einfach genial!

Ich verwende sie zum Verfeinern von Suppen, Salaten und gerröstetem Gemüse, vor allem Möhren, Pastinaken, Kürbis und Süßkartoffeln. Großartig schmeckt es auch, wenn man Fleisch, Fisch oder Geflügel vor oder nach dem Braten damit bestreut. Außerdem ist sie eine ideale Möglichkeit, um Petersilienreste zu verarbeiten, die sonst im Gemüsefach vor sich hin welken würden. So muss man nichts wegwerfen und bekommt dafür auch noch eine großartige Gewürzmischung.

1 Bund glatte Petersilie, gewaschen, die Blätter abgezupft und fein gehackt

1 große oder 2 kleinere Knoblauchzehen, geschält und fein gehackt
abgeriebene Schale von 2 unbehandelten Zitronen

Die Petersilie nach dem Waschen gut trocken schleudern, damit die Gremolata nicht matschig wird.

Die Zutaten einfach in einer Schüssel mischen – und das war's schon.

Die Gremolata mit Frischhaltefolie abdecken oder in ein Schraubglas füllen. Im Kühlschrank hält sie sich so einige Tage.

Gremolata mit Senfkohl

Der beste Senfkohl, den ich mir vorstellen kann, wächst im Garten meiner Mutter. Früher streifte ich gerne durch den Garten und naschte von den jungen Blättern, die so herrlich nach Senf und Pfeffer schmecken. Verwenden Sie sie anstelle der Petersilie, um die Gremolata geschmacklich abzuwandeln.

Dukkah mit Pistazien und Grünkohl

ERGIBT 1–2 GLÄSER À 225 GRAMM

Diese herrliche ägyptische Gewürzmischung eignet sich vorzüglich zum Bestreuen von Omeletts, Rührei oder Toast mit Avocado. Oder man serviert sie in einer kleinen Schüssel zusammen mit einem guten Olivenöl und Pittabrot. Man bricht ein Stück Brot ab, taucht es zunächst in das Öl und anschließend in das Dukkah.

1 große Handvoll Grünkohl, die Stiele und die dicken Blattrippen entfernt
100 g Pistazien
35 g Koriandersamen
6 EL Sesamsamen

4 EL Kreuzkümmelsamen
2 TL Fenchelsamen
2 EL schwarze Pfefferkörner
2 TL getrocknete Minzeblätter
2 TL Meersalzflocken

Den Backofen auf 180 °C (Umluft 160 °C) vorheizen.

Die Grünkohlblätter in einer Schicht auf einem ausreichend großen Backblech verteilen und etwa 5 Minuten im Backofen trocknen. Die Temperatur anschließend auf 110 °C (Umluft 90 °C) verringern und die Blätter weitere 5 Minuten trocknen, bis sich der Kohl mühelos zerbröseln lässt, aber noch seine leuchtend grüne Farbe hat. Den Grünkohl aus dem Ofen nehmen, vollständig abkühlen lassen und danach mit den Händen zu Pulver zermahlen.

Eine Pfanne mit schwerem Boden bei starker Hitze heiß werden lassen und die Pistazien ohne Zugabe von Fett darin rösten, bis sie leicht angebräunt sind und ihr Aroma entfalten. Die Pistazien anschließend vollständig abkühlen lassen. Die Samen und die Pfefferkörner auf die gleiche Weise rösten. Um Zeit zu sparen, können die Samen auch zusammen geröstet werden. Da der Sesam schneller Farbe annimmt, muss er allerdings einzeln geröstet werden. Die gerösteten Samen anschließend vollständig abkühlen lassen.

Die Pistazien und die Samen mit der Minze und dem Salz im Mörser oder in einer kleinen Küchenmaschine grob mahlen. Dabei unbedingt darauf achten, dass keine Paste, sondern eine krümelige Gewürzmischung entsteht. Die Mischung in ein Schraubglas füllen, 1–2 EL pulverisierten Grünkohl untermischen (den restlichen Grünkohl in einem Schraubglas aufbewahren) und das Glas gut verschließen. Das Dukkah ist so bis zu 1 Monat haltbar.

Dips und Pasteten *Gewürzmischungen* Salze Butter und Öle Kefir, Joghurt & Co. Brühen und Suppen Sauerkraut, Pickles & Co. Essige Brote, Cracker & Co. 105

Marokkanische Gewürzmischung

FÜR 1 GLAS

Das Warme dieser Gewürzmischung verleiht Blumenkohl-Couscous (siehe Seite 49) und Salaten einen unvergleichlichen Geschmack. Sehr gut schmeckt es auch, wenn man junge Möhren vor dem Braten damit bestreut.

---

4 EL gemahlener Kreuzkümmel

2 EL gemahlener Koriander

2 EL Paprikapulver edelsüß

2 TL getrocknete rote Chiliflocken

1 TL Knoblauchpulver

1 TL Zimt

½ TL gemahlene Gewürz-
nelken

½ TL gemahlener schwarzer
Pfeffer

Die Zutaten in einer kleinen Schüssel mischen und in ein Schraubglas füllen. Die Gewürzmischung ist bis zu 3 Monate haltbar.

Feurige Grillmarinade

FÜR 1 HÄHNCHEN

Diese scharf-frische Marinade eignet sich vorzüglich für gegrilltes oder gebratenes Hähnchen, Schweinefleisch und Fisch, schmeckt aber auch hervorragend auf herzhaftem geschmortem Wintergemüse.

---

2 TL frische oder getrocknete
gehackte Petersilie

1 Handvoll frische Thymianblätter

2 Zimtstangen, zerbröselt

3 EL frisch gehacktes Koriandergrün

1 EL Koriandersamen

2 EL geschroteter schwarzer
Pfeffer

1 TL frisch geriebene Muskatnuss

3 TL geschroteter Piment

7 Knoblauchzehen

3 Scotch-Bonnet-Chilischo-
ten, die Samen entfernt

3 TL Ingwer, geschält und
gehackt

1 TL Paprikapulver

abgeriebene Schale von
1 unbehandelten Limette
und Saft von 2 Limetten

2 TL Kokosblüten- oder Palm-
zucker

1 TL Salz

150 ml fruchtiges Olivenöl

Sämtliche Zutaten in der Küchenmaschine zu einer glatten Paste verrühren. In einen luftdicht verschließbaren Behälter füllen und im Kühlschrank aufbewahren. Gekühlt ist die Paste bis zu 2 Wochen haltbar.

Piri-Piri-Gewürzmischung

FÜR 1 GLAS

Mit dieser Gewürzmischung verleihen Sie gebratenem Panir, Hähnchen und gebratenem Gemüse eine angenehme Schärfe.

---

4 EL geräuchertes
Paprikapulver

2 EL getrocknete Petersilie

1 EL getrockneter Oregano

4 TL Kurkuma

2 TL Meersalz

2 TL Knoblauchpulver

3 TL rote Chiliflocken

½ TL frisch gemahlener
schwarzer Pfeffer

Die Zutaten in einer kleinen Schüssel mischen. In einem luftdicht verschlossenen Behälter ist die Gewürzmischung bis zu 3 Monate haltbar.

Ras el-Hanout

FÜR 1 GLAS

Diese nordafrikanische Gewürzmischung besticht durch ihr intensives, warmes Aroma, dem Rosenblätter eine florale Note verleihen. Verwenden Sie sie zum Bestreuen von Fisch, Hähnchen oder geröstetem Gemüse.

---

3 Zimtstangen, in Stücke
gebrochen

2 EL Koriandersamen

2 EL Kreuzkümmelsamen

1½ EL Bockshornklee

1½ EL Senfkörner

1½ EL Gewürznelken

1½ EL Fenchelsamen

2 TL schwarze Pfefferkörner

60 g getrocknete Damasze-
ner-Rosen-Blütenblätter
(in orientalischen Lebens-
mittelgeschäften oder über
das Internet erhältlich)

Sämtliche Zutaten bis auf die Blütenblätter ohne Zugabe von Fett bei geringer bis mittlerer Hitze in einer Pfanne mit schwerem Boden erhitzen, bis die Samen zu springen beginnen und ihr Aroma entfalten. Die Pfanne rütteln und den Inhalt weitere 2 Minuten rösten. Dabei darauf achten, dass die Mischung nicht zu dunkel wird. Die noch warme (aber nicht heiße) Mischung anschließend in der Kaffee- oder Gewürzmühle, einer kleinen Küchenmaschine oder im Mörser mahlen. Die getrockneten Blütenblätter dazugeben und leicht zerdrücken. In einem luftdicht verschlossenen Behälter ist das Ras el-Hanout 1–2 Wochen haltbar.

Dips und Pasteten *Gewürzmischungen* Salze Butter und Öle Kefir, Joghurt & Co. Brühen und Suppen Sauerkraut, Pickles & Co. Essige Brote, Cracker & Co.   107

Mediterrane Kräutermischung

FÜR 1 KLEINES GLAS

Bestreuen Sie Hähnchen, Lamm, Ziege oder Kaninchen vor dem Braten oder Grillen damit. Sehr gut schmeckt diese Kräutermischung aber auch auf Halloumi oder Panir.

1 EL getrocknete Petersilie
1 EL getrocknetes Basilikum
2 TL getrockneter Oregano
2 TL Fenchelblätter
1 TL Knoblauchpulver

1 TL Meersalzflocken oder Himalayasalz
1 TL abgeriebene Zitronenschale

Die Kräuter in einer kleinen Schüssel mit dem Knoblauchpulver mischen. Das Salz und unmittelbar vor dem Servieren die Zitronenschale untermischen.

Indische Gewürzmischung

FÜR 1 KLEINES GLAS

Ob Currys, Dhal, Kichererbsensalate, gebratener Blumenkohl oder gebratene Süßkartoffeln – wer die indische Küche liebt, sollte diese Gewürzmischung stets vorrätig haben. Deshalb sollten Sie am besten gleich eine größere Menge davon herstellen. So haben Sie sie jederzeit zur Hand, wenn Sie Ihren Speisen etwas Pep verleihen wollen.

4 EL Kreuzkümmelsamen
½ TL schwarze Pfefferkörner
2½ EL Koriandersamen
4 TL Kardamomkapseln
2 TL Gewürznelken

1 getrocknetes Lorbeerblatt
4 TL gemahlene Kurkuma
2½ TL Chilipulver
1 TL Zimt

Eine Pfanne erhitzen und den Kreuzkümmel, die Pfefferkörner und den Koriander ohne Zugabe von Fett 1–2 Minuten darin rösten, bis die Gewürze ihr Aroma entfalten und etwas Farbe annehmen. Die Mischung sofort in den Mörser geben.

Den Kardamom in die Pfanne geben und ebenfalls 1–2 Minuten rösten, bis er Farbe annimmt. Die Kapseln mit den Gewürznelken und dem Lorbeerblatt zu den Gewürzen in den Mörser geben und die Mischung fein mahlen. Die übrigen Zutaten hinzufügen und die Mischung in ein Schraubglas füllen.

Za'atar

FÜR 1 KLEINES GLAS

Unglaublich vielseitig verwendbar ist diese arabische Gewürzmischung, mit der man vom Hähnchen über Süßkartoffeln, Möhren, Butternusskürbis oder Auberginen bis hin zu Kichererbsen, Blumenkohl und warmen Salaten nahezu alles verfeinern kann. Ja selbst Mixed Pickles verleiht sie einen besonderen Geschmack. Und obendrein ist diese Mischung auch noch ganz einfach herzustellen.

6 EL frische Thymianblätter
3 TL gemahlener Sumach

¾ TL Meersalz
1½ EL geröstete Sesamkörner

Den Backofen auf 170 °C (Umluft 150 °C) vorheizen.

Die Thymianblätter auf ein Backblech streuen und etwa 10 Minuten im Backofen trocknen (sie sollten sich danach zwischen den Fingern zerkrümeln lassen). Das Blech aus dem Ofen nehmen und den Thymian abkühlen lassen.

Die Thymianblätter im Mörser fein mahlen und in eine kleine Schüssel füllen.

Den Sumach in den Mörser geben und – gegebenenfalls portionsweise – so fein wie möglich mahlen. Den Thymian hinzufügen und beides vermengen. Das Salz dazugeben und ebenfalls untermengen.

Den Sesam untermischen und die Mischung noch einmal abschmecken.

Das Za'atar in ein Schraubglas füllen und im Kühlschrank aufbewahren. Gekühlt ist es einige Wochen haltbar.

Rosen-Harissa

ERGIBT 2 GLÄSER À 450 GRAMM

Mit ihrem unwiderstehlichen Aroma und ihrer angenehmen Schärfe ist diese Würzpaste, in der das feine Aroma von Rosenblättern einen angenehmen Kontrast zu den scharfen Chilischoten bildet, eine echte Offenbarung. Sie passt nicht nur vorzüglich zu fettem Fisch oder Brathähnchen, sondern schmeckt auch hervorragend, wenn man sie – gemischt mit einer selbst gemachten Mayonnaise (siehe Seite 72–73) – mit ebenfalls selbst gemachten Ofenchips (siehe Seite 42) serviert. Oder Sie würzen damit eine Lammschulter und braten diese anschließend mit reichlich Fenchel im Ofen (siehe Seite 60).

BENÖTIGTE UTENSILIEN
sterilisierte Schraubgläser
(siehe Seite 79)

350 g reife Tomaten, halbiert und die Samen entfernt
2 rote Paprikaschoten, halbiert und die Samen entfernt
220 g frische rote Chilischoten
8 Knoblauchzehen
2 EL Olivenöl extra vergine
4 TL Kreuzkümmelsamen
2 TL Koriandersamen
1 TL geräuchertes Paprikapulver
1 Handvoll ungespritzte duftende Rosenblütenblätter
8 TL Rosenwasser
2½ EL Kokosblüten- oder Vollrohrzucker oder 3 getrocknete Medjool-Datteln
Saft von ½ Zitrone
Olivenöl
Meersalz und frisch gemahlener schwarzer Pfeffer

Den Backofen auf 170 °C (Umluft 150 °C) vorheizen. Die Tomatenhälften mit der Schnittfläche nach oben, die Paprikaschoten mit der Schnittfläche nach unten, die Chilischoten und den ungeschälten Knoblauch in einer Schicht auf einem großen Backblech verteilen. Mit dem Olivenöl beträufeln und großzügig mit Salz und Pfeffer würzen.

Das Gemüse anschließend 1 Stunde im Backofen rösten und danach abkühlen lassen.

Wenn die Chilischoten etwas abgekühlt sind, die Stiele und die Samen entfernen. Die Knoblauchzehen schälen und mit den Chilischoten in die Küchenmaschine geben. Die Schalen der Paprikaschoten abziehen und das Fruchtfleisch ebenfalls in die Küchenmaschine geben. Das Gemüse grob hacken und den Kreuzkümmel, den Koriander und das Paprikapulver hinzufügen.

Die Tomaten, die Blütenblätter, das Rosenwasser, den Zucker oder die Datteln dazugeben, alles zu einer tiefroten Paste verrühren und diese noch einmal mit Salz und Pfeffer abschmecken.

Die Harissa in eine Schüssel füllen, den Zitronensaft und etwas Olivenöl unterrühren und die Paste noch einmal abschmecken. Die Harissa anschließend in die vorbereiteten Gläser füllen und im Kühlschrank lagern. Sie ist so mindestens 3–4 Wochen haltbar.

Grüne Thai-Currypaste

FÜR 6–8 PERSONEN

Mit Gemüse oder Fleisch zubereitet ist diese frische Currypaste die ideale Grundlage für eine leckere, sättigende Mahlzeit, die obendrein noch sehr gesund ist. Denn die Kokosmilch sättigt nicht nur, sondern ist auch reich an gesunden Fetten, sorgt für einen ausgeglichenen Hormonhaushalt, hilft beim Abnehmen und hält das Gehirn fit. Und nicht zu vergessen der Ingwer, der für seine entzündungshemmende Wirkung bekannt ist. Ausgezeichnet schmeckt die Currypaste übrigens auch mit meinem Blumenkohlreis (siehe Seite 49).

FÜR DIE PASTE

- 5 große Knoblauchzehen, grob gehackt
- 3 Schalotten, grob gehackt
- 1 daumengroßes Stück Ingwer, geschält und grob gehackt
- 2 Stängel Zitronengras, die harten äußeren Blätter entfernt und das zarte Innere fein gehackt
- 1 Stück (2 cm) Galgant, geschält und grob gehackt
- 5–6 grüne Bird's-Eye-Chilis, die Stiele entfernt
- 1 TL gemahlener Kreuzkümmel
- 1 TL gemahlener Koriander
- ¼ TL frisch gemahlener schwarzer Pfeffer
- ½ Bund frisches Koriandergrün
- 2 EL Fischsauce

FÜR DAS CURRY

- 1 Butternusskürbis (800 g), in Stücke geschnitten, oder Hähnchenbrust/-keulen, entbeint
- Ghee
- 400 g gemischte asiatische Pilze, gesäubert und in gleichmäßige Stücke zerteilt
- 4 kleine Auberginen, die Enden abgeschnitten und halbiert, oder 1 große Aubergine, in Stücke geschnitten
- 1 Dose (400 ml) vollfette Kokosmilch (oder 400 ml selbst gemachte Kokosmilch; siehe Seite 180)
- 500 ml Hühner- oder Gemüsebrühe (siehe Seite 136 und 140)
- 6 Kaffirlimettenblätter
- 200 g feine grüne Bohnen, die Enden abgeschnitten und halbiert
- ½ Bund frisches Thai-Basilikum
- 2 Limetten, in Spalten geschnitten
- Meersalz und frisch gemahlener schwarzer Pfeffer

Für die Paste den Knoblauch mit den Schalotten, dem Ingwer, dem Zitronengras, dem Galgant, den Chilischoten, dem Kreuzkümmel, dem Koriander, dem Pfeffer und der Hälfte des Koriandergrüns in der Küchenmaschine fein hacken. Die Fischsauce hinzufügen und das Ganze zu einer groben Paste mixen.

Für das Curry den Butternusskürbis zunächst weich dünsten und danach 1–2 Minuten in etwas Ghee braten, bis die Stücke am Rand leicht gebräunt sind. Anschließend aus der Pfanne nehmen und auf einen Teller geben. Wenn Sie Hähnchen nehmen, das Fleisch in 2,5 cm große Streifen schneiden und in einer großen Pfanne bei mittlerer Hitze 5–7 Minuten in 1 EL Ghee goldbraun braten. Das Fleisch danach aus der Pfanne nehmen und auf einen Teller geben.

Die Pfanne wieder auf die Herdplatte stellen, die Pilze und die Auberginen hineingeben (dabei darauf achten, dass das Gemüse nicht übereinanderliegt) und unter gelegentlichem Wenden 4–5 Minuten bei mittlerer Hitze goldbraun braten. Das Gemüse anschließend auf einen Teller geben.

Die Paste in die Pfanne geben und unter gelegentlichem Rühren 4–5 Minuten bei geringer bis mittlerer Hitze anbraten. Die Kokosmilch und die Brühe angießen, die Kaffirlimettenblätter hinzufügen, die Wärmezufuhr erhöhen und das Ganze zum Kochen bringen. Die Sauce 10 Minuten köcheln lassen, bis sie etwas eingedickt ist.

Den Kürbis oder das Fleisch und die Pilzmischung dazugeben, umrühren und das Curry 5 Minuten bei geringer Hitze köcheln lassen, bis das Fleisch durchgegart ist. In den letzten 3 Minuten die Bohnen dazugeben.

Das Curry noch einmal abschmecken. Die Basilikum- und die restlichen Korianderblätter abzupfen, grob hacken und unterrühren. Mit Limettenspalten und gedämpftem Reis oder Blumenkohlreis (siehe Seite 49) servieren.

Aromatisierte Salze

Salz ist nicht nur lebensnotwendig für den Körper, in Kombination mit Zutaten wie getrockneten Kräutern und anderen mehr, die nicht selten im Abfall landen, wird daraus auch ein vorzügliches Gewürz. Beim Salz sollte man nicht knausrig sein und unbedingt auf gute Qualität achten. Und Hände weg von jodiertem Speisesalz. Es ist nicht nur ungesund, es schmeckt einfach zu salzig und hat einen scheußlichen Nachgeschmack. Empfehlenswert sind dagegen Meersalzflocken, Steinsalz, Himalayasalz und die angenehm feuchten gräulichen französischen Salze. Sie alle unterscheiden sich ein wenig in der Zusammensetzung der Mineralstoffe und weisen auch geschmackliche Unterschiede auf. Und bekanntlich sorgt ein gutes Salz auch noch dafür, dass es unserem Körper nicht an den beiden Glückshormonen Serotonin und Melatonin mangelt, die wichtig für einen gesunden Schlaf, für die Entspannung und das allgemeine Wohlbefinden sind. Muss ich noch mehr sagen? Außer vielleicht: Reichen Sie mir bitte das Salz!

BASIS:
50 g Meersalzflocken, gemahlenes Stein- oder Himalayasalz

Sumach-Sesam-Salz: passt hervorragend zu Kürbissuppe, Avocado auf Toast, geröstetem Gemüse und Brathähnchen.

Das Salz mit 2 TL Sumach und 3 TL geröstetem Sesam anreichern und das Ganze im Mörser fein mahlen.

Selleriesalz: ideal zum Würzen von weich gekochten Eiern, Wachteleiern, Avocado, Suppen und geröstetem Gemüse.

Die Blätter (nur die Blätter!) von 1 Bund Stangensellerie ohne Zugabe von Fett in einer Pfanne braten, bis sie knusprig und vollkommen trocken sind. Mit den Meersalzflocken in den Mörser geben und zu einem smaragdgrünen Pulver zermahlen.

Grünkohlsalz: kann für fast alles verwendet werden – von der Pasta über Salate, Avocados, gebratenen Kürbis und Rote Bete bis hin zu Eiern.

2 EL pulverisierten Grünkohl (siehe Seite 104) unter das Meersalz mischen und das Ganze im Mörser fein mahlen.

Kreuzkümmelsalz: schmeckt vorzüglich, wenn man es über gebratene Rote Bete, Avocados, gebratenen Kürbis, Lamm, Hähnchen, Rührei und Omeletts streut.

2 EL Kreuzkümmelsamen ohne Zugabe von Fett in der Pfanne rösten, bis sie ihr Aroma entfalten und etwas Farbe angenommen haben. Mit dem Salz in den Mörser geben und fein mahlen.

Hibiskussalz: passt hervorragend zu Lamm, Avocados, Eintöpfen und Schmorgerichten.

3 TL getrocknete Hibiskusblüten mit den Meersalzflocken mischen und das Ganze im Mörser fein mahlen.

Blütensalz: schmeckt köstlich, wenn man es über Brathähnchen, frischen Mozzarella und Salate streut.

Das Salz im Mörser zu einem feinen Pulver zermahlen. Je 1 TL getrocknete Damaszener-Rosen-Blütenblätter, Kornblumenblüten und Calendulablütenblätter hinzufügen und die Blütenblätter leicht zerstoßen.

Selbst gemachte Butter – ein echtes Superfood

FÜR KNAPP 1 KILOGRAMM BUTTER UND KNAPP 1 LITER BUTTERMILCH

Für mich geht nichts über Butter!

Butter galt lange Zeit als ungesund, weil sie ungesättigte Fettsäuren enthält. Das ist jedoch kein stichhaltiges Argument gegen den Verzehr von Butter, zumal in den vergangenen Jahren gründlich mit dem Mythos von den ungesättigten Fetten aufgeräumt wurde. Denn Butter, die von gesunden Kühen stammt, die sich von Gras ernähren, zählt zu den wertvollsten Nahrungsmitteln der Natur. Sie ist reich an gesunden Fetten, die dafür sorgen, dass unser Gehirn leistungsfähig bleibt, und die dem Körper rasch neue Energie spenden. Verfeinert man gekochtes Gemüse mit einem Stückchen Butter, hilft sie dem Körper, alle im Gemüse enthaltenen fettlöslichen Vitamine aufzunehmen. Verzichtet man dagegen auf die gesunden Fette, kann der Körper nur einen Teil der Nährstoffe aufnehmen.

Darüber hinaus enthält Butter unter anderem hohe Mengen an Vitamin K2, das Osteoporose vorbeugt, sowie Vitamin A, das vor einer Schilddrüsenunterfunktion schützt und für ein gesundes Herz-Kreislauf-System sorgt und das, ebenso wie die Vitamine D und E, ein wichtiges Antioxidans ist. Außerdem sind in Butter Omega-3-Fettsäuren und konjugierte Linolsäuren enthalten, die den Abbau von Bauchfett unterstützen, vor Krebs schützen und das Muskelwachstum anregen.

In den Supermärkten findet man heute eine große Auswahl an guter Bio-Butter, hier und da wird sogar nicht pasteurisierte Butter angeboten. Aber warum machen Sie Ihre Butter nicht einfach einmal selbst? Das ist gar nicht schwer, und die Mühe lohnt sich in jedem Fall.

Ungesalzene Butter sollte man innerhalb einiger Tage verbrauchen, gesalzene Butter hingegen ist mehrere Wochen haltbar.

Um dieses Rezept nachzumachen, würde ich Ihnen empfehlen, in ein paar Buttermodeln zu investieren. Die Butter lässt sich damit leichter zu einem Block formen als von Hand.

Butter verfärbt sich, wenn sie der Sonne ausgesetzt ist. Die Butter deshalb stets zudecken, wenn Sie sie im Freien servieren. Butter immer in einer verschlossenen Butterdose aufbewahren.

2 l zimmerwarme Bio-Sahne (ob die Sahne pasteurisiert ist oder nicht, spielt keine Rolle, sie darf nur nicht homogenisiert sein)
1½ TL Meersalzflocken (nur für gesalzene Butter)

Die Buttermodeln zunächst 30 Minuten in Eiswasser legen. Dadurch wird verhindert, dass die Butter beim Formen darin kleben bleibt.

Die Sahne in einer sterilisierten und gekühlten Rührschüssel auf mittlerer Stufe mit dem Handmixer schlagen, bis sie gerinnt (man erkennt dies daran, dass die Buttermilch in der Schüssel herumzuschwappen beginnt). Die Sahne so lange weiterschlagen, bis sie vollständig geronnen ist. Den Inhalt der Schüssel dann in ein absolut sauberes Sieb abgießen, das Sieb über einer sauberen Schüssel einhängen und die Buttermilch abtropfen lassen.

Die Butter erneut in eine saubere Schüssel geben und die restliche Buttermilch 30–60 Sekunden herausschlagen. Die Butter wiederum in das Sieb abgießen und die Buttermilch abtropfen lassen (die Buttermilch im Kühlschrank aufbewahren und für andere Gerichte verwenden).

Die Butter anschließend wieder in eine Schüssel geben und diese mit Eiswasser füllen. Die Butter kneten, um auch den letzten Rest Buttermilch herauszupressen (dieser Schritt ist wichtig, weil die Butter sonst sauer wird und verdirbt). Dabei müssen Sie schnell arbeiten, damit sich die Butter durch den Kontakt mit den Händen nicht verflüssigt. Das Wasser abgießen und den Vorgang so lange wiederholen, bis das Wasser vollkommen klar bleibt.

Wenn Sie die gesamte Butter salzen wollen, die Butter dünn verstreichen, mit dem Salz bestreuen und das Salz mit nassen Händen einmassieren. Wollen Sie nur einen Teil salzen, die Butter in Blöcke teilen und pro 100 g Butter einige Prisen Salz hinzufügen.

Die Butter in Portionen teilen und mit nassen Händen oder mithilfe der Buttermodeln zu Blöcken formen. Ist sie noch zu klebrig, machen Sie dies am besten in Eiswasser. Die Butter anschließend in Pergamentpapier verpacken und in den Kühlschrank legen.

Nussbutter

FÜR 1 GLAS

Einer Nussbutter kann ich einfach nicht widerstehen. Und sie ist auch noch ausgesprochen vielseitig verwendbar. Sogar für ein Porridge. Ein Klassiker ist dieser schnelle Snack, den mein Sohn besonders liebt: eine knackige Selleriestange oder knackige Apfelspalten mit Nussbutter bestrichen. Ich esse sie auch gerne auf frischem Paleo-Brot (siehe Seite 157), das ich zuvor dick mit Butter bestreiche und zum Schluss noch mit Rohhonig beträufle. Gut geeignet für eine Nussbutter sind Mandeln, Cashewkerne, Pekannüsse, Walnüsse, Para- und Macadamianüsse. Sie können aber auch verschiedene Sorten mischen und nach Belieben auch noch Sonnenblumen- oder Kürbiskerne dazugeben.

380 g Nüsse, über Nacht eingeweicht und anschließend bei geringer Temperatur knusprig geröstet oder getrocknet

1 kräftige Prise Meersalz
1–2 EL Kokosöl

Tipp: Eine süße Nussbutter erhalten Sie, wenn Sie noch 1 EL Rohhonig hinzufügen.

Die Nüsse 5 Minuten in der Küchenmaschine mahlen und dabei gegebenenfalls ab und zu die Wände der Schüssel säubern. Das Salz und so viel Öl (1 EL ist meines Erachtens ausreichend; das hängt allerdings von den Nüssen ab) unterrühren, bis die Butter eine schöne cremige Konsistenz hat.

Die Nussbutter in ein Schraubglas füllen. An einem kühlen, lichtgeschützten Platz ist sie 6–8 Wochen haltbar. Besonders lecker schmeckt sie auf Mandelcrackern mit Kräutern und auf Mandel-Kokos-Brot (siehe Seite 157).

Kokosbutter

FÜR 1 KLEINES GLAS

Kokosbutter kann anstelle von Butter als Brotaufstrich oder zum Backen verwendet werden. Sie schmeckt nicht nur köstlich, sondern ist auch lange haltbar. Kokosbutter regt den Stoffwechsel an und kann deshalb beim Abnehmen helfen. Ein oder zwei Löffel voll in einen Smoothie gerührt ist ein gutes Mittel bei Völlegefühl.

200 g Kokosflocken

Die Kokosflocken 10–20 Minuten in der Küchenmaschine oder im Mixer pürieren, bis eine Butter entstanden ist. Dabei auf niedriger Stufe beginnen und die Geschwindigkeit nach und nach steigern. Zwischendurch gegebenenfalls die Wände der Schüssel mit einem Gummischaber säubern. Die Kokosbutter in ein Schraubglas füllen und bei Zimmertemperatur aufbewahren.

Kräuterbutter-Variationen

ERGIBT 250 GRAMM

Eine frische Kräuterbutter passt zu den unterschiedlichsten Zutaten und ist eine praktische Möglichkeit, um selbst einfachsten Gerichten eine besondere Note zu verleihen. An erster Stelle meiner persönlichen Hitliste stehen die Bärlauch- und die Kapuzinerkressebutter. Da die Bärlauchsaison sehr kurz ist, stelle ich im Frühling gleich größere Mengen davon her und friere einen Teil für später ein. Anstelle von frischem Bärlauch können Sie jedoch auch Bärlauchöl (siehe Seite 119) verwenden. Da es einen sehr intensiven Geschmack hat, benötigt man nur eine geringe Menge. Im Unterschied zum Knoblauch ist der Geschmack von Bärlauch angenehm frisch.

Für eine Kräuterbutter eignen sich aber ebenso gut andere frische Kräuter wie Petersilie, Basilikum, Oregano, Schnittlauch, Rosmarin, Fenchel, Dill oder Thymian, und Sie können die Kräuter auch mischen. Achten Sie aber darauf, dass sie vollkommen trocken sind, damit die Butter nicht matschig wird.

Anstelle von herkömmlicher Butter können Sie für dieses Rezept auch die Kefirbutter von Seite 122 nehmen. Die Zubereitung ist die gleiche.

KRÄUTERBUTTER

250 g weiche gesalzene oder ungesalzene Butter

4 EL fein gehackte glatte Petersilie oder eine Mischung aus frischen Küchenkräutern

Pergamentpapier zum Verpacken

Die Butter in einer Rührschüssel mit der Gabel zerdrücken, bis sie weich ist. Die Petersilie dazugeben und sorgfältig untermengen.

Ein gut 30 cm langes Stück von der Pergamentpapierrolle abreißen. Die Hälfte der Butter darauf verteilen und zu einer Rolle formen. In das Papier einrollen und die Enden zusammendrehen. Mit der restlichen Butter ebenso verfahren und die Rollen in den Kühlschrank legen, bis die Butter fest ist. Bei Bedarf immer wieder ein Stück abschneiden oder das Papier entfernen und die gesamte Butter in Portionen teilen.

Variationen:

Kapuzinerkressebutter: schmeckt vorzüglich auf gebratenem Fisch, getoastetem Sauerteigbrot und gedämpftem oder geröstetem Gemüse.
Die Petersilie durch 7 EL gehackte rote und gelbe Kapuzinerkresseblüten ersetzen.

Knoblauch- oder Bärlauchbutter: schmeckt köstlich auf frisch gebackenem Brot, zu Lamm, Fisch, Rindfleisch, Hähnchen, Pasta und gedämpftem oder geröstetem Gemüse.
Die Petersilie durch 6–7 fein gehackte Knoblauchzehen oder 4 EL fein gehackte Bärlauchblätter ersetzen.

Brunnenkresse- oder Dill-Fenchel-Butter: passt ausgezeichnet zu Fisch, Hähnchen und gedämpftem oder geröstetem Gemüse. Schmeckt vorzüglich auf getoastetem und mit Avocado belegtem Sauerteigbrot.
Die Petersilie durch 4 EL fein gehackte Brunnenkresse oder 4 EL fein gehackten Dill und Fenchelkraut ersetzen.

Dips und Pasteten Gewürzmischungen Salze *Butter und Öle* Kefir, Joghurt & Co. Brühen und Suppen Sauerkraut, Pickles & Co. Essige Brote, Cracker & Co. 115

Ghee – ein Geschenk der Götter

ERGIBT ETWA 1 KILOGRAMM

Da Ghee laktosefrei ist, ist es auch für Menschen mit Laktoseintoleranz geeignet, vorausgesetzt man achtet beim Filtern peinlich genau darauf, dass das Milcheiweiß und der Milchzucker vollständig entfernt werden. Ghee ist kinderleicht herzustellen, und man kann eine Menge Geld sparen, wenn man es selbst macht. Außerdem hat es dann einen besseren, frischeren Geschmack. Ghee ist sehr lange haltbar, weshalb man es gleich in größeren Mengen herstellen kann.

Es muss zwar nicht im Kühlschrank gelagert werden, sollte aber an einem lichtgeschützten Ort aufbewahrt werden. Und das Messer oder der Löffel, mit dem Sie etwas aus dem Glas entnehmen, sollte absolut sauber sein. Ist Ihre Küche sehr warm, empfiehlt es sich allerdings, es in den Kühlschrank zu stellen. Es hält sich dann länger. Die Aufbewahrung im Kühlschrank hat zudem den Vorteil, dass das Ghee sehr fest wird und sich so leichter mit einem Löffel entnehmen lässt. Ich verwende Ghee in vielen Rezepten dieses Buches, denn es hat einen sehr viel höheren Rauchpunkt als Olivenöl und verbrennt deshalb nicht so schnell, wenn man Zutaten bei hoher Temperatur in der Pfanne brät. Gute Fette, zu denen auch das Ghee zählt, sind wichtig für einen gesunden Körper, tragen sie doch dazu bei, dass der Organismus die fettlöslichen Vitamine aus der Nahrung besser aufnehmen kann. In der ayurvedischen Heilkunde schätzt man das Ghee als Heilmittel, das innerlich und äußerlich angewendet werden kann.

---

1 kg ungesalzene Butter (die Menge kann ohne Weiteres erhöht oder verringert werden; die Zubereitung und die Kochzeiten verändern sich dadurch nicht)

Pergamentpapier zum Verpacken

Ein Sieb mit Küchenpapier auslegen und auf ein Schraubglas mit 1 kg Fassungsvermögen setzen.

Die Butter bei mittlerer Hitze langsam in einem Topf zerlassen. Sobald sie geschmolzen ist, wird sich das geronnene Milcheiweiß innerhalb weniger Minuten als Schaum an der Oberfläche und am Topfboden absetzen, und in der Mitte zwischen diesen beiden Schichten befindet sich die geklärte Butter.

Der Schaum fällt mit der Zeit zusammen. Es bilden sich dann allmählich größere Blasen und danach erneut Schaum. Und an diesem Punkt ist das Ghee auch schon fertig. Der Vorgang dauert je nach Temperatur insgesamt 10–15 Minuten.

Sobald sich zum zweiten Mal Schaum bildet, den Topf vom Herd nehmen und warten, bis sich das Ghee etwas abgekühlt hat und sich das Milcheiweiß am Boden abgesetzt hat. Dabei keinesfalls umrühren. Den Schaum mit einem feinmaschigen Sieblöffel abschöpfen.

Die geklärte Butter vorsichtig durch das Sieb in das Glas gießen und dabei darauf achten, dass das gesamte Milcheiweiß im Topf zurückbleibt. Wenn Ihnen dies gelungen ist und wenn Sie peinlich genau darauf achten, dass der Löffel oder das Messer, mit dem Sie dem Glas etwas entnehmen, absolut sauber und trocken ist, hält sich das Ghee mehrere Wochen bei Zimmertemperatur, in der kalten Jahreszeit sogar monatelang. Ghee eignet sich übrigens nicht nur zum Kochen und Verfeinern von Speisen, sondern wird in der ayurvedischen Medizin auch als Feuchtigkeitscreme eingesetzt.

Dips und Pasteten Gewürzmischungen Salze *Butter und Öle* Kefir, Joghurt & Co. Brühen und Suppen Sauerkraut, Pickles & Co. Essige Brote, Cracker & Co. 117

Gekühlte aromatisierte Olivenöle

ERGIBT ETWA 250 MILLILITER

Gekühlte aromatisierte Öle lassen sich genauso verwenden wie eine Kräuterbutter. Der Unterschied besteht lediglich darin, dass sie keine Milch enthalten und ihnen das Olivenöl eine ganz eigene Note verleiht. Während des Kühlprozesses wird das Öl fest und bekommt so seine einzigartige Textur. Gekühlte Öle eignen sich hervorragend zum Beträufeln von Fisch, Hähnchen, Lamm, Schweine- und Rindfleisch, verleihen aber auch meinem schnellen, schonend gegarten Gemüse (siehe Seite 48) und geröstetem oder gedämpftem Gemüse eine besondere Note. Sei es ein einfaches Fischfilet oder was sonst man damit beträufelt – sie machen jedes Gericht zu einer Delikatesse.

Das Paprika- und das Kurkumaöl sind im Kühlschrank mehrere Monate haltbar. Die Kräuteröle sollten jedoch innerhalb einer Woche aufgebraucht werden, können aber auch in kleinen Portionen oder in Eiswürfelbehältern tiefgekühlt werden.

Smaragdgrünes Kräuteröl: passt gut zu Rindfleisch, Hähnchen, Lamm, Fisch, Blattgemüse und Kürbis.

---

50 g frische Kräuter (am besten eignen sich Thymian, Rosmarin, Petersilie, Schnittlauch

oder Oregano; eine Sorte oder gemischt)
250 ml Olivenöl extra vergine

Die Kräuter waschen, trocken schleudern und auf einem mit einem Geschirrtuch ausgelegten Tablett vollständig trocknen lassen. Anschließend hacken und in das Olivenöl rühren. Das Öl in ein Schraubglas füllen und im Kühlschrank aufbewahren.

Rubinrotes Paprikaöl: passt gut zu Hähnchen, Lamm, Fisch und Herbstgemüse.

2 EL spanisches Paprikapulver (nach Belieben aus geräucherten oder lediglich getrockneten Paprikaschoten)

250 ml Olivenöl extra vergine
2 Knoblauchzehen, fein gehackt

Das Paprikapulver in eine Schüssel streuen und mit dem Öl verrühren. Den Knoblauch hinzufügen und 30 Minuten im Öl ziehen lassen. Das Öl anschließend durch ein feines Sieb in ein Schraubglas abseihen und im Kühlschrank aufbewahren.

Kurkumaöl mit Ingwer: passt gut zu Hähnchen, Fisch, Kürbis, asiatischen Nudeln, Shiitakepilzen und herzhaften Suppen aus Wintergemüse.

2 EL gemahlene Kurkuma
250 ml Olivenöl extra vergine
1 TL frisch geriebener Ingwer mit Saft

etwas frisch gemahlener schwarzer Pfeffer

Die Kurkuma in eine kleine Schüssel streuen. Das Öl und die übrigen Zutaten dazugeben und die Mischung 30 Minuten ziehen lassen. Das Öl durch ein feines Sieb in ein Schraubglas seihen und im Kühlschrank aufbewahren.

Kräuteröl zum Beträufeln

ERGIBT ETWA 200 MILLILITER

Für dieses herrliche Öl eignen sich am besten Basilikum, Bärlauch, Petersilie, Estragon, Minze oder Dill. Dill passt ausgezeichnet zu Fisch, Estragon zu Hähnchen und Minze zu Lamm. Die anderen Kräuter lassen sich eigentlich mit fast allem kombinieren. Mit seinem reinen Geschmack hebt das Öl den Geschmack der Speisen und verleiht ihnen eine frische Note. Es eignet sich wunderbar zum Verfeinern von gebratenem Herbstkürbis, Roter Bete oder jungen Möhren, schmeckt aber ebenso köstlich, wenn man Büffelmozzarella, dicke Bohnen, Fisch, Hähnchen und Suppen sowie pochierte Eier und Avocado auf Toast damit beträufelt. Und wenn nur noch ein kleiner Rest übrig ist, lässt sich daraus im Mixer mit gerösteten Nüssen, Parmesan und Zitronensaft im Handumdrehen noch ein leckeres Pesto zaubern.

---

2 große Handvoll frische Küchenkräuter
(Sie können eine auf die Speise, für
die Sie das Öl verwenden wollen,
abgestimmte Kombination aus verschiedenen Kräutern oder nur ein
einzelnes Kraut verwenden)
*Basilikum
*Petersilie

*Bärlauch
*Minze
*Estragon
*Dill
1 große Knoblauchzehe
Meersalz und frisch gemahlener
  schwarzer Pfeffer
180 ml Olivenöl extra vergine

Die Blätter der Kräuter abzupfen und mit den übrigen Zutaten in einem leistungsstarken Mixer oder in der Küchenmaschine pürieren. Das Öl 1–2 Minuten ruhen lassen und danach in ein Schraubglas füllen und in den Kühlschrank stellen. Gekühlt ist das Kräuteröl bis zu 1 Woche haltbar.

Alles rund um den Kefir

ERGIBT 500 MILLILITER

Kefir ist ein Getränk aus vergorener Milch. Der Name ist vom türkischen Wort *keif* abgeleitet, was so viel bedeutet wie Wohlbefinden, und genau das stellt sich beim Genuss dieses herrlichen Getränks auch ein. Kefir ist nicht nur reich an Vitamin B_{12}, Calcium, Magnesium, Vitamin K_2, Biotin, Folsäure, Enzymen und Probiotika und ist deshalb eines der nährstoffreichsten Lebensmittel, er enthält auch 20 Mal mehr Probiotika als Joghurt. Er regt das Immunsystem an, unterstützt die Heilung entzündlicher Darmerkrankungen, trägt zur Verbesserung der Knochendichte und zur Bekämpfung von Allergien bei, verbessert die Milchzuckerverdauung, hilft bei Pilzerkrankungen, fördert die Entgiftung und ist überdies reich an gesunden Fetten.

Kefirkörner sind in Reformhäusern oder über das Internet erhältlich. Oder fragen Sie Freunde, die bereits einen Kefir angesetzt haben, ob sie Ihnen mit einer Starterkultur aushelfen können. Bei den kleinen cremefarbenen Körnern handelt es sich nicht um Körner im eigentlichen Sinn, sondern um Kulturen, die aus Hefe- und Milchsäurebakterien bestehen. Legt man sie 24 Stunden in Milch, vermehren sich die darin enthaltenen Mikroorganismen. Dabei werden die Milchzucker vergoren, und die Milch verwandelt sich in Kefir. Danach nimmt man die Kefirkörner, die immer wieder verwendet werden können, heraus.

Zur Herstellung von Kefir eignen sich Kuh-, Schafs-, Ziegen- und auch Kokosmilch. Das Verfahren ist immer das gleiche. Wenn Sie den Kefir aus Kokosmilch herstellen, müssen Sie allerdings nach jedem sechsten bis achten Mal einen Kefir mit herkömmlicher Milch ansetzen, damit sich die Körner weiter vermehren. Da sie sich von der in der Milch enthaltene Laktose ernähren, ist der fertige Kefir praktisch laktosefrei und somit auch für Menschen geeignet, die empfindlich auf Milchzucker reagieren. Mit Kokosmilch hergestellter Kefir ist selbstverständlich vollkommen laktosefrei. Mit Milch hergestellter Kefir hat die Konsistenz von Buttermilch. Er hat einen relativ sauren Geschmack und moussiert ein wenig.

Nachdem man den Kefir angesetzt hat, lässt man ihn so lange fermentieren, wie dies empfohlen wird, und passiert ihn danach durch ein Sieb. Man kann ihn dann entweder sofort genießen bzw. verwenden oder ihn noch ein zweites Mal fermentieren (siehe Seite 125), um ihm noch mehr Geschmack zu verleihen. Kefir schmeckt vorzüglich in Smoothies, Suppen, Saucen, selbst gemachtem Eis, Gebäck und Marinaden. Aus dem Quark kann man Kefirkäse herstellen, und die Molke kann für Pickles oder zum Brotbacken verwendet werden. Bestellen Sie sich diese Wunderkörner am besten noch heute. Und dann krempeln Sie die Ärmel hoch und machen sich ans Werk. Sie werden begeistert sein. Das garantiere ich Ihnen.

BENÖTIGTE UTENSILIEN
2 sterilisierte (siehe Seite 79)
   Schraubgläser mit 500 ml
   Fassungsvermögen
ein Haarsieb aus Plastik (kein
   Metall!)
ein Kochlöffel aus Holz oder
   Plastik (kein Metalllöffel)

FÜR DEN KEFIR
2 EL Kefirkörner für Milchkefir
500 ml nicht homogenisierte
   Vollmilch (vorzugsweise
   Bio-Rohmilch) oder Kokosmilch

Die Kefirkörner in eines der sterilisierten Gläser geben, mit der Milch übergießen und einmal gut umrühren. Das Glas mit dem Deckel verschließen oder ein Stück Backpapier darüberlegen und mit einem Gummi befestigen.

Den Kefir 12–36 Stunden bei Zimmertemperatur fermentieren lassen und in dieser Zeit das Glas einige Male kräftig schütteln oder den Kefir gut umrühren. So ist gewährleistet, dass der Kefir gleichmäßig fermentiert. Außerdem wird der Fermentationsprozess dadurch etwas beschleunigt.

Der Kefir ist fertig, wenn er zu gerinnen beginnt. Den Kefir dann durch das Sieb in ein sauberes Glas gießen, so dass die Kefirkörner im Sieb zurückbleiben. Das Glas anschließend in den Kühlschrank stellen und mit den Körnern (die nicht gereinigt werden müssen) in dem zweiten sterilisierten Glas einen weiteren Kefir ansetzen.

Je nachdem, wie warm es in Ihrer Küche ist, kann die Fermentation relativ rasch vonstattengehen. Das ist völlig unproblematisch, der Kefir ist dann lediglich etwas saurer im Geschmack. Ich lasse meinen Kefir 24 Stunden fermentieren, Sie können die Zeit, je nachdem, wie sauer Ihr Kefir sein soll, aber auch ohne Weiteres verkürzen oder verlängern.

MEINE HERZHAFTE GESUNDHEITSKÜCHE   Salate   Gemüse und Beilagen   Fleisch und Fisch   Eier   Aromatisierte Joghurts   Mayonnaise   Saucen   Salsas und Chutneys

Ist die Küche sehr warm, vermehren sich die Körner relativ rasch – ein Zeichen dafür, dass sie gesund sind. Je mehr Körner sich in der Milch befinden, desto schneller verläuft der Fermentationsprozess. Wenn Sie den Eindruck haben, dass die Milch zu rasch fermentiert, nehmen Sie nach dem nächsten Abgießen einfach ein paar Körner aus dem Sieb und geben sie an Freunde weiter oder frieren sie, für den Fall, dass Ihnen einmal Körner kaputtgehen, ein. Das kann passieren, wenn man den Kefir länger als 10 Tage fermentieren lässt. In diesem Fall müssen Sie einen neuen Kefir ansetzen, und dann ist es ganz gut, wenn Sie ein paar Körner im Gefrierfach vorrätig haben.

Da meine Familie relativ klein ist, verbrauchen wir pro Tag keine besonders großen Mengen an Kefir. Deshalb gebe ich die nach dem Abgießen im Sieb verbliebenen Körner hin und wieder mit frischer Milch in ein sauberes Glas und stelle es zum Fermentieren in den Kühlschrank. Durch die niedrige Temperatur verlangsamt sich der Fermentationsprozess und man kann den Kefir bis zu 1 Woche fermentieren lassen, bevor man ihn abgießen muss.

Wollen Sie – weil Sie Gäste erwarten oder Kefirkäse (siehe Seite 124) herstellen möchten – eine größere Menge Kefir herstellen, haben dafür aber nicht genug Körner, können Sie sich mit einem kleinen Trick behelfen: Geben Sie einfach 2–3 EL Kefirkörner in ein sterilisiertes 2-Liter-Glas und fügen 500–750 ml Milch hinzu. Das Glas anschließend abdecken und die Mischung unter gelegentlichem Umrühren gute 12 Stunden fermentieren lassen. Den Kefir danach mit 1–1½ l zimmerwarmer Milch aufgießen. Der Kefir, der zuerst fermentiert wurde, fungiert dann als Starterkultur für die Milch, die nachgefüllt wurde, und der gesamte Inhalt des Glases ist, wie bei den normalen kleineren Mengen, in 24–36 Stunden fertig.

Wenn Sie zum ersten Mal Kefir herstellen, brauchen die Körner etwas Zeit, um sich zu akklimatisieren. Haben Sie also ein wenig Geduld, denn unter Umständen müssen Sie ein paar Anläufe nehmen, bevor der Kefir richtig gelingt.

Bei Menschen, die zu wenig gesunde Darmbakterien haben, stellen sich gelegentlich sogenannte Die-Off-Symptome ein, wenn sie zum ersten Mal Kefir zu sich nehmen. Das ist ein Zeichen dafür, dass der Kefir mit seinen vielen guten Bakterien einen Teil der schlechten Darmbakterien abtötet. Ist dies bei Ihnen der Fall, werden Sie sich vermutlich erst einmal nicht so besonders fühlen. Tatsächlich ist es aber ein gutes Zeichen, denn danach wird das Verhältnis von guten und schlechten Bakterien in Ihrem Darm wieder ausgewogen sein. Deshalb sollte man, wenn man erst damit beginnt, Kefir in die Ernährung einzubauen, zunächst nur kleinere Mengen zu sich nehmen. Sind Sie sich nicht sicher, ob Sie zu wenig gute Darmbakterien haben, fangen Sie einfach erst einmal mit kleinen Mengen an und warten ab, wie Sie sich danach fühlen. Als Faustregel gilt: Fangen Sie mit 1 TL pro Tag an und steigern Sie die Menge, solange es Ihnen gut geht. Stellen sich Die-Off-Symptome ein, steigern Sie die Menge erst einmal nicht weiter, bis die Symptome verschwinden, und beginnen dann die Menge langsam wieder zu erhöhen, bis Sie in der Lage sind, beispielsweise in Ihren Smoothies, so viel Kefir zu sich zu nehmen, wie Sie möchten.

Kefirsahne

ERGIBT 500 MILLILITER

Die köstlich sahnige, angenehm säuerliche Kefirsahne verwendet man wie herkömmliche Sahne, oder Sie gehen noch einen Schritt weiter und machen daraus Kefirbutter.

Durch das Fermentieren intensiviert sich nicht nur der Geschmack, es vermehren sich auch die Probiotika, die das Immunsystem anregen, und der Laktosegehalt nimmt ab.

BENÖTIGTE UTENSILIEN
ein Haarsieb aus Plastik
2 sterilisierte (siehe Seite 79) Schraubgläser mit 500 ml Fassungsvermögen oder 2 Keramikschüsseln
ein Kochlöffel aus Holz oder Plastik
2–3 EL Kefirkörner für Milchkefir
500 g Schlagsahne

Die Kefirkörner in eines der sterilisierten Gläser geben, die Sahne darübergießen und vorsichtig umrühren. Das Glas abdecken und die Sahne 12–36 Stunden bei Zimmertemperatur fermentieren lassen. Ist Ihre Küche kühl, kann der Fermentationsprozess bis zu 36 Stunden dauern. Ist sie warm, ist die Sahne unter Umständen bereits nach 12 Stunden fertig. Probieren Sie deshalb immer wieder einmal, ob sie schon den gewünschten Geschmack hat.

Ist dies der Fall, das Sieb über einer Schüssel einhängen und die Sahne mit dem Löffel durchpassieren, so dass die Körner im Sieb zurückbleiben.

Die Kefirkörner in das zweite Glas geben und eine weitere Portion Sahne oder einen Milch- oder Kokosmilchkefir (siehe Seite 125) ansetzen.

Ist die Kefirsahne nicht dick genug und Sie möchten sie zum Verzieren von Kuchen verwenden oder als Schlagsahne zu Scones servieren, kann sie vorsichtig aufgeschlagen werden, bis sie die gewünschte Konsistenz hat. Die Sahne in einem Schraubglas oder einer Keramikschüssel im Kühlschrank aufbewahren.

Wenn Sie die Sahne zum Verzieren von Kuchen verwenden, können Sie sie vor dem Schlagen noch mit etwas Kokosblütenzucker, Rohhonig oder Ahornsirup süßen.

Kefirbutter

ERGIBT 600 GRAMM BUTTER UND 600 MILLILITER BUTTERMILCH

In den vergangenen Jahren habe ich häufiger beobachtet, dass bekannte Küchenchefs, darunter auch Skye Gyngell, in ihren Restaurants mit Kefirbutter arbeiten. Kefirbutter hat einen ganz besonderen Geschmack und ist zudem besonders nährstoffreich. Ich würde sie nur als besonderen Leckerbissen bei besonderen Gelegenheiten servieren, etwa als Vorspeise auf frischem selbst gebackenem Sauerteigbrot. Die Kefirbutter kann auch als Grundlage für eine Kräuterbutter (siehe Seite 114) verwendet werden.

BENÖTIGTE UTENSILIEN
zwei Buttermodeln
1,2 l Kefirsahne (siehe links)
1 TL nicht zu grobes Meersalz

Die Kefirbutter wie eine herkömmliche Butter (siehe Seite 112) herstellen, verpacken und im Kühlschrank aufbewahren.

Dips und Pasteten Gewürzmischungen Salze Butter und Öle *Kefir, Joghurt & Co.* Brühen und Suppen Sauerkraut, Pickles & Co. Essige Brote, Cracker & Co. 123

Kefirkäse

ERGIBT 300–400 GRAMM

Kefirkäse ist ein angenehm weicher Käse, den man, vorausgesetzt man mag den sauren Geschmack, einfach so genießen oder mit frischen Kräutern, Olivenöl und Knoblauch verfeinern kann. Er schmeckt vorzüglich zu Salaten, rohem und geröstetem Gemüse oder meinen Mandelcrackern mit Kräutern (siehe Seite 157).

Wie viel Käse die hier angegebene Kefirmenge ergibt, hängt von der Dicke des Kefirs ab. Je dünner er ist, desto geringer wird die Käsemenge sein.

Da der Käse nach der Fermentation so gut wie laktosefrei ist, können ihn auch Menschen genießen, die unter einer Laktoseintoleranz leiden. So kommen auch sie in den Genuss der Probiotika und der vielen Vitamine, die er enthält. Der Käse ist ganz einfach herzustellen und ist eine ideale Möglichkeit, um größere Mengen Kefir zu verarbeiten. Da bei der Herstellung sehr viel Molke anfällt, finden Sie unten einige Tipps zu deren Verwertung.

Das so entstandene Säckchen über der Schüssel aufhängen, so dass die Molke hineintropfen kann (ich hänge das Säckchen für gewöhnlich an einen Griff meines Küchenschranks und stelle die Schüssel darunter).

Die Molke mindestens 5–6 Stunden oder über Nacht abtropfen lassen. Dicker wird der Käse, wenn man die Molke bis zu 24 Stunden abtropfen lässt. Der Käse ist fertig, wenn keine Molke mehr aus dem Säckchen tropft.

Den Käse aus dem Tuch nehmen, die Molke in ein sauberes Schraubglas gießen und im Kühlschrank aufbewahren. Sie können den Kefirkäse nun so verwenden, wie er ist, oder Sie vermengen ihn in einer Schüssel mit den Kräutern, dem Knoblauch und dem Olivenöl und schmecken ihn mit Salz und Pfeffer ab. Im Kühlschrank hält sich der Käse bis zu 10 Tage.

BENÖTIGTE UTENSILIEN
ein Haarsieb aus Plastik
ein Seihtuch, einmal
   zusammengefaltet
eine große Schüssel

FÜR DEN KÄSE
800 ml Milchkefir (siehe
   Seite 120)

ZUM VERFEINERN
(nach Belieben)
1 Handvoll frische, fein
   gehackte Küchenkräuter
   (z. B. Dill, Petersilie und
   Schnittlauch)
1 kräftigen Schuss Olivenöl
   extra vergine
1 Knoblauchzehe, durchge-
   presst oder zerdrückt
Meersalz und frisch gemahlener schwarzer Pfeffer

Tropft aus dem Säckchen nicht nur die klare Molke, sondern auch der milchige Kefir, hängt dies möglicherweise mit der Beschaffenheit des Seihtuchs zusammen. Falten Sie das Tuch dann drei- anstatt nur zweimal.

Die Molke kann man zum Einweichen von Körnern, Nüssen und Samen verwenden. Wenn Sie sie nicht sofort verbrauchen können, frieren Sie sie einfach ein.

Man kann sie aber auch als Starterkultur bei der Milchsäuregärung einsetzen. Die Molke enthält sehr viele gute Bakterien, die das Wachstum der schlechten Bakterien verhindern. Darüber hinaus beschleunigen sie den Fermentationsprozess.

Das Sieb mit dem Seihtuch auslegen und das Tuch an den Seiten überhängen lassen. Das Sieb über der Schüssel einhängen und den Kefir hineingießen. Die Enden des Tuchs zusammenfassen und fest mit Küchengarn zusammenbinden.

Kefir zweimal fermentieren

ERGIBT 500 MILLILITER

Kefir schmeckt nicht nur großartig, wenn man ihn einfach so oder in einem Smoothie genießt, man kann ihn auch zum Kochen verwenden. Oder Sie fermentieren ihn noch ein zweites Mal. Das geht kinderleicht, und die Ergebnisse sind außerordentlich schmackhaft. Für Smoothies verwende ich den Kefir zwar so, wie er ist, aber wenn ich ihn als Getränk oder wie einen Joghurt mit Früchten serviere, verfeinere ich ihn gerne noch. Für dieses Rezept benötigt man keine Kefirkörner.

---

500 ml fertig gekaufter
    Kefir (aus Milch oder
    Kokosmilch)

ZUM AROMATISIEREN:

Hibiskusblüten und Rosenwasser
1 EL getrocknete Hibiskusblüten und 1 TL Rosenwasser in den Kefir rühren. Das Glas verschließen. Den Kefir 12–24 Stunden bei Zimmertemperatur fermentieren lassen und gelegentlich umrühren. Den Kefir anschließend durch ein Haarsieb passieren und 2–3 EL Ahornsirup unterrühren. Den Kefir in ein sauberes Schraubglas füllen und im Kühlschrank aufbewahren.

Vanille und Rohhonig
1 Vanilleschote aufschlitzen, das Mark herauskratzen und beides zum Kefir geben. Das Glas verschließen und den Kefir 12 Stunden bei Zimmertemperatur fermentieren lassen. Die Vanilleschote herausnehmen. 2–3 EL Rohhonig unterrühren und den Kefir in den Kühlschrank stellen.

Orange und Kardamom
2 Kardamomkapseln in der trockenen Pfanne leicht rösten und danach fein mahlen. Mit 1 TL Orangenblütenwasser oder 2 daumengroßen Orangenzesten zum Kefir geben. Das Glas verschließen und den Kefir 12 Stunden oder über Nacht bei Zimmertemperatur fermentieren lassen. Anschließend 2 EL Rohhonig einrühren und den Kefir in den Kühlschrank stellen.

Kefir aus Kokosmilch

ERGIBT 500 MILLILITER

Mit Kokosmilch wird der Kefir besonders dick und cremig und bekommt einen wundervollen Geschmack, ähnlich dem von aus Kokosmilch hergestelltem Joghurt. Dabei kostet er allerdings nur einen Bruchteil und enthält 20 Mal mehr Probiotika. Sie können Kokosmilch aus der Dose verwenden oder die Kokosmilch selbst herstellen (siehe Seite 180). In jedem Fall sollten Sie aber eine vollfette Kokosmilch nehmen, denn Kokosfett ist außerordentlich gesund. Im Kühlschrank wird der Kefir ein wenig fest, weil das Kokosfett beim Kühlen erstarrt. Damit er wieder schön cremig wird, muss man ihn einfach nur umrühren. Aus Kokosmilch hergestellter Kefir ist wesentlich dicker als Milchkefir. Deshalb mache ich meinen Kefir am liebsten aus Kokosmilch und esse ihn anstelle von Joghurt mit meinen Früchten zum Frühstück. Der dünnere Kuhmilch-Kefir eignet sich dagegen gut für Smoothies und um daraus Käse herzustellen.

BENÖTIGTE UTENSILIEN

2 sterilisierte (siehe Seite 79)
    Schraubgläser mit 500 ml
    Fassungsvermögen
ein Haarsieb aus Plastik
ein Kochlöffel aus Holz oder
    Plastik (kein Metall!)

2 EL Kefirkörner für Milchkefir
400 ml vollfette Kokosmilch

Die Kefirkörner in eines der sterilisierten Gläser geben, die Kokosmilch darübergießen und gut umrühren. Das Glas verschließen und den Kefir 24–36 Stunden bei Zimmertemperatur fermentieren lassen. Wenn er den gewünschten Geschmack hat, durch das Sieb in das zweite Glas passieren. Das erste Glas auswaschen, die Kefirkörner hineingeben und einen neuen Kefir ansetzen.

Den Kefir im Kühlschrank aufbewahren. Gekühlt ist er 1–2 Wochen haltbar.

Dips und Pasteten Gewürzmischungen Salze Butter und Öle *Kefir, Joghurt & Co.* Brühen und Suppen Sauerkraut, Pickles & Co. Essige Brote, Cracker & Co. **125**

Selbst gemachter Joghurt

ERGIBT ETWA 800 GRAMM

Joghurt lässt sich auch ohne Joghurtbereiter oder spezielle Zusätze ganz einfach selber machen. Und das Ergebnis ist ein besonders cremiger Joghurt, der sich auf unterschiedlichste Weise verwenden lässt. Ich nehme dazu am liebsten Bio-Rohmilch, die allerdings unter Umständen nur schwer zu finden und obendrein nicht ganz billig ist. Sehr gut eignet sich aber auch nicht homogenisierte Bio-Vollmilch.

BENÖTIGTE UTENSILIEN
ein Digitalthermometer
eine Thermosflasche mit 1 l Fassungsvermögen, mit kochendem Wasser
  ausgespült

4 gehäufte EL dicker Bio-Naturjoghurt
  mit lebenden Kulturen
650 ml Bio-Vollmilch
150 g Sahne
4½ EL Milchpulver (nach Belieben)
Inhalt von 1 Probiotika-Kapsel

Den Joghurt in eine absolut saubere und trockene Glas- oder Keramikschüssel geben und etwa 30 Minuten ruhen lassen, bis er sich auf Zimmertemperatur erwärmt hat.

In einem mittelgroßen Topf die Milch mit der Sahne bei geringer Hitze unter Rühren erhitzen, bis das Thermometer genau 46 °C anzeigt. Die Milch darf auch nicht ein Grad heißer sein, sonst werden die lebenden Kulturen abgetötet, wenn sie darübergegossen wird. Den Topf vom Herd nehmen, das Milchpulver mit dem Schneebesen einrühren und die Mischung 2–3 Minuten (nicht länger!) abkühlen lassen.

Den Inhalt der Probiotika-Kapsel mit dem Schneebesen einrühren. Die Milch vorsichtig über den Joghurt gießen und das Ganze behutsam verrühren. Die Mischung in die Thermosflasche füllen, die Flasche fest verschließen und über Nacht auf der Arbeitsfläche stehen lassen.

Am nächsten Morgen sollte ein dicker Joghurt entstanden sein. Den Joghurt in eine Glas- oder Keramikschüssel mit Deckel füllen, in den Kühlschrank stellen und innerhalb von 6 Tagen verzehren.

Fruchtjoghurts erfreuen sich bei Groß und Klein großer Beliebtheit als kleine Zwischenmahlzeit oder gesundes Dessert. Um sie selber herzustellen, kleine Schraubgläser zu etwa einem Drittel mit einem Kompott aus Früchten der Saison füllen und den selbst gemachten Naturjoghurt darauf verteilen. Wer mag, kann den Joghurt vorher noch mit etwas Rohhonig oder Ahornsirup süßen.

Cashew-Joghurt

ERGIBT 450 GRAMM

Ein Genuss der ganz besonderen Art ist dieser herrlich cremige, aus Cashewkernen hergestellte Joghurt. Weil er leicht fermentiert ist, hat er zwar auch die angenehm säuerliche Note
des Joghurts, ansonsten ist der Geschmack aber von den Cashewkernen geprägt und er ist
sehr viel dicker und sahniger. Durch das Fermentieren ist er reich an Probiotika, und er ist
natürlich laktosefrei. Ich verfeinere ihn wie hier gerne noch mit Vanille. Wenn man darauf
verzichtet, kann man ihn sowohl für süße als auch für pikante Speisen verwenden. Süß
schmeckt er vorzüglich mit Früchten zum Frühstück oder auf einem Pudding als Dessert.
Am besten gelingt der Joghurt, wenn man die Nüsse in einem Mixer mit hoher Drehzahl
püriert. Ein herkömmliches Gerät tut es aber auch, das Püree wird dann nur nicht ganz so
glatt.

BENÖTIGTE UTENSILIEN	FÜR DIE SÜSSE VARIANTE
ein sterilisiertes Schraubglas mit 450 ml Fassungsvermögen (siehe Seite 79)	(nach Belieben) 1 Vanilleschote, der Länge nach aufge- schlitzt und das Mark herausgekratzt
150 g rohe Cashewkerne, mindestens 4 Stunden oder über Nacht eingeweicht	2 TL Rohhonig, Ahornsirup oder Stevia
1 EL Zitronensaft	
1 Prise feines Meersalz	
225 ml gefiltertes Wasser (gegebenen- falls etwas mehr)	
Inhalt von 1 Probiotika-Kapsel	

Die Cashewkerne abgießen und abspülen. Mit den übrigen Zutaten in den Mixer geben
und alles einige Minuten zu einer glatten Paste verrühren. Für die süße Variante zum
Schluss das Vanillemark und das Süßungsmittel unterrühren.

Die Mischung in das sterilisierte Glas füllen und mit einem luftdurchlässigen Material
abdecken, z. B. mit einer Serviette aus Leinen oder einem Stück Pergamentpapier, in das
Sie mit einem Messer Schlitze hineinschneiden. Die Mischung 6–24 Stunden (je nach
Raumtemperatur bis zu 36 Stunden) an einem warmen, trockenen Platz fermentieren
lassen. Der Cashew-Joghurt ist fertig, wenn sich winzige Bläschen bilden und er einen
angenehm säuerlichen Geschmack hat. Die Serviette oder das Pergamentpapier dann
abnehmen, den Deckel aufschrauben und das Glas in den Kühlschrank stellen.

*Tipp: Ist das Klima bei Ihnen sehr heiß oder feucht, muss der Joghurt nur 5-6 Stunden fer-
mentieren, denn Wärme beschleunigt den Fermentationsprozess.*

Joghurt aus Kokosmilch

ERGIBT ETWA 500 GRAMM

Dieser wunderbar sahnige Joghurt ist eine großartige Alternative zu herkömmlichem Joghurt. Besonders gut passt er – wie könnte es anders sein – zu tropischen Früchten.

Die meisten Fertigprodukte sind mit Tapiokastärke angedickt, die bei Menschen mit Verdauungsproblemen den Darm schädigen kann. Wenn Sie sichergehen wollen, dass Sie sich mit Ihrem Joghurt wirklich etwas Gutes tun und dass er frei von Zusatzstoffen ist, machen Sie ihn also am besten selbst.

---

3 Dosen (à 400 g) vollfette Kokosmilch ohne Zusatzstoffe, über Nacht umgedreht im Kühlschrank gekühlt

Inhalt von 2 Probiotika-Kapseln

Die Kokosmilch aus dem Kühlschrank nehmen, die Dosen umdrehen und öffnen. Die dünne Flüssigkeit, die sich oben abgesetzt hat, vorsichtig in eine Schüssel abgießen und aufheben.

Das in den Dosen verbliebene feste Kokosfett mit einem Löffel herausholen und in eine zweite saubere Schüssel geben.

Das Kokosfett 1–2 Minuten mit dem Schneebesen oder dem Handmixer schlagen, bis eine weiche Creme entstanden ist. Ist die Creme zu dick, etwas von der abgegossenen Flüssigkeit dazugeben, um sie zu verdünnen.

Die Creme, sobald sie die Konsistenz von Schlagsahne hat, in ein Schraubglas füllen und den Inhalt der Probiotika-Kapseln mit einem Holzkochlöffel einrühren. Das Glas mit Küchenpapier abdecken und das Papier mit einem Gummi befestigen.

Den Joghurt 24–36 Stunden an einem warmen Platz fermentieren lassen. Nach 12–24 Stunden prüfen, ob er den gewünschten säuerlichen Geschmack hat. Der Joghurt ist fertig, wenn sich Bläschen zeigen.

Das Küchenpapier entfernen, das Glas mit dem Deckel verschließen und in den Kühlschrank stellen. Gekühlt ist der Joghurt etwa 10 Tage haltbar. Wird er im Kühlschrank fest, einfach kräftig mit einem Holzkochlöffel umrühren.

Dips und Pasteten Gewürzmischungen Salze Butter und Öle **Kefir, *Joghurt* & Co.** Brühen und Suppen Sauerkraut, Pickles & Co. Essige Brote, Cracker & Co. 129

130 MEINE HERZHAFTE GESUNDHEITSKÜCHE   Salate   Gemüse und Beilagen   Fleisch und Fisch   Eier   Aromatisierte Joghurts   Mayonnaise   Saucen   Salsas und Chutneys

Cashew-Käse mit geröstetem Knoblauch, frischen Kräutern und rosa Pfeffer

FÜR 1 LAIB MIT 15 CM DURCHMESSER

Dies ist ein ganz besonderer Käse. Denn er wird nicht aus Milch, sondern aus Nüssen hergestellt und mit Probiotika-Kulturen angereichert und ist deshalb ausgezeichnet für Menschen mit Laktoseintoleranz geeignet. Einen zerfließenden Brie mit intensivem Aroma – wie ich ihn liebe – dürfen Sie jedoch nicht erwarten. Doch dieser Käse hat seine ganz eigenen Vorzüge.

Den gerösteten Knoblauch kann man auch weglassen (ich selbst kann allerdings nicht genug davon bekommen) und den Käse lediglich mit frischen Kräutern verfeinern. Servieren Sie ihn mit den Crackern von Seite 157, mit frischem, knusprigem Sauerteigbrot oder mit rohem Gemüse. Im Kühlschrank ist er bis zu 1 Woche haltbar.

Den Backofen auf 180 °C (Umluft 160 °C) vorheizen.

Von der Knoblauchknolle oben gerade so viel abschneiden, dass die Spitzen aller Zehen sichtbar sind. Die Knolle in Alufolie verpacken und etwa 40 Minuten im Backofen rösten, bis der Knoblauch sein Aroma entfaltet und die Zehen sehr weich sind. Anschließend aus dem Ofen nehmen und vollständig abkühlen lassen.

Die Form zuerst mit Frischhaltefolie auskleiden und danach mit dem Seihtuch auslegen. Den größten Teil der Kräuter und der Pfefferkörner hineinstreuen (einen kleinen Rest zum Garnieren aufheben).

Die Cashewkerne mit der Kokosbutter, dem Salz, dem Zitronensaft und dem Inhalt der Probiotika-Kapsel einige Minuten im Mixer oder in der Küchenmaschine glatt rühren. Den gerösteten Knoblauch dazupressen und sorgfältig unterrühren. Den Mixer zwischendurch gegebenenfalls einmal ausschalten und die Wände der Schüssel säubern.

Die Mischung in die Form füllen und dabei gut andrücken. Die Form mehrmals auf der Arbeitsfläche aufstoßen, damit sich die Mischung gleichmäßig verteilt. Mit den restlichen Kräutern und dem restlichen Pfeffer bestreuen und das Seihtuch darüberschlagen. Dabei darauf achten, dass der Käse vollständig bedeckt ist. Einen kleinen Teller daraufsetzen und den Käse mit einer vollen Konservendose oder etwas anderem beschweren. Einige Stunden auf der Arbeitsfläche stehen lassen und danach mitsamt dem Gewicht für 24 Stunden in den Kühlschrank stellen.

Am folgenden Tag das Gewicht entfernen, das Seihtuch öffnen und den Käse vorsichtig auf einen Teller stürzen.

Das Seihtuch entfernen, den Käse nochmals mit Kräutern oder Pfeffer bestreuen und sofort servieren oder in einem luftdicht verschlossenen Behälter im Kühlschrank aufbewahren. Gekühlt ist er bis zu 1 Woche haltbar.

FÜR DEN KÄSE

½–1 kleine Knolle Knoblauch

je 1 EL fein gehackte Thymian- und Rosmarinblätter und noch etwas zum Bestreuen

1 TL frisch geschrotete rosa Pfefferkörner (wenn Sie keinen rosa Pfeffer bekommen, nehmen Sie schwarze Pfefferkörner und zerstoßen sie im Mörser – nicht in der Mühle mahlen) und noch etwas Pfeffer zum Bestreuen

145 g rohe Cashewkerne, mindestens 4 Stunden oder über Nacht eingeweicht

50 g Kokosbutter (siehe Seite 113) oder 25 g ungesüßte Kokosflocken, mindestens 15 Minuten in heißem Wasser eingeweicht und abgetropft

¼ TL Meersalz

3 EL Zitronensaft

Inhalt von 1 Probiotika-Kapsel

BENÖTIGTE UTENSILIEN

ein quadratisches Seihtuch mit 45 cm Seitenlänge

eine runde Kuchen- oder Auflaufform mit 15 cm Durchmesser

Frischhaltefolie

Labneh

ERGIBT 500 GRAMM

Labneh ist ein einfach herzustellender Frischkäse, der in der nahöstlichen Küche einen festen Platz hat. Man kann dafür Kuh-, Ziegen- oder Schafsmilchjoghurt verwenden. Am besten eignet sich der dickere griechische Joghurt. Aus dem vielseitig verwendbaren Frischkäse lassen sich sowohl pikante als auch süße Speisen herstellen. Zu kleinen Kugeln gerollt, die in frischen Kräutern und Gewürzen gewälzt und in Olivenöl eingelegt werden, wird daraus beispielsweise ein köstlicher Snack oder eine leckere Vorspeise. Ob Sie ihn nun süß oder pikant genießen – Sie werden begeistert sein.

Die Molke, die nach dem Abtropfen in der Schüssel zurückbleibt, ist eine wertvolle Zutat, die man in anderen Gerichten, etwa dem Mungbohnen-Dhal von Seite 33 anstelle von Brühe oder Wasser verwenden kann. Sie ist außerordentlich eiweißreich und verleiht den Speisen, die damit zubereitet werden, einen intensiven Geschmack. Wenn Sie sie nicht gleich verbrauchen können, kann sie auch eingefroren werden und ist dann einige Monate haltbar.

Labneh-Bällchen mit Dukkah

1 x Rezept Dukkah mit Pistazien und Grünkohl (siehe Seite 104)	500 g salziges Labneh

Ein paar EL Dukkah auf einen Teller streuen. Walnussgroße Stücke von dem Labneh abstechen, zu Kugeln rollen und in dem Dukkah wälzen. Die Bällchen als Teil einer Mezze-Platte, bei einem Picknick oder mit knusprigem Sauerteigbrot servieren. Oder Sie füllen sie in Schraubgläser und bedecken sie mit Olivenöl. Ein Mitbringsel, über das sich jeder Gastgeber freut!

Pikante Labneh-Bällchen in Olivenöl

500 g salziges Labneh	abgeriebene Schale von
5 TL fein gehackte frische Thymianblätter	2 unbehandelten Zitronen etwa 700 ml Olivenöl extra
5 TL rote Chiliflocken	vergine
1 TL gemahlener Sumach	

Den Thymian und die Gewürze auf einen Teller streuen. Walnussgroße Stücke von dem Labneh abnehmen, zu Kugeln rollen und in der Thymian-Gewürz-Mischung wälzen. Die Bällchen vorsichtig in ein sterilisiertes (siehe Seite 79) 1-Liter-Glas mit weitem Hals oder in mehrere kleinere Gläser schichten, mit dem Olivenöl bedecken und das Glas verschließen.

An einem kühlen, lichtgeschützten Ort ist das Labneh so mehrere Monate haltbar. Angebrochene Gläser binnen 2 Wochen verbrauchen.

BENÖTIGTE UTENSILIEN
ein Sieb
ein Stück Gaze oder ein
    Seihtuch
eine mittelgroße Schüssel

800 g dicker Vollmilchjoghurt
    oder griechischer Joghurt
2 TL Meersalz (nur für die
    pikante Version)

Den Joghurt in die Schüssel geben. Wenn Sie ein salziges Labneh machen, das Salz hinzufügen und gut umrühren.

Das Sieb mit der Gaze auslegen und über einer Schüssel einhängen. Die Enden dabei überhängen lassen. Den Joghurt in das Sieb füllen, die Enden der Gaze zusammenfassen und mit einem Stück Küchengarn fest zusammenbinden.

Das so entstandene Säckchen aufhängen und die Schüssel darunterstellen, so dass die Molke hineintropfen kann. Den Joghurt über Nacht abtropfen lassen. Am nächsten Morgen ist das Labneh fertig. Dicker wird es, wenn man den Joghurt 24 Stunden abtropfen lässt. Das Labneh auswickeln und die Molke in ein Schraubglas oder ein anderes Behältnis gießen.

Im Kühlschrank ist das Labneh 3–4 Tage haltbar.

Dips und Pasteten Gewürzmischungen Salze Butter und Öle *Kefir, Joghurt & Co.* Brühen und Suppen Sauerkraut, Pickles & Co. Essige Brote, Cracker & Co. 135

Eine gehaltvolle Hühnerbrühe

ERGIBT ETWA 4 LITER

Über diese herrliche Hühnerbrühe wird sich nicht nur Ihr Gaumen, sondern Ihr ganzer Körper freuen. Denn sie enthält viel Gelatine, und die ist nicht nur gut für Haut und Gelenke, sondern trägt auch zur Heilung des Darms bei, wirkt entzündungshemmend, sorgt für einen ausgeglichenen Hormonhaushalt und vieles andere mehr. Ob Sie sie nun als gesundes Heißgetränk genießen oder als Grundlage für Suppen, Eintöpfe und Saucen verwenden, mit dieser Brühe liegen Sie immer richtig.

2–3 Hähnchenkarkassen

4 küchenfertige Hühnerfüße (nach Belieben)

3 EL Apfelessig

3–4 l gefiltertes Wasser oder Mineralwasser

3 große Möhren, geschält und gehackt

2 große Stangen Sellerie, gewaschen und gehackt

2 große Zwiebeln, gewaschen und geviertelt (Bio-Zwiebeln müssen nicht geschält werden)

6 Knoblauchzehen, mit Schale leicht zerdrückt

1 Handvoll Petersilie

2 Lorbeerblätter

2 TL schwarze Pfefferkörner (kein Salz – siehe Seite 138)

Die Karkassen (gegebenenfalls mit den Hühnerfüßen) in einen großen Topf legen. Den Essig hinzufügen und so viel kaltes gefiltertes Wasser angießen, dass die Knochen großzügig damit bedeckt sind.

Das Ganze bei mittlerer Hitze langsam zum Kochen bringen und dabei den Schaum, der an die Oberfläche steigt, immer wieder abschöpfen. Sobald sich kein Schaum mehr bildet und das Wasser fast kocht, das Gemüse, die Kräuter, den Knoblauch und die Pfefferkörner in den Topf geben. Das Ganze wieder zum Köcheln bringen, den Deckel auflegen und die Wärmezufuhr verringern.

Die Brühe bei geringster Hitze mindestens 6, maximal 12 Stunden köcheln lassen und dabei gelegentlich abschäumen.

Am Ende der Kochzeit die Knochen aus dem Topf nehmen und die Brühe durch ein Haarsieb seihen. Abkühlen lassen und im Kühlschrank aufbewahren oder einfrieren.

Zum Entfetten die Brühe abkühlen lassen und über Nacht in den Kühlschrank stellen. Am nächsten Morgen hat sich das erstarrte Fett an der Oberfläche abgesetzt und kann einfach abgenommen werden. Das Fett nicht wegwerfen, sondern zum Rösten oder Braten von Gemüse verwenden.

Nahrhafte Knochenbrühe

Knochenbrühen haben in nahezu allen Kulturen eine lange Tradition, die mancherorts im Laufe der Zeit jedoch in Vergessenheit geraten ist. Dabei sind die gesundheitlichen Vorzüge der Knochenbrühe so zahlreich, dass man sie ohne Weiteres als wahren Zaubertrank bezeichnen könnte. Verantwortlich dafür sind zum einen die Gelatine und das Collagen, die eine echte Knochenbrühe – im Unterschied zu einer aus Instantpulver hergestellten Brühe – enthält, und zum anderen liegt es an der einzigartigen Kombination von Aminosäuren, Mineralstoffen und Knorpelanteilen. Eiweiß spielt eine wesentliche Rolle bei vielen biologischen Prozessen innerhalb des Körpers, und die Aminosäuren sind die Eiweißbausteine. Da unsere Zellen, unsere Muskeln und unser Gewebe zu großen Teilen aus Aminosäuren bestehen, sind sie so wichtig für einen gesunden Körper und einen gut funktionierenden Organismus. Eine wichtige Funktion erfüllen auch die Mineralstoffe, tragen sie doch nicht nur dazu bei, dass wir gesunde, kräftige Knochen, Zähne und Muskeln, eine gesunde Haut und gesundes Haar entwickeln, sondern spielen auch bei der Blutbildung und für die Nervenfunktion eine wichtige Rolle. Darüber hinaus unterstützen sie unter anderem jene metabolischen Prozessoren, die Nahrung in Energie umwandeln. Knochen- und Fleischbrühen enthalten Mineralstoffe – neben Kalzium auch Magnesium, Phosphor, Silikon, Schwefel und Spurenelemente – in einer Form, in der sie leicht vom Körper aufgenommen werden können. Knochenbrühen enthalten darüber hinaus Spaltprodukte aus Knorpeln und Sehnen, wie zum Beispiel Chondroitinsulfat und Glucosamin, die heute als teure Nahrungsergänzungen zur Linderung von Arthritis und Gelenkschmerzen angeboten werden.

Eine nährstoffreiche Knochenbrühe kann zu einer raschen Genesung nach Operationen und Krankheiten beitragen, sie kann von Schmerzen befreien und Entzündungen heilen, sie sorgt für eine bessere Verdauung und damit für mehr Energie, sie kann Allergien lindern und zur Verbesserung des Gesundheitszustands bei Autoimmunkrankheiten beitragen. Aber auch bei Erkältungen und Grippe ist sie ein probates Mittel. Ja selbst den Appetit kann eine solche mineralstoff- und proteinreiche Brühe zügeln.

Eine Knochenbrühe muss in der Regel zwischen 6 und 48 Stunden bei geringer Hitze kochen.

Bei Menschen, die unter schweren Verdauungsproblemen oder neurologischen Erkrankungen leiden, kann es allerdings vorkommen, dass sie die Brühe nicht vertragen, wenn sie so lange gekocht wurde. Verantwortlich dafür ist das Aminosäureprofil der Brühe. Manche Menschen reagieren empfindlich auf Glutamat, das in natürlicher Form in der lang gekochten Brühe enthalten ist. Verschiedene Diäten zur Darmheilung, etwa die GAPS-Diät oder die SCD-Diät (Spezielle Kohlenhydrat-Diät) empfehlen deshalb, zunächst mit einer Fleischbrühe zu beginnen. Sie ist der Knochenbrühe zwar ähnlich, es werden hier aber nicht nur Knochen, sondern ganze Hähnchenflügel und -schenkel gekocht, und die Kochzeit ist weitaus kürzer (in der Regel 1–3 Stunden bei Geflügel und bis zu 6 Stunden bei Rindfleisch). Zudem ist eine Fleischbrühe milder im Geschmack, und das Fleisch kann anschließend gegessen werden. Sie ist jedoch ebenso nährstoffreich und hat eine ebenso heilende Wirkung wie die Knochenbrühe. Eine ganz entscheidende Rolle für die Heilung einer durchlässigen Darmschleimhaut und die Linderung entzündlicher Darmerkrankungen spielt die in Fleischbrühen enthaltene Gelatine. Schützt sie doch die Magen- und Darmschleimhaut und trägt zur Zellregeneration sowie zur Verdauung und Aufnahme der Nährstoffe bei.

Die heilende Wirkung der aus Fleisch und Fleischknochen hergestellten Brühen wird aber noch übertroffen von einer aus Fischgerippen (mit Kopf) hergestellten Fischbrühe. Dafür eignen sich am besten die Skelette von Fischen mit weißem Fleisch, da die in fetten Fischen reichlich enthaltenen ungesättigten Fettsäuren beim Kochen ranzig werden. Sehr viel Gelatine enthalten aber auch Hühner- und Schweinefüße, die sich allerdings in westlichen Kulturen keiner besonderen Beliebtheit erfreuen. In Asien hingegen werden sie häufig in Brühen mitgekocht, weshalb asiatische Brühen nicht selten so viel Gelatine enthalten, dass sie im Kühlschrank gelieren. Auch ich habe es mir inzwischen zur Gewohnheit gemacht, Hühner- und Schweinefüße in meinen Brühen mitzukochen. Den Geschmack der Brühe beeinträchtigt dies in keinster Weise, die gesundheitlichen Vorzüge sind jedoch immens.

Um das Beste aus Ihrer Brühe herauszuholen, sollten Sie sich die folgenden Tipps aufmerksam durchlesen, bevor Sie mit der Zubereitung beginnen. Und wenn Sie etwas für Ihre Gesundheit tun möchten, würde ich Ihnen empfehlen, Brühen zu einem festen Bestandteil Ihres Speiseplans zu machen.

Nahrhafte Knochenbrühe
(Fortsetzung)

TIPPS FÜR DIE PROFESSIONELLE ZUBEREITUNG EINER BRÜHE

Wenn die Brühe nicht geliert …

Idealerweise sollte die Brühe im Kühlschrank gelieren, d. h. sie sollte sich nach dem Erkalten in ein weiches, wabbeliges Gelee verwandeln. Ist dies nicht der Fall, haben Sie möglicherweise nicht die richtigen Knochen verwendet. Für eine schmackhafte, ausgewogene Brühe, die schön geliert, nimmt man am besten eine Mischung von Knochen, d. h. einerseits Knochen, die der Brühe Geschmack und Farbe verleihen, und andererseits Knochen, an denen sich reichlich Knorpel befindet. Denn der Knorpel sorgt dafür, dass die Brühe geliert. Am einfachsten erreicht man dies, indem man Hühner- und/oder gespaltene Schweinefüße in der Brühe mitkocht. Mit den Karkassen von Freilandhähnchen erzielt man häufig bessere Resultate als mit Hähnchen, die im Stall aufgezogen wurden.

Möglicherweise geliert die Brühe aber auch nicht, weil die Knochen in zu viel Wasser gekocht wurden. Geben Sie deshalb immer nur so viel Wasser in den Topf, dass die Knochen gerade damit bedeckt sind. Wird die Brühe auf der Herdplatte gekocht, kann es allerdings sein, dass während der langen Kochzeit sehr viel Wasser verdunstet und Sie etwas Wasser nachgießen müssen. Damit möglichst wenig Wasser verdunstet, den Topf mit einem fest schließenden Deckel zudecken oder die Brühe im zugedeckten Topf im Backofen kochen. Und achten Sie darauf, dass die Temperatur nicht zu hoch ist. Auch dies kann ein Grund dafür sein, dass die Brühe nicht geliert. Sie sollte niemals sprudelnd kochen, sondern nur leise vor sich hin köcheln.

Klar oder trüb?

Eine trübe Brühe eignet sich gut als Grundlage für Suppen, Schmorgerichte und Eintöpfe. Wollen Sie sie jedoch als leichte Suppe servieren, ist eine klare Brühe vorzuziehen.

Damit Ihre Brühe schön klar bleibt, den Schaum, der sich beim ersten Aufkochen an der Oberfläche absetzt, mit einem Schaumlöffel abschöpfen. Sobald die Brühe zum Kochen kommt, die Wärmezufuhr sofort verringern, damit sie nur noch köchelt.

Schön klar bleibt die Brühe auch, wenn man die Knochen vor dem Rösten wäscht und trocknet. Bei einer Hähnchenkarkasse geht das natürlich nicht, aber bei großen Rinder- und Lammknochen ist dies sehr zu empfehlen.

Salz

Ein Gewürz, das in einer Brühe nichts zu suchen hat, ist das Salz, und dies aus einem ganz einfachen Grund: Die Brühe wird viel zu salzig, wenn Sie sie später noch einkochen lassen wollen. Salzen Sie also immer erst die fertige Suppe, den Eintopf oder die Sauce, die Sie aus der Brühe hergestellt haben. Und verwenden Sie zum Würzen reines Meersalz oder Himalayasalz. Beide sind frei von Zusatzstoffen und reich an Spurenelementen.

Wasser

Eine Brühe kocht man am besten mit sauberem, gefiltertem Wasser, denn ist es stark mit Fluor und Chlor angereichert, kommt es beim Verdunsten des Wassers zu einer Konzentration der Chemikalien. Fluoride und Chlor sind der Gesundheit nicht zuträglich und können den Darm und den Verdauungstrakt schädigen. Deshalb empfiehlt sich zum Kochen frisches Quellwasser, Mineralwasser, gefiltertes Wasser oder frisches Brunnenwasser.

Essig

Essig trägt dazu bei, die Mineralstoffe aus den Knochen und dem Gemüse zu extrahieren. In kleinen Mengen beeinträchtigt er den Geschmack der Brühe nicht. Zum Kochen von Brühen müssen Sie keinen Rohessig verwenden, weil der Essig beim Kochen erhitzt wird. Ein guter Apfelessig tut es genauso.

Aromen

Gemüse und Kräuter dürfen in einer klassischen Brühe nicht fehlen. Sie sollten aber erst nach dem ersten Aufkochen und dem Abschäumen hinzugefügt werden. Der Schaum lässt sich einfach besser abschöpfen, solange noch kein Gemüse und keine Kräuter in der Brühe schwimmen.

Bio-Zwiebeln müssen nicht geschält werden. Die Schale verleiht der Brühe sogar Geschmack und Farbe. Beim vietnamesischen Pho werden die Zwiebeln vorher sogar häufig noch kräftig angeröstet, um der Suppe mehr Geschmack zu verleihen. Auch ich kann Ihnen dies nur wärmstens empfehlen. Während die Brühe durch die Zwiebeln und die Möhren einen leicht süßlichen Geschmack bekommt, sorgt Stangensellerie für eine eher pikante Note. Die Kräuter – kleine Thymianzweige, ein paar Stängel Petersilie und ein oder zwei frische Lorbeerblätter – werden traditionell zu einem

Sträußchen zusammengebunden, bevor man sie in den Topf gibt. Pfefferkörner verleihen der Brühe Geschmack und eine angenehme Schärfe. Damit sie ihr Aroma besser entfalten, kann man sie vorher leicht zerdrücken. Auch die Pfefferkörner sollte man erst nach dem Abschäumen hinzufügen, damit man sie nicht versehentlich gleich wieder mit abschöpft.

Fertigstellung
Ist die Brühe fertig, die Knochen und das Gemüse mit einer Zange oder einem Schaumlöffel herausnehmen und die Flüssigkeit durch ein feinmaschiges Sieb seihen. Danach können Sie sie auch schon genießen oder weiterverarbeiten.

Aufbewahrung
Das preiswerteste und gesündeste Behältnis zur Aufbewahrung ist das Glas, am besten ein Schraubglas mit breiter Öffnung. Dabei ist allerdings darauf zu achten, dass es auch den tiefen Temperaturen des Gefrierfachs standhält. Schraubgläser lassen sich in der Spülmaschine einfach und schnell reinigen und können immer wieder verwendet werden. Und sie haben den Vorteil, dass keine Plastikpartikel in die Speisen gelangen, wie dies bei Plastikbehältern der Fall ist. Damit sie im Gefrierfach nicht platzen, die Gläser stets nur zu drei Vierteln füllen und die Brühe vor dem Einfrieren vollständig abkühlen lassen. Im Kühlschrank sollte sich die Brühe bis zu 1 Woche halten, mindestens aber einige Tage. Bildet sich eine dickere Fettschicht an der Oberfläche, die die Brühe gewissermaßen versiegelt, ist sie unter Umständen sogar bis zu 10 Tage und länger haltbar. Ob die Brühe noch genießbar ist, erkennt man an einem guten, frischen Geruch.

Machen Sie Brühen zu einem festen Bestandteil Ihrer Ernährung
In den vergangenen Jahren habe ich mir angewöhnt, regelmäßig einmal pro Woche eine Brühe zu kochen. In der Regel kaufe ich mindestens einmal wöchentlich ein Brathähnchen, aus dem ich dann eine Brühe koche. Will ich lediglich eine Knochenbrühe kochen, kaufe ich gelegentlich auch nur einige Karkassen. Ich habe gerne ein paar Gläser Brühe für den Notfall im Gefrierfach vorrätig. Wenn der Kühlschrank leer ist, kann ich so mit ein paar Gemüseresten oder einem pochierten Ei immer ein schnelles Abendessen zaubern. Stets ein Glas Brühe im Kühlschrank stehen zu haben hat außerdem den Vorteil, dass man sie nur heiß machen muss, wenn einen der Hunger überkommt und man keine Zeit zum Kochen hat. Die heiße Brühe stillt das Hungergefühl fürs Erste, und man greift nicht zu etwas Süßem.

Weitere Verwendungsmöglichkeiten
Um Getreide oder Pseudogetreide besser verdaulich zu machen, kann man es einweichen oder man kocht es in einer Brühe. Meinem Sohn koche ich oft eine Brühe mit Reis oder Quinoa, die er ausgesprochen gerne isst. So zubereitet ist das Getreide für ihn nicht nur leichter verdaulich, er bekommt auf diese Weise auch noch eine Extraportion Nährstoffe.

Rinder- oder Lammknochenbrühe

ERGIBT ETWA 4 LITER

Brühen aus Rinder- oder Lammknochen sind besonders schmackhaft und enthalten jede Menge wertvolle Nährstoffe. Sie sind gehaltvoller und intensiver im Geschmack als die Hühnerknochenbrühe. Besonders gut kommt der Rinder- oder Lammgeschmack zur Geltung, wenn man die Knochen vor dem Kochen röstet.

---

1 kg Rinder- oder Lammknochen (achten Sie darauf, dass viel Knorpel an den Knochen ist)
etwa 3–4 l gefiltertes Wasser oder Mineralwasser (Sie benötigen so viel, dass die Knochen bedeckt sind)
1 Stange Sellerie, gehackt
2 Möhren, geschält und in Scheiben geschnitten
2 mittelgroße Zwiebeln, geviertelt
2 Knoblauchzehen
2 Lorbeerblätter
1 kleines Bund Petersilie
2 EL Apfelessig
1 TL schwarze Pfefferkörner
1 kleines Stück Ingwer, geschält (nach Belieben)

Den Backofen auf 180 °C (Umluft 160 °C) vorheizen.

Die Knochen auf einem Backblech verteilen und etwa 30 Minuten im Backofen rösten, bis sie Farbe annehmen.

Die Knochen in einen großen Kochtopf geben, mit Wasser bedecken und bei starker Hitze zum Kochen bringen. Sobald das Wasser zum Kochen kommt, den Schaum, der sich an der Oberfläche bildet, abschöpfen. Unmittelbar bevor das Wasser zu kochen beginnt und sich kein Schaum mehr bildet, die übrigen Zutaten (kein Salz!) in den Topf geben und das Ganze erneut aufkochen lassen. Den Topf dann sofort auf die kleinste Herdplatte ziehen, den Deckel auflegen und die Brühe bei geringster Hitze köcheln lassen. Je länger sie gekocht wird, desto mehr wertvolle Nährstoffe enthält sie. Ich lasse meine Brühe mindestens 6, maximal 24 Stunden kochen und füge gegebenenfalls noch etwas Wasser hinzu. Wenn Sie sie lange kochen, stellen Sie den Topf am besten in den Backofen. Das Wasser verdunstet dann nicht so stark. Die Brühe dazu einfach in einen ofenfesten Topf mit Deckel füllen und in den 100 °C (Umluft 80 °C) heißen Ofen stellen.

Die Knochen aus dem Topf nehmen, die Brühe vollständig abkühlen lassen und in den Kühlschrank stellen oder einfrieren. Die Brühe vor der Verwendung entweder durch ein Haarsieb seihen oder einfach erhitzen und genießen.

Gemüsebrühe

ERGIBT ETWA 3 LITER

Eine Gemüsebrühe ist nicht nur kinderleicht herzustellen, sie schmeckt auch vorzüglich. Man kann die heiße Brühe einfach trinken oder sie als Grundlage für einen Risotto, für Suppen, Eintöpfe, Pies und vieles andere mehr verwenden. In vielen Rezepten kann sie auch eine Hühnerbrühe ersetzen. Bei meiner Brühe habe ich bewusst auf einen relativ neutralen Geschmack geachtet, damit sie möglichst vielseitig verwendbar ist.

---

3 Zwiebeln, ungeschält, gewaschen und geviertelt
6 Möhren, gewaschen und grob gehackt (wenn Sie keine Bio-Möhren verwenden, die Möhren schälen)
4 Stangen Sellerie, gewaschen und gehackt oder in Scheiben geschnitten (das Grün kann nach Belieben mitverwendet werden)
6 Zweige Thymian
4 Lorbeerblätter
1 große Handvoll Petersilie mit Stielen
1 TL schwarze Pfefferkörner
2 Knoblauchzehen, leicht zerdrückt
gefiltertes Wasser oder Mineralwasser (Sie benötigen so viel, dass das Gemüse bedeckt ist)

EXTRAS (nach Belieben)
Gemüseschalen (nur von Bio-Gemüse)
Lauch
Fenchel
Zitronen
Tomaten
Pilze (mit Stielen; auch getrocknete Pilze)
Pastinaken
frische oder getrocknete Kräuter, z. B. Oregano, Rosmarin, Dill und Majoran

Die Zwiebeln auf ein Backblech legen und unter dem heißen Backofengrill (oder mit etwas Ghee in der Pfanne) rösten, bis sie an den Rändern leicht verbrannt sind. Das hebt den Geschmack der fertigen Brühe ungemein. Die Zwiebeln anschließend in einen großen Kochtopf legen.

Das übrige Gemüse, die Kräuter, den Knoblauch und die Pfefferkörner (kein Salz!) dazugeben, das Ganze mit Wasser bedecken und bei starker Hitze zum Kochen bringen. Sobald das Wasser aufkocht, den Schaum von der Oberfläche abschöpfen. Die Wärmezufuhr verringern, den Deckel auflegen und die Brühe 1 Stunde köcheln lassen. Das Gemüse, den Knoblauch und die Kräuter mit einer Zange herausnehmen und die Brühe durch ein Haarsieb in eine Schüssel seihen.

Die Brühe in Schraubgläser füllen, vollständig abkühlen lassen und im Kühlschrank aufbewahren. Gekühlt ist sie einige Tage haltbar.

Frühstücksbrühe mit pochierten Eiern, Grünkohl und Sauerkraut

FÜR 2–3 PERSONEN

Diese nahrhafte, kräftigende Brühe, die überdies ganz vorzüglich schmeckt, ist geradezu ideal für einen guten Start in den Tag. In vielen Kulturen kennt man das süße Frühstück, das sich bei uns (leider) eingebürgert hat, nicht. Nehmen wir uns also ein Beispiel an ihnen.

- 1 l selbst gemachte Hühner-, Lamm-, Rinder- oder Fischbrühe
- 2 Handvoll Grünkohl, die Stiele entfernt und die Blätter gehackt (oder ein anderes grünes Blattgemüse Ihrer Wahl)
- 1–2 Eier pro Person
- 1 TL rohes kaltgepresstes Kokosöl (nach Belieben; sehr gut für die Verdauung und die Haut)
- 2 EL Petersilie oder Koriandergrün, grob gehackt
- 4 EL Sauerkraut (siehe Seite 145–147; ich mag besonders gerne das würzige Sauerkraut aus Rotkohl)
- Meersalz und frisch gemahlener schwarzer Pfeffer

Die Brühe in einem mittelgroßen, breiten Topf zum Köcheln bringen. Den Grünkohl hineingeben und dann vorsichtig die Eier hineingleiten lassen und in der Brühe pochieren.

Sobald die Eiweiße gestockt sind, die Eigelbe aber noch sehr weich sind, den Topf vom Herd nehmen.

Die Brühe mit Salz und Pfeffer abschmecken und auf Suppenschalen verteilen. Pro Schale ½ TL oder etwas mehr Kokosöl darüberträufeln und die Petersilie darüberstreuen. Das Sauerkraut mit etwas Sauerkrautsaft hineingeben – und dann: trinken, schlürfen, genießen! Und der Tag kann beginnen.

Entzündungshemmende Kokossuppe mit Ingwer und Kurkuma

FÜR 3–4 PERSONEN

Diese herrliche, gesunde Suppe ist genau das Richtige, wenn man ein wenig angeschlagen, ausgelaugt, erschöpft oder übermüdet ist. Gerichte, die mit einer Brühe zubereitet werden, haben zwar immer eine kräftigende Wirkung, diese Suppe hat aber zusätzlich den Vorteil, dass sie einem wieder auf die Beine hilft, wenn man nicht ganz auf der Höhe ist, wenn man ein paar Streicheleinheiten braucht oder sich an kalten, regnerischen Tagen nach ein bisschen Wärme sehnt. Deshalb habe ich, für den Fall, dass ich dieses Lebenselixier einmal dringend brauche, immer etwas Brühe im Gefrierfach vorrätig. Dann ist es nur eine Sache von Minuten, bis es vor mir auf dem Tisch steht.

- 1 l selbst gemachte Hühnerbrühe (siehe Seite 136) oder Gemüsebrühe (siehe Seite 140)
- 400 ml vollfette Kokosmilch
- 1 Stückchen frischer Ingwer, geschält und in hauchdünne Scheiben geschnitten
- ½ TL gemahlene Kurkuma oder 1 Stückchen frische Kurkuma, in feine Scheiben geschnitten
- Saft von ½–1 Zitrone
- ¼ TL rote Chiliflocken oder Cayennepfeffer
- 1 kleine Handvoll Koriandergrün, grob gehackt
- 2 TL rohes kaltgepresstes Kokosöl
- Meersalz und frisch gemahlener schwarzer Pfeffer

Die Zutaten – bis auf das Koriandergrün und das Kokosöl – in einem mittelgroßen Topf zum Köcheln bringen. 5–10 Minuten köcheln lassen, von der Herdplatte nehmen und einige Minuten abkühlen lassen. Die Brühe mit Salz und reichlich Pfeffer würzen, mit dem Koriandergrün bestreuen und mit dem Kokosöl beträufeln. Noch einmal abschmecken, gegebenenfalls noch etwas Zitronensaft hinzufügen und servieren.

Tipp: Sparen Sie nicht mit dem schwarzen Pfeffer, denn das darin enthaltene Piperin sorgt dafür, dass das in der Kurkuma enthaltene Kurkumin bei der Verdauung vom Körper vollständig aufgenommen werden kann. Kurkuma ist nicht nur ein wirkungsvolles Antioxidans, es wirkt auch entzündungshemmend und kann das Risiko einer ganzen Reihe chronischer Erkrankungen senken.

Klassische Fischbrühe

ERGIBT ETWA 2 LITER

Diese Brühe eignet sich hervorragend als Grundlage für Fischsuppen und -eintöpfe oder für Räucherfisch-Pies. Man kann sie aber auch einfach so trinken. Die Fischbrühe ist von allen Brühen die nährstoffreichste und enthält zahlreiche Spurenelemente, die die Immunfunktion verbessern. Verwenden Sie aber nur Fische mit weißem Fleisch. Fette Fische sind für Brühen nicht geeignet, weil die darin enthaltenen Öle beim Kochen ranzig werden können.

2 EL Butter oder Ghee
2 Zwiebeln, geviertelt
1 Möhre, geschält und grob
   gehackt
125 ml trockener Weißwein
   oder Wermut
1 großes oder 2 kleine Fischgerippe mit Kopf (gut geeignet
   sind Snapper, Barsch,

Seezunge oder Steinbutt),
   die Kiemen entfernt
etwa 2 l gefiltertes Wasser
   oder Mineralwasser (Sie
   benötigen so viel, dass die
   Gerippe bedeckt sind)
1 kleines Bund frischer Thymian
1 kleines Bund Petersilie
2 Lorbeerblätter

Die Butter bei mittlerer Hitze in einem großen Topf zerlassen und die Zwiebeln mit der Möhre 20 Minuten bei geringer Hitze unter gelegentlichem Rühren darin anschwitzen. Wenn das Gemüse weich ist, den Wein angießen und bei mittlerer Hitze aufkochen lassen. Das Fischgerippe mit dem Kopf in den Topf geben und mit Wasser bedecken.

Das Ganze zum Köcheln bringen und den Schaum, der sich an der Oberfläche absetzt, vorsichtig abschöpfen. Die Kräuter hinzufügen. Die Brühe 1 Stunde köcheln lassen und von Zeit zu Zeit abschäumen. Das Gerippe muss stets mit Flüssigkeit bedeckt sein, deshalb gegebenenfalls noch etwas Wasser hinzufügen.

Das Gerippe, das Gemüse und die Kräuter anschließend mit einer Zange herausnehmen und die Brühe durch ein Haarsieb seihen. Sie kann jetzt als Grundlage für andere Gerichte verwendet werden, oder Sie füllen sie in Schraubgläser und bewahren sie nach dem Abkühlen im Kühlschrank auf oder frieren sie ein. Im Kühlschrank hält sie sich etwa 5 Tage, im Gefrierfach mehrere Monate.

Wärmende goldene Fischbrühe

ERGIBT 1,5-2 LITER

Im Unterschied zur klassischen Fischbrühe, die sich meines Erachtens am besten als Grundlage für Fischsuppen und -eintöpfe eignet, trinke ich diese Brühe wegen ihres frischen Geschmacks gerne vor dem Abendessen. Sie schmeckt aber nicht nur vorzüglich, sondern hat darüber hinaus auch eine entzündungshemmende Wirkung und ist deshalb zugleich so etwas wie eine Medizin.

1 großes oder 2 kleine Fischgerippe mit Kopf (gut geeignet
   sind Snapper, Barsch,
   Seezunge oder Steinbutt),
   die Kiemen entfernt
etwa 2 l gefiltertes Wasser
   oder Mineralwasser (Sie
   benötigen so viel, dass die
   Gerippe bedeckt sind)
2 Zwiebeln, geviertelt
1 Möhre, geschält und grob
   gehackt

1 Stückchen Ingwer, geschält
   und in Scheiben geschnitten
1 Stückchen frische Kurkuma
1 TL schwarze Pfefferkörner
1 Bund Koriandergrün
1 Stängel Zitronengras,
   zerdrückt
2 Kaffirlimettenblätter
Meersalz

Das Fischgerippe mit Kopf in einen großen Topf geben, mit Wasser bedecken und das Ganze bei mittlerer Hitze zum Köcheln bringen. Den Schaum, der sich an der Oberfläche absetzt, vorsichtig abschöpfen.

Die Zwiebeln, die Möhre, den Ingwer, die Kurkuma und die Pfefferkörner in den Topf geben und die Brühe erneut zum Kochen bringen. Das Koriandergrün, das Zitronengras und die Kaffirlimettenblätter hinzufügen, die Wärmezufuhr verringern und die Brühe 1 Stunde köcheln lassen. Die Brühe dabei gelegentlich abschäumen und gegebenenfalls noch etwas Wasser hinzufügen, so dass das Gerippe stets mit Wasser bedeckt ist.

Das Fischgerippe, das Gemüse und die Kräuter anschließend mit einer Zange aus dem Topf nehmen und die Brühe durch ein Haarsieb seihen. Die Brühe noch einmal mit Salz abschmecken und sofort servieren oder in Schraubgläser füllen und nach dem Abkühlen im Kühlschrank aufbewahren oder einfrieren. Im Kühlschrank ist sie etwa 5 Tage haltbar, im Gefrierfach mehrere Monate.

MEINE HERZHAFTE GESUNDHEITSKÜCHE   Salate   Gemüse und Beilagen   Fleisch und Fisch   Eier   Aromatisierte Joghurts   Mayonnaise   Saucen   Salsas und Chutneys

Ein paar Anmerkungen und Tipps
zur Milchsäuregärung

Was versteht man unter Milchsäuregärung? Welchen gesundheitlichen Nutzen hat sie?

Die Milchsäuregärung ist ein Konservierungsverfahren, mithilfe dessen man aus frischen Lebensmitteln so beliebte Speisen wie Mixed Pickles, Chutneys, Miso, Tempeh, Kimchi und Sauerkraut herstellen kann. Das Verfahren der Fermentation existiert schon seit Menschengedenken. Früchte und Gemüse werden bereits seit vielen Tausend Jahren auf diese Weise konserviert. Vor der Erfindung des Kühlschranks war es eine Methode, um Speisen und Getränke auf eine unbedenkliche, schmackhafte Weise haltbar zu machen.

Beim Begriff Gärung denken die meisten an Bier oder Wein, bei deren Herstellung Hefen verwendet werden, um die im Getreide bzw. im Traubensaft enthaltenen Zucker in Alkohol umzuwandeln. Bei der Milchsäuregärung hingegen übernehmen Bakterien – in diesem Fall sind dies Bakterien der Gattung Lactobacillus – diese Funktion. Die Oberflächen aller Pflanzen, vor allem aber von Pflanzen, die in Bodennähe wachsen, sind mit verschiedenen Stämmen dieser Bakterien besiedelt, die auch in großer Zahl im gesamten menschlichen Verdauungstrakt, einschließlich des Mundes und der Genitalien, zu finden sind.

Seinen Namen verdankt der Bakterienstamm der Laktobazillen der Tatsache, dass man ihn zuerst in fermentierter Milch nachgewiesen hat. In diesem Zusammenhang ist jedoch anzumerken, dass die Milchsäuregärung nicht zwangsläufig auf Milchprodukte beschränkt ist. Die Milchsäurebakterien wandeln Laktose und andere Zucker in Milchsäure um. Die Milchsäure ist ein natürliches Konservierungsmittel, das das Wachstum schädlicher Bakterien verhindert. Darüber hinaus sorgt sie dafür, dass der Vitamin- und Enzymgehalt der fermentierten Speisen zunimmt bzw. gleich bleibt und dass die Speisen besser verdaulich sind.

Laktofermentierte Speisen findet man in allen Kulturen. Typisch für die europäische Küche sind beispielsweise laktofermentierte Milchprodukte, das Sauerkraut, Weinblätter, Kräuter und Wurzelgemüse. Die Eskimos in Alaska fermentieren Fisch und Meeressäugetiere. Die orientalische Küche ist berühmt für ihr eingelegtes Gemüse und ihre Saucen, insbesondere das Kimchi. Die bäuerlichen Gesellschaften Zentralafrikas sind bekannt für ihre aus gesäuertem Getreide hergestellten Getreidebrei. Mixed Pickles und Relishs sind ein fester Bestandteil der kulinarischen Tradition Amerikas. Seit Beginn der Industrialisierung werden industriell hergestellte Pickles zumeist mit Essig und Zucker eingelegt. Mit dieser Methode ist man zwar auf der sicheren Seite, kommt aber nicht in den Genuss der Milchsäure und der Probiotika. Mit etwas Geduld, der richtigen Anleitung und geringem Aufwand lässt sich aber auch das uralte Verfahren der Milchsäuregärung erlernen. Selbst Anfängern wird die Herstellung fermentierter Speisen keine große Mühe bereiten, und in kurzer Zeit hat man den Bogen raus. Und hat man erst einmal genug Selbstvertrauen, wagt man sich vielleicht auch einen Schritt über den Joghurt und das Sauerkraut hinaus, um die ganze Vielfalt der Früchte, Gemüse, Getränke ... auszuschöpfen.

Einer der großen Vorzüge fermentierter Speisen ist, abgesehen von ihrem Geschmack, ihre außerordentlich positive Wirkung auf den Körper. Da sie sehr viele Enzyme und zahlreiche gute Bakterienstämme enthalten, können sie in erheblichem Maße zur Heilung und Gesunderhaltung des Darms, zur Steigerung der Immunabwehr, zu einem ausgeglichenen Hormonhaushalt, zu einer besseren Verdauung und vielem anderem beitragen, wenn man es sich zur Gewohnheit macht, täglich eine Portion davon zu sich zu nehmen. Zudem kostet die Herstellung nicht viel, und man benötigt weniger Zutaten und Utensilien als beim Einlegen mit Essig und Zucker.

Lassen Sie sich also nicht abschrecken. Die Laktofermentation ist kein Hexenwerk. Solange sie nicht übel riechen (dann sagt einem der gesunde Menschenverstand ganz von alleine, dass man sie wegwerfen sollte), sind fermentierte Speisen absolut unbedenklich.

Verwenden Sie unbedingt ein gutes Meersalz ohne Trennmittel und frisches Quellwasser oder gefiltertes, fluorid- und chlorfreies Leitungswasser, denn die Chemikalien töten die guten Bakterien ab, und das Gemüse fault anstatt zu gären. Wenn gechlortes Leitungswasser das Wachstum guter Bakterien verhindert und das Gemüse verderben lässt, dann stellen Sie sich erst einmal vor, was es in Ihrem Darm anrichtet, wenn Sie es trinken ...

Um sicherzugehen, dass das Gemüse stets mit der Lake bedeckt ist, decken Sie es einfach mit einem Kohlblatt ab. Das Blatt dazu auf die richtige Größe zurechtfalten, auf das Gemüse legen und an den Seiten etwas nach unten drücken.

Magisches goldgelbes Sauerkraut

ERGIBT 2-3 KILOGRAMM

Das Dreiergespann Knoblauch, Ingwer und Kurkuma findet man in vielen Stärkungsmitteln. In der ayurvedischen Heilkunde und in der indischen Küche wird Kurkuma schon seit vielen Tausend Jahren verwendet. Das Gewürz enthält bioaktive Substanzen, die es zu einem wirkungsvollen Heilmittel machen, das nicht nur virenhemmende Eigenschaften besitzt, sondern auch fungizid, antibakteriell und entzündungshemmend wirkt. Darüber hinaus ist das Kurkumin, der Hauptwirkstoff der Kurkuma, ein wirkungsvolles Antioxidans und trägt außerdem zur Gesunderhaltung des Herzens und des Gehirns und zur Heilung des Darms bei. Regelmäßig genossen kann die Kurkuma sogar Krebs vorbeugen. Der Ingwer ist ebenfalls für seine guten entzündungshemmenden Eigenschaften bekannt. Außerdem fördert er die Verdauung und hilft bei Übelkeit. Der Knoblauch ist ein natürliches Antibiotikum und enthält Präbiotika, die das Wachstum der guten Darmbakterien fördern. Dieses Kraut schmeckt also nicht nur lecker, es ist fast auch ein Allheilmittel.

Wenn Sie sich etwas besonders Gutes tun wollen, bedecken Sie das Kraut sehr großzügig mit dem Saft. Den können Sie dann trinken. So bekommt Ihr Körper eine Extraportion Probiotika und Enzyme und kann von den gesundheitsfördernden Eigenschaften der Gewürze profitieren. Man kann den Saft aber auch zu einer Brühe geben (siehe Seite 141).

1,8 kg Weißkohl, in feine Streifen geschnitten	1 TL fein gemahlener schwarzer Pfeffer
500 g Möhren, geraspelt	3–5 EL reines Meersalz
1 Knolle Knoblauch, gehackt	
4 EL Ingwer, geschält und gerieben	**BENÖTIGTE UTENSILIEN**
2 EL frisch geriebene Kurkuma	2–3 große Schraubgläser (mit jeweils etwa 1 l Fassungsvermögen) oder
2 TL Kümmelkörner	5–6 kleinere, sterilisiert
2 TL Fenchelsamen	(siehe Seite 79)

Den Kohl mit den übrigen Zutaten in eine große Schüssel geben. 3 EL Meersalz hinzufügen und den Kohl einige Minuten mit dem Sauerkrautstampfer stampfen. Besitzen Sie keinen Sauerkrautstampfer, kneten Sie den Kohl mit sauberen Händen durch, bis er etwas weich wird und seinen Saft abgibt. Das Kraut anschließend noch einmal abschmecken und gegebenenfalls nachsalzen. Es sollte nicht zu salzig schmecken, sondern das Salz sollte lediglich dazu dienen, den Eigengeschmack des Krauts zur Geltung zu bringen. Das Kraut danach so lange weiterkneten, bis es seinen Saft vollständig abgegeben hat. Dafür müssen Sie mindestens 15 Minuten rechnen, denn Sie benötigen so viel Flüssigkeit, dass das Kraut in den Gläsern vollständig mit dem eigenen Saft bedeckt ist.

Das Kraut auf die Gläser verteilen und dabei kräftig andrücken, sodass es vollständig mit dem Saft bedeckt ist. Reicht der Saft nicht aus, noch etwas leicht gesalzenes Wasser hinzufügen. Die Gläser verschließen und das Kraut an einem nicht zu warmen Platz fermentieren lassen. Damit sie nicht explodieren, müssen die Gläser während des Gärens einmal pro Tag vorsichtig geöffnet werden, damit das Gas entweichen kann.

Das Sauerkraut, je nachdem, wie warm Ihre Küche ist, 3–8 Tage bei Zimmertemperatur (ideal sind 15–20 °C) gären lassen, bis es den gewünschten Geschmack hat. 5 Tage sind nach meiner Erfahrung in etwa ausreichend. Ich probiere das Kraut nach etwa 3 Tagen zum ersten Mal und beende den Fermentationsprozess, sobald mir der Geschmack zusagt. Soll der Geschmack intensiver werden, lasse ich es auch schon einmal die vollen 8 Tage gären.

Stellt man die Gläser an einen sehr kühlen Platz, beispielsweise in einen kühlen, dunklen Keller, kann man das Kraut sogar einige Wochen, wenn nicht gar Monate, gären lassen. Je länger die Fermentation dauert und je langsamer sie vonstattengeht, desto intensiver wird der Geschmack.

Das fertige Kraut anschließend 1 Monat an einem sehr kühlen Ort, am besten im Kühlschrank, reifen lassen. Angebrochene Gläser innerhalb weniger Wochen aufbrauchen.

MEINE HERZHAFTE
146 GESUNDHEITSKÜCHE   Salate   Gemüse und Beilagen   Fleisch und Fisch   Eier   Aromatisierte Joghurts   Mayonnaise   Saucen   Salsas und Chutneys

Würziges Sauerkraut aus Rotkohl

FÜR 2 GLÄSER À 750 GRAMM

Dieses etwas andere Sauerkraut wird aus Rotkohl und Roter Bete hergestellt und hat einen wunderbar würzigen, säuerlichen Geschmack. Entdeckt habe ich es in dem englischen Online-Shop *The Cultured Cellar*. Und weil ich viel auf Reisen bin, habe ich mir gleich das Rezept besorgt, damit ich es immer und überall genießen kann. Besonders gut schmeckt es zu kaltem Braten, in einem Sandwich, zu gebratenem Fleisch und Salat oder zu Käse und Crackern.

1 mittelgroßer Rotkohl, in feine Streifen geschnitten
1–3 EL Meersalz
1 Rote Bete, geschält und fein gewürfelt
1 Möhre, geschält und geraspelt
1 rote Zwiebel, fein gehackt
2 TL Kümmelkörner

1 rote Chilischote, die Samen entfernt und fein gehackt
3 Knoblauchzehen, durchgepresst

BENÖTIGTE UTENSILIEN
ein Sauerkrautstampfer
2 Schraubgläser à 750 ml Fassungsvermögen, sterilisiert (siehe Seite 79)

Den Kohl in eine große Schüssel füllen und mit 1 EL Salz bestreuen. Das restliche Salz nach und nach hinzufügen. Das Salz macht den Kohl nicht nur weicher, es hält auch die schlechten Bakterien fern. Deshalb dürfen Sie ruhig großzügig damit umgehen. Den Kohl etwa 10 Minuten mit dem Sauerkraut- oder dem Kartoffelstampfer stampfen oder mit sauberen Händen durchkneten, bis er genug Flüssigkeit abgegeben hat (Sie benötigen so viel Saft, dass Sie das Kraut in den Gläsern damit bedecken können).

Die übrigen Zutaten dazugeben und das Ganze weiter stampfen oder kneten, bis alles gut vermischt ist.

Das Kraut in die Gläser füllen, gut andrücken und die Deckel aufschrauben. Bei Zimmertemperatur (ideal sind 15–20 °C) fermentieren lassen, bis das Kraut den gewünschten Geschmack hat. Nach 3 Tagen zum ersten Mal die Geschmacksprobe machen. Ich lasse das Rotkraut in der Regel 5 Tage gären, es kann aber auch schon nach 3 Tagen fertig sein oder erst nach 7–8 Tagen.

Hat das Kraut den richtigen Geschmack, die Gläser in den Kühlschrank stellen und vor dem Verzehr 3–4 Wochen ruhen lassen, damit sich der Geschmack richtig entfalten kann.

Eingelegte rote Zwiebeln auf mexikanische Art

FÜR 1 GLAS À 225 GRAMM
(NICHT VIEL, REICHT ABER LANGE)

Diese appetitanregenden rosafarbenen Zwiebeln serviert man in Mexiko traditionell mit Schweinefleisch oder Meeresfrüchten. Ich verwende sie gerne zusammen mit Salsa, geschmortem Schweinefleisch oder gebratenem Fisch für mexikanische Tortillas. Zwiebeln sind reich an Präbiotika. Das sind unverdauliche Kohlenhydrate, von denen sich die Probiotika ernähren und die auf diese Weise das Wachstum guter Darmbakterien fördern.

20 schwarze Pfefferkörner
8 Pimentkörner
1 Gewürznelke
½ TL getrockneter mexikanischer Oregano
1 große rote Zwiebel, halbiert und in dünne Scheiben geschnitten

¾ TL feines Meersalz
60 ml roher Apfelessig
60 ml frisch gepresster Limettensaft

Die Pfefferkörner mit dem Piment, der Gewürznelke und dem Oregano im Mörser zu einem groben Pulver zerstoßen.

Die Zwiebel mit der Gewürzmischung und dem Salz in eine mittelgroße Schüssel geben und die Gewürze mit den Händen gut in die Zwiebeln einmassieren. Den Essig und den Limettensaft hinzufügen und alles gut durchmischen.

Die Mischung in ein sauberes Schraubglas füllen und 24 Stunden im Kühlschrank durchziehen lassen. Das Glas in dieser Zeit gelegentlich schütteln.

Im Kühlschrank halten sich die eingelegten Zwiebeln bis zu 5 Tage.

Fermentiertes Gemüse

FÜR 1 GLAS MIT 1 LITER FASSUNGSVERMÖGEN

Dieses Rezept ist ideal für Anfänger, denn man kann hier absolut nichts falsch machen. Und das Gemüse schmeckt so lecker, dass selbst Ihre Kinder dazu nicht Nein sagen werden. Ich serviere gerne eine kleine Schüssel voll vor dem Abendessen, denn fermentiertes Gemüse ist reich an Enzymen und Probiotika und regt deshalb die Verdauung an. Darüber hinaus stärkt es das Immunsystem und unterstützt die Heilung des Darms. Im Kühlschrank hält sich das Gemüse monatelang und schmeckt mit der Zeit sogar immer besser. Meine Lieblingskombinationen sind Möhren mit Blumenkohl und Radieschen mit Dill. Beide sind kinderleicht herzustellen und schmecken einfach fantastisch.

Zum Fermentieren kein gechlortes Leitungswasser verwenden. Das Chlor verhindert das Wachstum guter Bakterien – und das Gemüse fault anstatt zu gären.

Für die Salzlake das Salz in dem kalten Wasser auflösen.

Das Gemüse mit den Gewürzen und den Kräutern in das Glas füllen und die Salzlake darübergießen. Das Glas verschließen und das Gemüse bei Zimmertemperatur (ideal sind 15–20 °C) fermentieren lassen, bis es den gewünschten Geschmack und die richtige Konsistenz hat. Je nachdem, wie warm Ihre Küche ist, dauert dies 3–7 Tage. Das Glas während des Gärprozesses einmal täglich vorsichtig öffnen, damit die Gase entweichen können. Dadurch wird verhindert, dass das Glas durch den Druck, der bei der Fermentation entsteht, explodiert.

Hat das Gemüse den richtigen Geschmack, das Glas in den Kühlschrank oder einen kalten Kellerraum stellen, damit das Gemüse seinen vollen Geschmack entfalten kann. Sobald es ausreichend gekühlt wurde, ist es servierbereit. Im Kühlschrank hält es sich etliche Monate. Den Saft aus dem Glas nicht wegschütten. Er eignet sich hervorragend zum Verfeinern von Brühen und Salatdressings oder Sie verwenden ihn als Starter, wenn Sie das nächste Mal Gemüse einlegen.

BENÖTIGTE UTENSILIEN
ein Schraubglas mit 1 l
  Fassungsvermögen,
  sterilisiert (siehe Seite 79)
2 EL Meersalz

1 l gefiltertes Wasser oder
  Mineralwasser (das Wasser
  muss chlorfrei sein)
rohes Gemüse (so viel, dass
  das Glas damit gefüllt
  werden kann)

Für die Möhren mit Blumenkohl

3 Knoblauchzehen, leicht
  angedrückt
1 Blumenkohl (Sie benötigen
  etwa ²/₃ des Kopfes), in
  Röschen zerteilt und unter
  fließendem kaltem Wasser
  gewaschen

3–4 große Möhren, in
  mundgerechte Stücke
  geschnitten
2 TL Za'atar (siehe Seite 108)
  oder 2–3 TL Koriander-
  samen
3 frische Lorbeerblätter
2 TL schwarze Pfefferkörner

Für die Radieschen mit Dill

Radieschen (so viel, dass das
  Glas damit gefüllt werden
  kann), halbiert
4 Stängel frischer Dill
½ TL Dillsamen
½ TL braune Senfkörner

1 TL Kümmelkörner
1 TL schwarze Pfefferkörner
1 Lorbeerblatt

Dips und Pasteten Gewürzmischungen Salze Butter und Öle Kefir, Joghurt & Co. Brühen und Suppen *Sauerkraut, Pickles & Co.* Essige Brote, Cracker & Co.   149

Würzige Dillgurken

FÜR 1 GLAS MIT 2,2 LITER FASSUNGSVERMÖGEN

Diese wunderbar knackigen, schmackhaften eingelegten Gurken sind eine großartige Möglichkeit, um größere Gurkenmengen zu verarbeiten. Sie passen hervorragend zu Käse, kleinere Gurken eignen sich gut für eine Sauce tartare. Sie schmecken jedoch nicht nur vorzüglich, sondern sind darüber hinaus reich an Probiotika, die das Immunsystem stärken, zur Gesunderhaltung des Verdauungstrakts beitragen und das Wachstum guter Darmbakterien fördern.

BENÖTIGTE UTENSILIEN

4 Schraubgläser à 550 ml
oder 2 Schraubgläser à 1,1 l,
sterilisiert (siehe Seite 79)

5 EL Meersalz
2,2 l chlorfreies Wasser (am
besten gefiltertes Wasser
oder Mineralwasser)
3 TL schwarze Pfefferkörner
1½ TL rote Chiliflocken

3 TL gelbe Senfkörner
2 TL Koriandersamen
6–10 Knoblauchzehen
2 Bund Dill
kleine oder mittelgroße Einlegegurken (so viel, dass
die Gläser damit gefüllt
werden können)
tanninhaltige Blätter (siehe
rechts)

Das Meersalz im kalten Wasser auflösen.

Die Gewürze in einer kleinen Schüssel vermischen.

In einer großen Glas- oder Keramikschüssel die Knoblauchzehen mit dem Dill und den Gewürzen mischen und ein Drittel der Mischung auf die Gläser verteilen.

Die Hälfte der Gurken in die Gläser füllen und gut andrücken. Ein weiteres Drittel der Knoblauch-Gewürz-Mischung darauf verteilen. Die restlichen Gurken einfüllen und wiederum gut andrücken. Zum Schluss die restliche Knoblauch-Gewürz-Mischung daraufgeben.

Die Lake darübergießen. Die Gläser dabei nicht ganz voll machen, damit sich der Inhalt während der Gärung ausdehnen kann. Die Gurken mit einem tanninhaltigen Blatt (siehe rechts) oder einem Kohlblatt abdecken.

Die Gläser verschließen und die Gurken bei Zimmertemperatur (ideal sind 15–20 °C) fermentieren lassen, bis sie den gewünschten Geschmack haben. Je nachdem, wie warm Ihre Küche ist, müssen Sie 3–4 Tage, unter Umständen sogar eine ganze Woche rechnen. Die Gurken schmecken besser und bleiben schön knackig, wenn man sie zum Fermentieren in einen relativ kühlen Raum stellt. Die Gläser während des Gärprozesses einmal täglich öffnen, damit das Gas entweichen kann und sie nicht explodieren.

Unter Umständen wird die Lake beim Fermentieren trüb und beginnt leicht zu moussieren. Die Gurken sind fertig, wenn sie einen pikanten, angenehm säuerlichen Geschmack haben.

Im Kühlschrank halten sich die Gurken mehrere Monate.

So bleiben Gurken beim Fermentieren schön knackig

Ein tanninhaltiges Blatt mit in das Glas geben. Gut eignen sich Schwarzteeblätter, Eichenblätter, Weinblätter oder Meerrettichblätter. Für ein 2-Liter-Glas sind einige größere Teeblätter oder 1 Teebeutel ausreichend.

Die Gurken bei möglichst niedrigen Temperaturen fermentieren lassen. Ist es zu warm, wird der Fermentationsprozess beschleunigt und das Gemüse wird alles andere als knackig.

Verwenden Sie am besten kleine Gurken und legen Sie sie im Ganzen ein. Sie bleiben in der Regel knackiger als größere Gurken, die man klein schneiden muss.

Den Blütenansatz immer abschneiden, denn er enthält Enzyme, die die Gurken weich werden lassen.

Gurken, die erst etwas später geerntet wurden, haben eine dickere Schale. Deshalb sollte man vor dem Einlegen mit einem Spieß oder einem spitzen Messer ein Loch hineinstechen. So kann die Lake schneller eindringen und die Gurken werden gleichmäßiger fermentiert.

Eingelegte Zitronen

FÜR 1 GLAS MIT 1,5 LITER FASSUNGSVERMÖGEN

Diese köstlich pikanten eingelegten Zitronen eignen sich gut für Joghurtsaucen und Dressings. Ihr Geschmack passt vorzüglich zu marokkanischen Gerichten, vor allem zu Tajinen und langsam gegarten Braten. Da sie auf natürliche Weise fermentiert werden, führen Sie Ihrem Körper damit eine ordentliche Ladung Vitamin C und jede Menge gute Bakterien zu. Die Zitronen sind bis zu 2 Jahre bei Zimmertemperatur haltbar.

Die fertigen Zitronen an einem kühlen Ort oder im Kühlschrank aufbewahren. Der Geschmack entwickelt sich auch im Kühlschrank weiter.

In der Regel verwendet man lediglich die in Julienne-Streifen geschnittene Schale der Zitronen, das Fruchtfleisch kann aber nach Belieben ebenfalls verwendet werden.

BENÖTIGTE UTENSILIEN
ein Schraub- oder Einmachglas mit 1,5 l Fassungsvermögen oder ein Gärtopf, sterilisiert (siehe Seite 79)

10–12 unbehandelte Zitronen (am besten eignen sich dünnschalige Früchte), in dünne Scheiben geschnitten und diese noch einmal halbiert

4 EL Kombucha oder roher Apfelessig
250 ml Zitronensaft
6 EL Meersalz
½ TL Gewürznelken
½ TL Koriandersamen
½ TL schwarze Pfefferkörner
1 Lorbeerblatt
1 Zimtstange
zimmerwarmes gefiltertes Wasser

Die Zitronenscheiben in das saubere Glas oder den Gärtopf füllen und mit dem Handrücken leicht andrücken. Die Kombucha oder den Essig in einer Schüssel mit dem Zitronensaft und dem Salz verrühren.

Die Mischung über die Zitronen gießen und die Gewürze darüberstreuen. Das Lorbeerblatt und die Zimtstange seitlich in das Glas hineinstecken. Luftblasen mit dem Stiel eines Holzkochlöffels entfernen. Das Glas mit so viel gefiltertem Wasser auffüllen, dass noch ein 2,5 cm breiter Rand frei bleibt, und das Glas schwenken, damit sich das Wasser mit der Lake vermischt.

Das Glas mit dem Deckel verschließen und die Zitronen 1–3 Wochen bei Zimmertemperatur (ideal sind 15–20 °C) fermentieren lassen. Das Glas während des Fermentierens einmal pro Tag langsam öffnen und 1 Minute lang das Gas entweichen lassen.

MEINE HERZHAFTE
GESUNDHEITSKÜCHE   Salate   Gemüse und Beilagen   Fleisch und Fisch   Eier   Aromatisierte Joghurts   Mayonnaise   Saucen   Salsas und Chutneys

Kimchi

FÜR 1 GLAS MIT 1 LITER FASSUNGSVERMÖGEN

Wenn Sie dieses köstliche fermentierte Gemüse noch nicht kennen, werden Sie vielleicht die Nase rümpfen, wenn Sie es zum ersten Mal riechen. Haben Sie allerdings etwas für strenge Aromen, Chili und saure Pickles übrig, werden Sie voll auf Ihre Kosten kommen. Wenn Sie sie bekommen können, sollten Sie unbedingt koreanische rote Chiliflocken nehmen, die einen angenehm süßlichen, rauchigen Geschmack haben. Anderenfalls verwenden Sie einfach andere rote Chiliflocken. Das Kimchi schmeckt dann allerdings nicht ganz so wie das Original. Da es wie Sauerkraut auf natürliche Weise fermentiert wird, tun Sie damit auch noch etwas Gutes für Ihr Immunsystem und Ihre Verdauung.

BENÖTIGTE UTENSILIEN
Gummihandschuhe (wenn Sie Ihre Hände schützen möchten)
ein Schraubglas mit 1 l Fassungsvermögen, sterilisiert (siehe Seite 79)

1 großer Chinakohl
35 g Meersalz
einige Liter Quell- oder Mineralwasser (oder chlorfreies gefiltertes Wasser)

5–6 Knoblauchzehen, durchgepresst
1 TL Ingwer, geschält und gerieben
1 TL unraffinierter Zucker
4 EL hochwertige Fischsauce
1–5 EL koreanische rote Chiliflocken (siehe oben)
1 Daikon-Rettich, geschält und in Julienne-Streifen geschnitten
4 Frühlingszwiebeln, geputzt und in 5 cm lange Stücke geschnitten

Den Chinakohl der Länge nach vierteln und das Herz herausschneiden. Die Viertel schräg in 3 cm breite Streifen schneiden.

Den Kohl in eine große Schüssel füllen und das Salz 1–2 Minuten vorsichtig mit den Händen einmassieren, bis der Kohl etwas weich wird. Den Kohl anschließend mit Wasser bedecken, mit einem Teller abdecken und mit einem Gewicht (z. B. einer vollen Konservendose) beschweren. Den Kohl dabei kräftig andrücken. 1–2 Stunden ruhen lassen, danach die Lake in eine Schüssel oder einen Krug abgießen und aufbewahren.

Den Kohl unter fließendem kaltem Wasser abspülen, etwa 10 Minuten in einem Sieb abtropfen lassen und anschließend gegebenenfalls mit Küchenpapier trocken tupfen.

Den Knoblauch in einer kleinen Schüssel mit dem Zucker, dem Ingwer und der Fischsauce zu einer Paste verrühren und die Chiliflocken untermischen (Soll das Kimchi eher mild sein, nur 1 EL verwenden. Mögen Sie es gerne scharf, können Sie bis zu 5 EL nehmen.).

Die Schüssel, in der der Kohl eingesalzen wurde, ausspülen. Das Gemüse mit der Paste hineingeben und alles mit den Händen vermengen. Die Gewürze dabei gut in das Gemüse einmassieren. Um die Hände vor den Chilischoten, vor Verfärbungen und Gerüchen zu schützen, können Sie dazu Gummihandschuhe anziehen.

Das Kimchi in das sterilisierte Glas füllen und dabei gut andrücken. So viel Salzlake hinzufügen, dass das Gemüse vollständig damit bedeckt ist und oben ein etwa 4 cm breiter Rand frei bleibt.

Das Glas verschließen und das Kimchi 3–5 Tage – nach Belieben auch länger – bei Zimmertemperatur ruhen lassen. Ich lasse es immer 5 Tage stehen. Im Glas werden sich Blasen bilden und unter Umständen kann auch etwas Lake herauslaufen. Das Glas deshalb am besten in eine Schüssel oder auf einen Teller stellen. Das Gemüse während des Fermentierens täglich mit einem sauberen Löffel andrücken, damit es stets mit Flüssigkeit bedeckt ist und die Gase entweichen können, die sich während des Fermentationsprozesses bilden. Ab dem dritten Tag außerdem täglich prüfen, ob das Kimchi bereits den gewünschten Geschmack hat.

Sobald das Kimchi fertig ist, das Glas in den Kühlschrank stellen. Sie können das Kimchi zwar bereits jetzt genießen, seinen vollen Geschmack entfaltet es allerdings erst, wenn man es einige Wochen durchziehen lässt. Ich habe dieses eingelegte Gemüse inzwischen bei mir zu Hause immer vorrätig, denn ich bin geradezu süchtig danach.

MEINE HERZHAFTE
154 GESUNDHEITSKÜCHE Salate Gemüse und Beilagen Fleisch und Fisch Eier Aromatisierte Joghurts Mayonnaise Saucen Salsas und Chutneys

Brombeer-Holunder-Essig

ERGIBT 800 MILLILITER

Es geht einfach nichts über einen selbst gemachten Essig. Damit er aber auch wirklich gut gelingt, sollte man beim Essig unbedingt auf Qualität achten. Selbstverständlich können Sie auch selbst eine Essigmutter ansetzen, ich habe mich hier jedoch für die einfache Variante entschieden und habe fertig gekauften Essig mit verschiedenen Aromen angereichert.

Der Brombeer-Holunder-Essig eignet sich besonders gut für Salate mit Herbstfrüchten wie Birnen, Äpfeln und Walnüssen. Man kann aber auch geröstete Rote Bete damit beträufeln, und Schmorbraten verleiht er eine fruchtige Note. In Salaten eignet er sich gut als Ersatz für Balsamico-Essig und er passt vorzüglich zu Ziegenkäse.

Lassen Sie sich von der Zuckermenge nicht abschrecken: Die Zucker werden während der Fermentation abgebaut, und der fertige Essig ist praktisch zuckerfrei.

BENÖTIGTE UTENSILIEN
ein Einmachglas mit 1 Liter
 Fassungsvermögen, sterilisiert (siehe Seite 79)

600 ml roher Apfelessig
100 g unraffinierter
 Demerarazucker
400 g Brombeeren
100 g Holunderbeeren (oder
 entsprechend mehr
 Brombeeren oder andere
 Beeren der Saison)

Den Essig in einem mittelgroßen Topf bei geringer Hitze mit dem Zucker verrühren, bis dieser sich aufgelöst hat. Den Topf vom Herd nehmen und den Essig vollständig abkühlen lassen.

Die Beeren in das sterilisierte Glas füllen und vorsichtig mit einem Holzkochlöffel oder einer Gabel zerdrücken. Den Essig darübergießen und das Glas verschließen.

Den Essig an einem kühlen, lichtgeschützten Ort fermentieren lassen. Der Fermentationsprozess dauert etwa 1–2 Wochen. Danach sollte der Essig ein fruchtig-süßes Aroma haben. Den Essig dann durch ein feines Sieb seihen und in ein sauberes Glas oder eine Flasche füllen.

Der Brombeer-Holunder-Essig ist 8–9 Monate haltbar.

Variation: Himbeeressig

Diesen Himbeeressig verwende ich gerne für Salate mit Sommerfrüchten wie gegrillten Pfirsichen und Beeren. Mit Olivenöl und schwarzem Pfeffer verrührt wird daraus ein vorzügliches Dressing für jungen Spinat und pfeffrige Blattsalate. Oder Sie deglasieren damit die Pfanne, in der Sie zuvor Lammfleisch oder Leber gebraten haben und verleihen so dem karamellisierten Bratensatz eine intensive fruchtige Note. Und auch wenn es vielleicht verrückt klingt: Ein Vanilleeis mit Himbeeressig beträufelt ist eine wahre Köstlichkeit. Und mit Eis, Mineralwasser oder Limonade wird daraus ein erfrischender Drink.

Und so wird's gemacht: Die Brombeeren und die Holunderbeeren einfach durch 500 g Himbeeren ersetzen und den Essig wie oben beschrieben herstellen.

Ebenso leicht lassen sich Kräuter- und Blütenessige herstellen. Die Kräuter oder Blüten dazu einige Tage oder Wochen in Weißwein- oder Apfelessig ziehen lassen, damit sie ihr Aroma an den Essig abgeben. Besonders gut eignen sich dafür
*Schnittlauchblüten
*Estragon
*Holunderblüten
*Rosenblätter

MEINE HERZHAFTE GESUNDHEITSKÜCHE Salate Gemüse und Beilagen Fleisch und Fisch Eier Aromatisierte Joghurts Mayonnaise Saucen Salsas und Chutneys

Mandelcracker mit Kräutern

ERGIBT 20 STÜCK

Getreide- und glutenfrei

Diese leichten, knusprigen Cracker sind ganz einfach herzustellen und lassen sich mit allem Möglichen garnieren. Mein Favorit ist die Hühnerleberpastete von Seite 102, und dazu reiche ich die Dillgurken von Seite 149. Sie passen aber ebenso gut zu Käse, Chutneys und jeder Art von Dip.

200 g gemahlene Mandeln
1 großes Ei
½ TL Meersalzflocken und
    noch etwas Meersalz zum
    Bestreuen
½ TL frisch gemahlener schwarzer Pfeffer und noch etwas
    Pfeffer zum Bestreuen
1 EL fein gehackter Rosmarin
½ TL Thymianblätter
1 TL Fenchelsamen

Den Backofen auf 160 °C (Umluft 140 °C) vorheizen und ein Backblech mit Backpapier auslegen.

Die gemahlenen Mandeln in der Küchenmaschine mit dem Ei, dem Salz und dem Pfeffer zu einem Teig verrühren. Den Teig zwischen zwei Stück Backpapier legen (er muss nicht mit Mehl bestäubt werden, denn die in den Nüssen enthaltenen Öle verhindern, dass er festklebt) und etwa 2 mm dick ausrollen.

Das obere Backpapier vorsichtig ablösen, den Teig nochmals mit etwas Salz und Pfeffer, dem Rosmarin, dem Thymian und den Fenchelsamen bestreuen und mit einem sehr scharfen Messer in 5–7 cm große Quadrate schneiden.

Die Quadrate mithilfe einer Palette oder eines Buttermessers auf das vorbereitete Backblech legen und 12–14 Minuten auf der mittleren Schiene des Backofens backen. Da die Cracker kein Mehl enthalten und die Nüsse sehr schnell verbrennen, bereits nach 6–8 Minuten prüfen, ob sie bereits fertig sind.

Wenn die Cracker eine schöne goldbraune Farbe haben, das Blech aus dem Ofen nehmen, die Cracker auskühlen lassen und danach in eine luftdicht verschließbare Dose füllen. Die Cracker am besten innerhalb weniger Tage genießen.

Würziges Mandel-Kokos-Brot

FÜR 2 LAIBE

Getreide- und glutenfrei · Paleo

Dieses Brot ist kinderleicht zu backen und schmeckt besonders köstlich mit gesalzener Butter und Honig oder getoastet. Und man kann es sogar einfrieren. Es enthält sehr viel Eiweiß und ist reich an essenziellen Fettsäuren und Ballaststoffen.

BENÖTIGTE UTENSILIEN
2 beschichtete Kastenformen
    à 450 g (ca. 17 x 10 x 6 cm)

300 g gemahlene Mandeln
4 EL Kokosmehl
50 g Goldleinsamenmehl
½ TL Meersalz
2½ TL Backnatron
10 Eier
120 ml Kokos- oder Olivenöl
2 EL Honig
2 EL Apfelessig
2 TL Kümmelsamen
2 TL Fenchelsamen
2 TL frischer oder getrockneter Rosmarin, gehackt
Meersalz und frisch
    gemahlener schwarzer
    Pfeffer

Den Backofen auf 160 °C (Umluft 140 °C) vorheizen und die Formen einfetten oder mit Backpapier auskleiden.

Die Mandeln mit dem Kokos- und dem Leinsamenmehl, dem Salz, dem Backnatron, den Eiern, dem Öl, dem Honig und dem Essig einige Minuten in der Küchenmaschine oder im Mixer zu einem Teig verrühren. Die Maschine dabei gegebenenfalls hin und wieder ausschalten und die Wände der Schüssel säubern. Den (relativ dünnflüssigen) Teig auf die vorbereiteten Formen verteilen.

Mit den Samen, dem Rosmarin, etwas Salz und 1 kräftigen Prise Pfeffer bestreuen und etwa 40 Minuten backen. Die Brote 10 Minuten abkühlen lassen, aus den Formen stürzen und servieren. Das Brot kann – muss aber nicht – im Kühlschrank aufbewahrt werden und ist einige Tage haltbar.

158 MEINE HERZHAFTE GESUNDHEITSKÜCHE   Salate   Gemüse und Beilagen   Fleisch und Fisch   Eier   Aromatisierte Joghurts   Mayonnaise   Saucen   Salsas und Chutneys

Perfekt gekochte Quinoa

FÜR 2–3 PERSONEN

Quinoa ist mitunter matschig und hat einen seifigen Geschmack. Deshalb hier ein paar einfache Tipps, mit denen Ihre Quinoa garantiert fluffig und richtig lecker wird. Wichtig ist, dass Sie sie vor dem Kochen einweichen. Wenn Sie sie dann noch in einer Knochenbrühe garen, wird sie nicht nur besonders schmackhaft, sondern auch außerordentlich nährstoffreich und leicht verdaulich. Für den seifigen Geschmack ist die in der Samenhülle enthaltene Phytinsäure, ein Enzyminhibitor, verantwortlich. Sie sorgt auch dafür, dass die Quinoa schwerer verdaulich ist und der Körper bei der Verdauung in hohem Maße auf seine eigenen Enzym- und Mineralstoffreserven zurückgreifen muss. Dies wiederum hat zur Folge, dass die Knochendichte abnimmt und die Zähne kariös werden. Nimmt man nur wenig Phytinsäure über die Nahrung auf, ist dies völlig unproblematisch. Isst man jedoch regelmäßig Nüsse, Linsen, Getreide und Ähnliches, empfiehlt es sich, sie vor der Zubereitung stets einzuweichen. Sie sind dann besser verdaulich, haben einen hohen Nährwert, und Ihre Knochen und Zähne bleiben bis ins hohe Alter gesund.

---

1 TL Apfelessig
750 ml gefiltertes Wasser
160 g Quinoa
440 ml Hühnerknochenbrühe
  (siehe Seite 136) oder Wasser
Meersalz

1 walnussgroßes Stückchen
  Butter (nach Belieben; hebt
  aber den Geschmack und
  sorgt dafür, dass Ihr Körper
  alle fettlöslichen Vitamine
  aufnimmt)

Den Apfelessig in das Wasser geben und die Quinoa über Nacht oder mindestens ein paar Stunden darin einweichen. Anschließend abgießen und mehrfach unter fließendem kaltem Wasser abspülen.

Die Quinoa mit der Brühe und 1 Prise Salz in einen großen Topf geben und bei starker Hitze zum Kochen bringen. Die Wärmezufuhr danach verringern, den Deckel auflegen und die Quinoa etwa 15 Minuten köcheln lassen, bis sie die Flüssigkeit vollständig aufgesogen hat, aber noch nicht trocken ist.

Die Herdplatte ausschalten, ein Stück Küchenpapier zwischen den Topfrand und den Deckel legen und die Quinoa mindestens 5 Minuten quellen lassen. Die Quinoa mit einer Gabel auflockern (gegebenenfalls die Butter unterheben) und zu einem Fleischgericht oder einem herzhaften vegetarischen Gericht servieren. Man kann sie aber auch mit frischem oder geröstetem Gemüse, frischen Kräutern, etwas Olivenöl, Salz, Pfeffer und Zitronensaft als Salat zubereiten.

Perfekt gekochte Puy-Linsen

FÜR 2–3 PERSONEN

Getreide- und glutenfrei

Puy-Linsen eignen sich hervorragend für Salate, denen sie eine intensive erdige Note verleihen. Als Beilage sind sie eine großartige Alternative zu Getreide. Da sie sich im Kühlschrank gut halten, lässt sich aus den Resten – z. B. mit gebratenem Kürbis, Hummus, Rucola, etwas Olivenöl und Zitronensaft – im Nu ein schnelles Mittag- oder Abendessen zaubern.

Ich koche Linsen am liebsten in Knochenbrühe, denn ich finde, sie bekommen so einen weicheren Geschmack. Man kann sie aber ebenso gut in Wasser oder Gemüsebrühe kochen. Puy-Linsen müssen vor dem Kochen zwar nicht eingeweicht werden, ich weiche sie aber dennoch über Nacht ein, um den Phytinsäuregehalt zu verringern.

---

200 g Puy-Linsen (die Linsen
  gut abspülen, falls Sie keine
  Zeit zum Einweichen haben)
1 TL Apfelessig oder
  Backnatron

600 ml Hühnerknochenbrühe
  (siehe Seite 136), Wasser
  oder Gemüsebrühe (siehe
  Seite 140)

Die Linsen mit dem Essig oder dem Backnatron in eine Schüssel geben, mit Wasser bedecken und über Nacht einweichen. Anschließend abgießen und mehrfach unter fließendem kaltem Wasser abspülen.

Die Linsen in einen Topf füllen, die Brühe angießen und zum Köcheln bringen. Die Wärmezufuhr danach verringern und die Linsen 20–25 Minuten köcheln lassen, bis sie weich sind, aber noch etwas Biss haben. Abgießen und servieren.

Blumenkohltortillas
ERGIBT 6–8 STÜCK
Getreide- und glutenfrei

Wenn ich Lust auf etwas Mexikanisches habe, greife ich immer wieder gerne auf diese kinderleicht zuzubereitenden Tortillas zurück.

BENÖTIGTE UTENSILIEN
ein Dampfgarer
ein Seihtuch

1 mittelgroßer bis großer Blumenkohl, in Stücke zerteilt
1 TL fein gehackter Oregano
½ TL geräuchertes Paprikapulver
Saft von ½ Limette
2 große Eier, verquirlt
Meersalz und frisch gemahlener oder geschroteter schwarzer Pfeffer

Den Backofen auf 180 °C (Umluft 160 °C) vorheizen. Das Seihtuch über eine große Schüssel legen und ein Backblech mit Backpapier auslegen. Einen Topf einige Zentimeter hoch mit Wasser füllen, den Dampfgarer daraufsetzen und das Wasser bei starker Hitze zum Kochen bringen.

Inzwischen den Blumenkohl im Mixer oder in der Küchenmaschine sehr fein zerkleinern (die Stücke sollten kleiner als Reiskörner sein). Den Blumenkohl in den Dampfgarer füllen und zugedeckt etwa 5 Minuten dämpfen.

Den gedämpften Blumenkohl in die mit dem Seihtuch ausgelegte Schüssel abgießen und einige Minuten abkühlen lassen. Die Enden des Tuchs anschließend zusammenfassen und den Blumenkohl gut ausdrücken. Die Flüssigkeit möglichst vollständig herauspressen, sonst werden die Tortillas matschig. Den Blumenkohl in eine saubere Schüssel füllen und die Flüssigkeit entsorgen.

Den trockenen Blumenkohl mit dem Oregano, dem Paprikapulver und dem Limettensaft vermischen und mit Salz und Pfeffer würzen. Zum Schluss die Eier unterrühren. 6–8 gleich große Kugeln aus der Mischung formen, auf das vorbereitete Backblech legen und zu gleichmäßigen Kreisen in der Größe kleiner Tortillas verstreichen. Die Tortillas sollten nicht zu dick, aber auch nicht zu dünn sein.

Die Tortillas für 8–10 Minuten in den Backofen schieben. Anschließend wenden, auf der anderen Seite weitere 5 Minuten backen und aus dem Ofen nehmen.

Die Tortillas unmittelbar vor dem Servieren in einer sehr heißen Pfanne ohne Zugabe von Fett rösten.

Buchweizentortillas
ERGIBT 8–10 STÜCK
Getreide- und glutenfrei

Kinderleicht zuzubereiten sind diese Buchweizentortillas, die sich ausgezeichnet für Enchiladas und Quesadillas eignen. Der Teig lässt sich gut einfrieren. Deshalb würde ich Ihnen raten, immer gleich die doppelte Menge herzustellen. So können Sie beim nächsten Mal noch schneller loslegen.

300 g Buchweizen- oder Quinoamehl und etwas Mehl zum Bestäuben
1 kräftige Prise Meersalz
1 EL kaltgepresstes Kokosöl

In einer großen Schüssel das Mehl mit dem Salz mischen. 180 ml kaltes Wasser und das Öl hinzufügen und alles mit den Fingern zu einem etwas zähen Teig vermengen. Den Teig zu einer Kugel formen und diese mit dem Handballen etwas flach drücken. Wenn der Teig am Rand nicht einreißt, hat er die richtige Konsistenz. Ansonsten noch etwas Mehl oder Wasser hinzufügen.

Den Teig auf die bemehlte Arbeitsfläche legen und in 9 gleich große Portionen teilen. Zu Kugeln formen und diese mit einem feuchten Tuch abdecken.

Die Teigkugeln rundherum großzügig mit Mehl bestäuben, damit sie nicht auf der Arbeitsfläche kleben bleiben, und zu dünnen, etwa 15 cm großen Kreisen ausrollen.

Die Tortillas vorsichtig behandeln, denn da sie mit glutenfreiem Mehl hergestellt sind, ist der rohe Teig relativ zerbrechlich und wird erst beim Backen fester. Beim Stapeln der Tortillas immer ein Stück Backpapier dazwischenlegen, damit die sie nicht zusammenkleben.

Eine schwere gusseiserne oder beschichtete Pfanne bei starker Hitze heiß werden lassen und die Tortillas nacheinander zunächst 1–2 Minuten auf der einen Seite backen, bis sich Blasen bilden. Anschließend wenden und noch 1 Minute auf der anderen Seite backen.

Die fertigen Tortillas wiederum aufeinanderstapeln, jede Tortilla mit einem Stück Backpapier abdecken und den Stapel mit Alufolie oder einem schweren Tuch abdecken, damit die Tortillas warm und elastisch bleiben. Die Tortillas sofort servieren.

Dips und Pasteten Gewürzmischungen Salze Butter und Öle Kefir, Joghurt & Co. Brühen und Suppen Sauerkraut, Pickles & Co. Essige *Brote, Cracker & Co.* 161

Meine süße Gesundheitsküche

In diesem süßen Kapitel habe ich für Sie eine Auswahl meiner Lieblingsrezepte zusammengestellt: gesunde, schnell und einfach zuzubereitende Aufläufe und jede Menge andere Leckereien, die je nach Jahreszeit abgewandelt werden können. Darüber hinaus finden Sie hier eine Reihe süßer Gewürzmischungen, mit denen Sie Früchten, Müslis, Aufläufen und Desserts eine besondere Note verleihen können. Zum Schlemmen laden außerdem raffinierte zuckerfreie Konfitüren und Sirupe ein. Und macht Ihnen Ihr Darm Probleme, tun Sie ihm – und Ihrem Gaumen – doch einmal mit einer köstlichen laktosefreien Nussmilch oder einer würzigen, entzündungshemmenden Kurkumamilch etwas Gutes und genießen dazu vielleicht meine wunderbare Zartbitterschokolade, ein paar Buchweizen-Brownies oder eine der vielen anderen verführerischen Leckereien.

MEINE SÜSSE
GESUNDHEITSKÜCHE   Süße Butter, Sahne und Cremes   Nussmilch und Vanillesauce   Konfitüren und Brotaufstriche   Schokolade

Gelees Marshmallows Desserts Gebäck Süße Saucen und aromatisierter Zucker Getränke.   167

Aprikosenbutter mit Lavendel und Honig

ERGIBT 2-3 GLÄSER À 450 GRAMM

Diese köstliche bernsteinfarbene Butter macht man am besten in der Aprikosensaison. Ob Sie nun Scones oder Pfannkuchen damit bestreichen, Kuchen damit verzieren oder Ihr Frühstücksmüsli damit verfeinern – sie macht jede Speise zu einem besonderen Genuss. Vorzüglich schmeckt sie auch auf dünnen Toasts oder Crackern, mit Ricotta oder dem Kefirkäse von Seite 124.

BENÖTIGTE UTENSILIEN
sterilisierte (siehe Seite 79)
   Schraubgläser

1,5 kg frische Aprikosen,
   halbiert und entsteint
500 ml frischer Aprikosensaft
   oder -nektar

115 g Honig
3–4 EL frisch gepresster
   Zitronensaft
1 Prise Salz
3 Stängel Lavendel (nach
   Belieben)

Sämtliche Zutaten bis auf den Lavendel in einen großen Topf geben, zum Köcheln bringen und bei leicht geöffnetem Deckel 15–18 Minuten bei mittlerer bis starker Hitze kochen lassen, bis die Aprikosen sehr weich sind. Dabei häufig umrühren.

Den Deckel abnehmen und die Mischung bei sehr geringer Hitze unter häufigem Rühren etwa 1 Stunde köcheln lassen, bis sie stark eingedickt ist. Dabei darauf achten, dass sie nicht anbrennt. Ein paar Lavendelblüten dazugeben und das Ganze weitere 5 Minuten köcheln lassen. Anschließend abschmecken und gegebenenfalls noch etwas Lavendel hinzufügen. Dosieren Sie den Lavendel aber mit Vorsicht, er sollte den Aprikosengeschmack keinesfalls überdecken.

Die Aprikosen etwas abkühlen lassen und danach in der Küchenmaschine oder im Mixer glatt rühren. Die Butter in die Gläser füllen und vollständig abkühlen lassen. Die Gläser anschließend verschließen und in den Kühlschrank stellen. Gekühlt ist sie etwa 1 Woche haltbar.

Pfirsichbutter mit Zitronenthymian

ERGIBT 2-3 GLÄSER À 450 GRAMM

Das Rösten bringt den Geschmack der Pfirsiche erst richtig zur Geltung, und der Zitronenthymian verleiht der Butter eine frische Note. Man meint oft, Thymian, wie auch der Rosmarin, seien nur etwas für pikante Gerichte. Ich verwende sie aber auch gerne für Süßspeisen. Legen Sie sich am besten einen kleinen Vorrat dieser wundervollen Butter an, denn sie schmeckt nicht nur ganz vorzüglich auf Pfannkuchen und Crêpes, sondern auch auf Kuchen und Baisers, ja sogar mit griechischem Joghurt und Müsli.

BENÖTIGTE UTENSILIEN
sterilisierte (siehe Seite 79)
   Schraubgläser

1,4 kg Pfirsiche
125 g heller Honig oder 140 g
   Ahornsirup

Saft von 2 Zitronen
5 Zweige Zitronenthymian,
   die Blätter abgezupft und
   gehackt

Die Pfirsiche zunächst schälen. Am einfachsten geht dies, wenn man sie etwa 30 Sekunden in kochendes Wasser legt. Mit einem Schälmesser lässt sich die Schale dann mühelos abziehen.

Die Pfirsiche halbieren, die Kerne entfernen und das Fruchtfleisch klein schneiden. Mit dem Honig, dem Zitronensaft und dem Thymian in einen großen Topf geben und etwa 30 Minuten bei geringer Hitze köcheln lassen, bis sie zerfallen. Die Früchte anschließend mit dem Stabmixer pürieren. Ich mag es ganz gern etwas grober, man kann es aber genauso gut vollkommen glatt rühren.

Den Backofen auf 180 °C (Umluft 160 °C) vorheizen. Das Püree in eine gläserne Auflaufform füllen und etwa 1 Stunde backen, bis es eine intensive goldgelbe Farbe angenommen hat. Die Butter in die Gläser füllen, abkühlen lassen und danach in den Kühlschrank stellen. Gekühlt ist sie gut 1 Woche haltbar.

Gelees Marshmallows Desserts Gebäck Süße Saucen und aromatisierter Zucker Getränke

170 MEINE SÜSSE
GESUNDHEITSKÜCHE *Süße Butter, Sahne und Cremes* Nussmilch und Vanillesauce Konfitüren und Brotaufstriche Schokolade

Gesalzene Honigbutter

ERGIBT 570 GRAMM

Es ist noch gar nicht so lange her, da war Honigbutter ein fester Bestandteil der Speisekammer. In den letzten Jahrzehnten scheint sie allerdings in Vergessenheit geraten zu sein.
Um Butter haltbarer zu machen, wurde sie gerne mit Rohhonig angereichert, der nicht nur
ausgesprochen gesund ist, sondern sich auch gut zum Konservieren eignet.

Mit Butter vermengt und leicht gesalzen wird daraus eine regelrechte, wunderbar cremige Delikatesse. Wenn Sie eine andere Butter oder einen anderen Honig bevorzugen,
steht es Ihnen frei, das Rezept entsprechend abzuwandeln. Probieren Sie diese köstliche
Butter auf Toast, Pfannkuchen. Muffins, Cupcakes, Waffeln, Bananenbrot und was immer
Sie sonst noch damit bestreichen möchten.

400 g ungesalzene Butter (wenn möglich
Rohmilchbutter)

4 g feines Meersalz, Meersalzflocken
oder fein gemahlenes Steinsalz

170 g Rohhonig (besonders gut eignen
sich Manuka-Honig, Blüten- oder
Heidehonig)

*Das Salz können Sie zunächst auch weglassen und erst ganz zum Schluss ein paar
Salzflocken kurz untermischen, so dass man beim Essen auf die Salzstückchen beißt.*

Die Zutaten in einer Schüssel oder in der Küchenmaschine kräftig verrühren, bis eine
homogene Masse entstanden ist. Die Butter anschließend in ein Glas füllen oder auf ein
Stück Pergamentpapier geben und zu einer Rolle formen.

Die Honigbutter im Kühlschrank aufbewahren und mindestens 20–40 Minuten vor dem
Servieren herausnehmen. Als Rolle in Pergamentpapier verpackt kann sie auch eingefroren
werden (machen Sie aus einer Rolle am besten zwei und frieren eine ein). Die Honigbutter
schmeckt auch vorzüglich mit einer Fruchtbutter (siehe Seite 168), z. B. mit der Pfirsichbutter
mit Zitronenthymian.

*Um eine milchfreie Honigbutter herzustellen, die Butter durch (zerlassenes) Kokosfett oder
Kokosbutter oder eine Mischung aus Kokosfett und Ghee ersetzen.*

Joghurt mit Rosenaroma

FÜR 4-6 PERSONEN

Genießen Sie diesen Joghurt mit gerösteten Mandeln bestreut zu einer frischen Cantaloupe-Melone oder mit Himbeeren in einem selbst gemachten Müsli zum Frühstück. Besser kann man den Tag nicht beginnen!

---

500 g griechischer Joghurt oder Naturjoghurt
½ TL Rosenwasser

2 EL heller, klarer Honig

Die Zutaten sorgfältig in einer Schüssel verrühren.

Variation: Orangenblütenjoghurt
Schmeckt vorzüglich zu Apfel- und Grießkuchen, Möhrenkuchen, Salaten aus Zitrusfrüchten und gerösteten Nüssen mit Ahornsirup.

Das Rosenwasser einfach durch 1 TL Orangenblütenwasser ersetzen.

Ingwercreme

FÜR 4-6 PERSONEN

Passt hervorragend zu Scones mit Pflaumenkonfitüre, Bratäpfeln, Pflaumenkompott, gebratenen Pflaumen und Pfirsichen, gegrillten Pfirsichen – kurz zu jeder Art von Fruchtdessert.

---

300 g Crème double oder Schlagsahne
2 EL Naturjoghurt
2 Stückchen eingelegter

Ingwer, fein gehackt plus
2 EL Sirup aus dem Glas

Die Crème double mit dem Joghurt in eine mittelgroße Schüssel geben und so lange schlagen, bis sie eine dickcremige, samtige Konsistenz hat. Die Creme aber keinesfalls zu lange schlagen.

Den Ingwer mit dem Sirup hinzufügen und vorsichtig mit einem Teigschaber oder einem Löffel aus Metall unterziehen, bis sich weiche Spitzen bilden, wenn man den Löffel herauszieht. Die Creme sofort genießen.

Crème fraîche mit Zimt und Honig

FÜR 4-6 PERSONEN

Schmeckt köstlich zu Bratäpfeln, Apple-Pie, Buchweizenpfannkuchen mit Apfelkompott, Crumble mit Äpfeln und Birnen.

---

250 g Crème fraîche
½ TL Zimt

80 g heller Honig oder Ahornsirup

Die Zutaten in einer mittelgroßen Schüssel sorgfältig verrühren.

Die Creme bis zum Servieren in den Kühlschrank stellen.

MEINE SÜSSE GESUNDHEITSKÜCHE   *Süße Butter, Sahne und Cremes*   Nussmilch und Vanillesauce   Konfitüren und Brotaufstriche   Schokolade

Chantilly-Sahne
(mal ein bisschen anders)

FÜR 4–6 PERSONEN

Schlagsahne serviere ich am liebsten als Chantilly-Sahne. Ich könnte ganz alleine eine ganze Schüssel dieser himmlisch weichen Sahne verdrücken. Womit Sie die Sahne süßen, bleibt ganz Ihnen überlassen. Sehr gut schmeckt Honig oder Ahornsirup, die ihr eine jeweils ganz eigene Note verleihen.

Es entspricht zwar nicht der klassischen Zubereitung, aber ich gebe gerne noch 1–2 Esslöffel Naturjoghurt dazu. Sie verleiht der süßen Sahne eine leicht säuerliche Note. Außerdem verhindert sie, dass die Sahne zu Butter wird, wenn man sie zu lange schlägt. Was ich an einer Schlagsahne besonders liebe, ist ihre Konsistenz. Deshalb sollte man sie nicht zu steif schlagen. Ob sie die richtige Konsistenz hat, erkennt man daran, dass die Sahne, die beim Herausziehen des Schneebesens in die Schüssel tropft, nicht sofort in der Sahne versinkt, sondern 1 Minute auf der Oberfläche liegen bleibt.

Die Chantilly-Sahne eignet sich zum Füllen von Kuchen und zum Garnieren von Desserts, Tartes, Pies, Pfannkuchen, frischen oder gebratenen Früchten, Scones und vielem anderem mehr.

---

400 g Schlagsahne oder Crème double
2 TL Rohhonig

½ TL Vanillepulver
2 EL Naturjoghurt

Die Sahne mit den übrigen Zutaten in eine Rührschüssel geben und so lange schlagen, bis sich weiche Spitzen bilden.

Zugedeckt kann die Sahne einige Tage im Kühlschrank aufbewahrt werden.

Geschlagene Kokoscreme

FÜR 4–6 PERSONEN

Eine wunderbar cremige, milchfreie Alternative zu Schlagsahne ist diese Kokoscreme, die man, genau wie eine Schlagsahne, zum Verzieren von Kuchen, zum Garnieren von Crumbles, Pfannkuchen, Pies und Obstsalaten verwenden kann. Die Vanille können Sie zur Abwechslung auch einmal durch eine der süßen Gewürzmischungen von Seite 213 ersetzen.

2 Dosen (à 400 ml) vollfette Kokosmilch ohne Zusatzstoffe, mindestens 6 Stunden oder über Nacht umgedreht im Kühlschrank gekühlt

1–2 TL Rohhonig, Ahornsirup oder brauner Reissirup
¼ TL Vanillepulver

Wenn die Kokosmilch ausreichend gekühlt ist, die Dosen aus dem Kühlschrank nehmen, umdrehen und öffnen. Die Flüssigkeit, die sich an der Oberfläche abgesetzt hat, in eine Schüssel gießen und zur Seite stellen.

Die Creme in eine große Schüssel füllen und mit dem Schneebesen oder dem Handmixer luftig-locker aufschlagen. Ist sie zu fest, etwas von der Flüssigkeit hinzufügen (nicht mehr als 1–2 TL auf einmal).

Zum Schluss den Honig und die Vanille unterrühren.

Die Creme nach Möglichkeit sofort verbrauchen. Man kann sie zwar im Kühlschrank aufbewahren, sie wird beim Kühlen aber wieder fest und muss dann vor dem Gebrauch erneut aufgeschlagen werden.

Die Creme kann je nach Marke unterschiedlich ausfallen. Bei manchen Produkten wird sie wesentlich cremiger als bei anderen.

Achten Sie beim Einkauf darauf, dass die Kokosmilch keinerlei Zusatzstoffe und Emulgatoren (z. B. Tapiokastärke) enthält. Sie verhindern, dass sich beim Kühlen die Creme von der Milch trennt. Deshalb sind solche Produkte für dieses Rezept ungeeignet.

Cashew-Mango-Creme

ERGIBT 1 GLAS À 450 GRAMM

Ausgesprochen vielseitig ist diese leckere milchfreie Creme, die nicht nur vorzüglich zu Kuchen, Scones und Pfannkuchen passt, sondern auch zu frischen Früchten, Müslis und Desserts aller Art. Und weil sie zudem reich an Ballaststoffen und gesunden Fetten ist, tun Sie damit auch noch Ihrem Körper etwas Gutes.

145 g Cashewkerne, 6–7 Stunden in warmem, gefiltertem Wasser mit Meersalz eingeweicht
80 g getrocknete Mango, etwa 2 Stunden in 250 ml kochend heißem,

gefiltertem Wasser eingeweicht
¼ TL Vanillepulver oder Mark von ¼ Vanilleschote
1 kleiner Spritzer Limettensaft (nach Belieben)

Die Cashewkerne unter fließendem kaltem Wasser abspülen und abtropfen lassen. Die Mango mit dem Einweichwasser, den Cashewkernen und der Vanille pürieren, bis eine glatte Creme entstanden ist. Zum Schluss den Limettensaft unterrühren. Ist die Creme zu dick, noch etwas Wasser hinzufügen. Die Creme in ein Schraubglas füllen und im Kühlschrank aufbewahren. Gekühlt hält sie sich etwa 4 Tage.

Rosensahne

ERGIBT ETWA 300 GRAMM

Diese mit Rosenwasser parfümierte Sahne schmeckt vorzüglich in einem Victoria Sponge Cake, zu frischen Erdbeeren und Himbeeren, Apfelkompott und Apfel-Crumble, Stachelbeerkompott mit Vanillecreme oder kleinen Mandel-Friands.

300 g Crème double oder Schlagsahne
2 EL Naturjoghurt

½ TL Rosenwasser
3–4 EL Ahornsirup

Rosenwasser kann ein mehr oder weniger intensives Aroma haben. Beginnen Sie deshalb erst einmal mit ½ TL und fügen dann gegebenenfalls noch etwas mehr hinzu.

Die Crème double mit den übrigen Zutaten in eine mittelgroße Schüssel füllen und so lange schlagen, bis sich weiche Spitzen bilden. Die Sahne sofort verbrauchen.

Süße Kefirsahne

FÜR 4–6 PERSONEN

Unverschämt gut schmeckt diese süße Kefirsahne, die eine leicht säuerliche Note hat. Und das Beste daran: Sie können sie mit gutem Gewissen genießen, denn sie ist vollgepackt mit Probiotika und Vitaminen, die Ihrem Darm und damit auch Ihrem Immunsystem guttun. Der Kefirgeschmack kann etwas gewöhnungsbedürftig sein. Der Kefir sollte deshalb, vor allem wenn man ihn für Süßspeisen verwenden möchte, nicht zu lange fermentieren. Dann ist er milder im Geschmack. Mit einer meiner herrlichen Konfitüren kombiniert eignet sich die süße Kefirsahne hervorragend als Topping für Scones, schmeckt aber auch vorzüglich auf Pfannkuchen, Desserts, Kuchen und Tartes.

- 1 Rezept Kefirsahne (siehe Seite 122)
- 2 TL Rohhonig, Ahornsirup oder brauner Reissirup
- ½ TL Vanillepulver oder 1 süße Gewürzmischung von Seite 213
- Naturjoghurt (nach Belieben)

Den Honig und das Vanillepulver oder die Gewürzmischung vorsichtig unter die Kefirsahne rühren. Die Sahne dabei nicht zu kräftig schlagen. Wird sie zu steif, so viel Naturjoghurt unterrühren, bis sie wieder eine weiche, cremige Konsistenz hat. Die Kefirsahne sofort verwenden.

Nussmilch – Grundrezept

ERGIBT ETWA 1 LITER

Eine Nussmilch ist ganz einfach herzustellen und kann 2–3 Tage im Kühlschrank aufbewahrt werden. Sie schmeckt vorzüglich und ist – nicht nur für Menschen, die unter einer Laktoseintoleranz leiden – eine großartige Alternative zu Kuhmilch. Und Sie bekommen so, je nachdem, welche Nüsse Sie verwenden, auch noch eine Extraportion an Nährstoffen.

BENÖTIGTE UTENSILIEN
ein Nussmilchsack, ein großes quadratisches Stück feines Leinen oder Gaze oder ein Seihtuch

120 g Nüsse (Mandeln, Cashewkerne, Haselnüsse, Pekannüsse, Paranüsse oder Macadamianüsse; nach Belieben können Sie auch noch 1 Handvoll Kürbis- oder Sonnenblumenkerne dazugeben), über Nacht in gefiltertem Wasser oder Mineralwasser (1 Prise Meersalz, ¼ TL rohen Apfelessig oder 1 TL Zitronensaft in das Wasser geben) eingeweicht
950 ml warmes (aber keinesfalls heißes) gefiltertes Wasser oder Mineralwasser

Die Nüsse abgießen und unter fließendem Wasser abspülen. In den Mixer füllen, das warme Wasser darübergießen und das Ganze etwa 2 Minuten auf höchster Stufe mixen.

Den Nussmilchsack oder das Tuch über eine Schüssel legen, den Inhalt des Mixaufsatzes hineingießen, den Sack herausheben und die Milch über der Schüssel abtropfen lassen. Den Sack zum Schluss vorsichtig massieren, um die Milch vollständig herauszupressen. Zum Schluss sollte im Nussmilchsack oder im Tuch nur noch die Pulpe zurückbleiben.

Die Milch in eine Flasche füllen, vollständig abkühlen lassen und danach in den Kühlschrank stellen.

Die Pulpe können Sie trocknen lassen und statt gemahlener Mandeln zum Backen verwenden.

Nussmilch mit Rohhonig und Vanille

Diese Nussmilch ist nicht nur ein köstliches Getränk, man kann damit auch Smoothies anreichern oder heiße Schokolade oder Eisschokolade zubereiten.

950 ml Nussmilch (aus Cashewkernen und Mandeln hergestellt; Zubereitung siehe links)
2 EL Rohhonig
1 TL Vanillepulver

Die Nussmilch langsam in einem Topf erwärmen. Den Honig und die Vanille hineingeben und unter Rühren auflösen (oder das Ganze im Mixer verrühren). Die Milch abkühlen lassen und im Kühlschrank aufbewahren.

Nussmilch mit Datteln und Zimt

Eine weitere leckere Nussmilch-Variante, der Zimt eine leicht orientalische Note verleiht.

950 ml (aus Cashewkernen und Mandeln hergestellt; Zubereitung siehe links)
2–3 Medjool-Datteln, entsteint
1 TL Zimt

Die Nussmilch mit den Datteln und dem Zimt im Mixer glatt rühren. In eine Flasche oder ein Schraubglas füllen und im Kühlschrank aufbewahren.

MEINE SÜSSE GESUNDHEITSKÜCHE Süße Butter, Sahne und Cremes *Nussmilch und Vanillesauce* Konfitüren und Brotaufstriche Schokolade

Gelees Marshmallows Desserts Gebäck Süße Saucen und aromatisierter Zucker Getränke.

Hanfmilch mit Matcha

ERGIBT ETWA 500 MILLILITER

Matcha, ein pulverisierter Grüntee, verleiht der Hanfmilch nicht nur eine angenehm frische Note, er ist auch reich an Antioxidantien. Hanf enthält sehr viel Eiweiß und Vitamin E und ist ein ausgezeichneter Lieferant von ungesättigten Fettsäuren – Omega-3- und Omega-6-Fettsäuren sowie Gamma-Linolensäure.

50 g geschälte Hanfsamen
50 g ungesüßte Kokosraspel
475 ml gefiltertes Wasser, angewärmt

2 TL Matcha
1–2 TL Rohhonig, Ahornsirup oder brauner Reissirup

Die Hanfsamen mit den Kokosraspeln und dem Wasser in den Mixer geben und das Ganze 1–2 Minuten mixen. Den Mixer dabei hin und wieder ausschalten. Je nach Mixer kann es auch 3 Minuten dauern, bis die Milch die richtige Konsistenz hat.

Die Milch durch einen Nussmilchsack oder ein Stück Gaze seihen. Mit dem Matcha und dem Honig erneut in den Mixer füllen und das Ganze gut verrühren. Die Milch in ein Schraubglas oder eine Flasche füllen und in den Kühlschrank stellen. Gekühlt schmeckt die Hanfmilch am besten.

Kokosmilch

ERGIBT ETWA 600 MILLILITER

Kokosmilch eignet sich sehr gut als Grundlage für Smoothies und Eiscremes, schmeckt aber auch ausgezeichnet im Kaffee oder Tee. Wenn Sie eine Nussallergie haben, können Sie sie außerdem in einigen der hier vorgestellten Rezepte anstelle der Nussmilch verwenden.

580 ml kochend heißes Wasser   150 g Kokosflocken

Das Wasser und die Kokosflocken in den Mixer geben, einige Minuten stehen lassen und danach einige Minuten mixen. Die Milch durch einen Nussmilchsack oder ein Seihtuch seihen. Den Sack oder das Tuch vorsichtig ausdrücken, um die Milch vollständig herauszupressen. Die Pulpe kann bei niedriger Temperatur im Backofen getrocknet und als Kokosmehl zum Backen verwendet werden. Die Milch in ein Schraubglas oder eine Flasche füllen und im Kühlschrank aufbewahren.

Mandelmilch mit Sesam und Erdbeeren

ERGIBT ETWA 500 MILLILITER

Ob Groß, ob Klein – eine ideale Stärkung für zwischendurch ist dieser köstliche Drink, der Sie obendrein mit reichlich Enzymen, Kalzium und Vitamin C versorgt.

35 g Sesamkörner
130 g Mandeln, über Nacht eingeweicht, abgespült und abgetropft

475 ml gefiltertes Wasser oder Mineralwasser
1 TL Rohhonig
1 kleine Handvoll tiefgefrorene Erdbeeren

Aus dem Sesam, den Mandeln und dem Wasser wie auf Seite 178 beschrieben eine Nussmilch herstellen. Die Milch nach dem Abseihen und Kühlen im Mixer mit dem Honig und den Erdbeeren verrühren, in ein Schraubglas oder eine Flasche füllen und bis zum Servieren in den Kühlschrank stellen.

Schokoladige Haselnuss-Kokos-Milch

ERGIBT ETWA 750 MILLILITER

Am besten schmeckt diese Haselnussmilch gut gekühlt oder sogar eisgekühlt. Sie eignet sich vorzüglich für Müslis oder als Grundlage für einen Bananen-Smoothie mit Schokolade. Erhitzt und leicht gesüßt kann sie auch als heiße Schokolade serviert werden.

700 ml Nussmilch aus 130 g Haselnüssen und 30 g ungesüßten Kokosraspel (siehe Grundrezept Seite 178)
3 gehäufte TL rohes Kakaopulver

2–3 TL Rohhonig oder Ahornsirup
1 Prise feines Himalayasalz oder Meersalz

Die Haselnussmilch wie auf Seite 178 beschrieben herstellen. Die noch warme Milch im Mixer mit den übrigen Zutaten verrühren, in eine Flasche füllen, abkühlen lassen und in den Kühlschrank stellen.

MEINE SÜSSE
GESUNDHEITSKÜCHE   Süße Butter, Sahne und Cremes   *Nussmilch und Vanillesauce*   Konfitüren und Brotaufstriche   Schokolade

Goldene Kurkumamilch mit Zimt und Ingwer

FÜR 2 PERSONEN

Trinken Sie diese leckere »Medizin« am besten vor dem Zubett-gehen, damit sie über Nacht ihre entzündungshemmende Wirkung entfalten und sich Ihr gestresster Darm erholen kann.

---

400 ml selbst gemachte Kokosmilch, Vollmilch oder selbst gemachte Mandel-milch (siehe Grundrezept Seite 178)
1 TL gemahlene Kurkuma oder 1 Stückchen frische Kurkumawurzel, geschält
½–1 TL Zimt

1 TL Rohhonig oder Ahorn-sirup
1 Prise fein gemahlener schwarzer Pfeffer
1 Stückchen (etwa in der Größe einer 2-Cent-Münze) frischer Ingwer

Die Milch mit den übrigen Zutaten im Mixer glatt rühren. In eine kleine Stielkasserolle gießen und 4–6 Minuten bei mittlerer Hitze erhitzen. Die Milch vor dem Servieren nach Belieben noch mit etwas Zimt bestreuen.

Wenn Sie mögen, können Sie die heiße Milch auch noch aufschäu-men. Die aufgeschäumte Milch in Ihre Lieblingstasse gießen, mit Zimt bestreuen und sofort genießen.

Milchfreie Vanillesauce

FÜR 6 PERSONEN

Sie werden keinerlei Unterschied zu einer herkömmlichen Vanille-sauce feststellen, so wunderbar sämig ist diese milchfreie Variante. Wenn Sie die Vanille durch Kakaopulver ersetzen, wird daraus eine ebenso leckere Schokoladensauce.

---

600 ml Mandelmilch oder eine Mischung aus Mandel- und Cashewmilch oder Kokosmilch (Rezepte siehe Seite 178 und 180)
1 TL Vanillepulver oder Mark von 1 Vanilleschote (für eine Schokoladensauce die

Vanille durch 2 gehäufte TL rohes Kakaopulver ersetzen)
1 EL Honig oder 2 EL Ahorn-sirup
2 Eier und 1 Eigelb
1 EL gentechnikfreie Mais-stärke

Die Milch mit der Vanille oder dem Kakaopulver und dem Honig oder Ahornsirup bei mittlerer bis starker Hitze in einem mittelgroßen Topf erhitzen.

In der Zwischenzeit die Eier und das Eigelb in einer mittelgroßen Schüssel kräftig mit der Maisstärke verrühren. Dabei die Milch immer wieder umrühren, bis sie fast zum Kochen kommt. Die Milch dann sofort langsam über die Eiermischung gießen und dabei laufend kräftig mit dem Schneebesen rühren.

Die Mischung in den Topf zurückgießen und bei mittlerer Hitze (die Temperatur darf nicht zu hoch sein, da die Sauce sonst gerinnt) kochen lassen, bis sie eindickt. Dabei laufend mit einem Holz-kochlöffel rühren, damit sich keine Klümpchen bilden.

Die Sauce ist fertig, wenn sie am Rücken des Kochlöffels haften bleibt. Die fertige Sauce in einen Glaskrug füllen und heiß oder kalt servieren.

Haben sich Klümpchen gebildet, die Sauce einfach durch ein fein-maschiges Sieb passieren.

Wenn Sie die Sauce kalt servieren wollen, ein Stück Frischhaltefolie direkt auf die Oberfläche legen, damit sich keine Haut bildet.

Klassische Vanillesauce
FÜR 6 PERSONEN

Besonders lecker schmeckt diese wunderbar cremige Vanillesauce auf Obst-Pies, Desserts, Kuchen und karamellisierten Bananen.

---

600 ml Vollmilch
½ Vanilleschote
4 große Eigelb
3–4 EL Ahornsirup

Die Milch mit der Vanilleschote in einem mittelgroßen Topf langsam zum Kochen bringen. Unmittelbar bevor sie zum Kochen kommt, den Topf vom Herd nehmen.

In einer großen Schüssel die Eigelbe kräftig mit dem Ahornsirup verrühren.

Die Vanilleschote aus der Milch nehmen und die Milch langsam in die Eigelbmischung gießen. Dabei laufend mit dem Schneebesen rühren.

Die Vanilleschote mit einem scharfen, spitzen Messer aufschlitzen, das Mark herauskratzen und in die Milchmischung rühren.

Die Mischung in den Topf zurückgießen, den Topf erneut auf die Herdplatte stellen und die Sauce bei geringer Hitze unter Rühren eindicken lassen, bis sie an einem Löffelrücken haften bleibt. Dabei darauf achten, dass sie nicht zum Kochen kommt, sonst gerinnt sie.

Die fertige Vanillesauce sofort in einen Glaskrug oder eine Sauciere füllen (lässt man sie im Topf, kann sie, selbst wenn der Topf nicht mehr auf der Herdplatte steht, durch die im Topfboden gespeicherte Resthitze gerinnen).

Damit sich keine Haut bildet, die Sauce gelegentlich mit einem Holzlöffel umrühren.

Die Vanillesauce warm oder kalt servieren.

Klassische Schokoladensauce
FÜR 6 PERSONEN

Schmeckt köstlich auf karamellisierten Bananen, Bananenkuchen, gebratenen Birnen oder Pfirsichen und jeder Art von Biskuitdessert.

---

600 ml Vollmilch
4 große Eigelb
3 EL Ahornsirup
200 g hochwertige Zartbitterschokolade, fein gehackt

Die Milch in einem mittelgroßen Topf langsam zum Kochen bringen und danach vom Herd nehmen.

In einer großen Schüssel die Eigelbe kräftig mit dem Ahornsirup verrühren. Unter ständigem Rühren die heiße Milch langsam in die Eiermischung gießen. Die Schokolade einrühren. Die Mischung in den Topf zurückgießen, den Topf wieder auf die Herdplatte stellen und die Sauce bei geringer Hitze unter Rühren eindicken lassen, bis sie an einem Löffelrücken haften bleibt. Die Sauce in eine Schüssel oder einen Krug füllen und gelegentlich umrühren, damit sich keine Haut bildet. Die Schokoladensauce warm oder kalt servieren.

Erdbeerkonfitüre mit Vanille und Chia-Samen

ERGIBT 1 GLAS À 450 GRAMM

Eine leckere Möglichkeit, um das Superfood Chia in die tägliche Ernährung einzubauen, zählen die kleinen Samen, die neben sehr viel Eiweiß, Ballaststoffen und Omega-3-Fettsäuren auch eine ganze Reihe von Mikronährstoffen enthalten, doch mit zu den nährstoffreichsten Lebensmitteln. Die Konfitüre kommt nicht nur mit weniger Zucker aus als herkömmliche Konfitüren, sie ist auch kinderleicht zuzubereiten. Allerdings ist sie wegen der geringeren Zuckermenge nur eine gute Woche haltbar und muss im Kühlschrank aufbewahrt werden. Ich verwende sie gerne zum Verzieren von Kuchen, rühre sie in ein Porridge oder ein Müsli mit frischen Früchten und Kokosjoghurt oder genieße sie einfach auf einem mit Nussbutter bestrichenen Toast.

---

180 g frische oder
   tiefgefrorene Erdbeeren
2 EL Honig (nach Belieben
   auch etwas mehr)

1 Spritzer Zitronensaft
½ TL Vanillepulver
½ EL Chia-Samen

Die Erdbeeren mit dem Honig, der Vanille, dem Zitronensaft und 1–2 EL Wasser bei mittlerer Hitze in einem kleinen Topf aufkochen lassen. Die Wärmezufuhr danach sofort verringern und die Früchte etwa 10 Minuten köcheln lassen. Den Topf vom Herd nehmen und die Konfitüre abkühlen lassen. Die Chia-Samen hinzufügen und gut umrühren, damit sich keine Klümpchen bilden. Die Konfitüre einige Minuten ruhen lassen und danach erneut umrühren. Den Vorgang drei- bis viermal wiederholen. Die Konfitüre in ein Schraubglas füllen und einige Stunden oder über Nacht im Kühlschrank eindicken lassen. Gekühlt ist die Erdbeerkonfitüre etwa 10 Tage haltbar.

Variation: Himbeerkonfitüre mit Rosenwasser und Chia-Samen
Die Erdbeeren durch Himbeeren und die Vanille durch ½ TL Rosenwasser ersetzen.

Orangenmarmelade mit Goji-Beeren, Kardamom und Chia-Samen

ERGIBT 1 GLAS À 450 GRAMM

Im Kühlschrank hält sich diese Marmelade etwa 1 Woche, und man kann sie sogar einfrieren. Sie schmeckt ausgezeichnet auf Buttertoast, mit Joghurt und Müsli oder zu einer Käseplatte.

---

2 unbehandelte Orangen
3 EL Rohhonig (nach Belieben
   auch etwas mehr)
Samen von 2 Kardamom-
   kapseln, fein gemahlen

Meersalz
80 g getrocknete Goji-Beeren,
   4 Stunden in Wasser eingeweicht und abgetropft
3 EL Chia-Samen

Die Orangenschale mit einer feinen Reibe abreiben (Sie benötigen 1 TL fein geriebene Schale).

Die Früchte schälen und dabei die weiße Haut und die Kerne mit entfernen. Das Fruchtfleisch mit der abgeriebenen Schale, dem Honig, dem Kardamom und 1 kleinen Prise Salz in der Küchenmaschine oder im Mixer zu einem glatten Püree verrühren.

Die Goji-Beeren und die Chia-Samen unterrühren. Den Mixer dabei immer wieder ausschalten, damit noch Beerenstücke erhalten bleiben. Die Marmelade anschließend etwa 15 Minuten ruhen lassen.

Die Marmelade in ein Schraubglas füllen und über Nacht im Kühlschrank fest werden lassen.

MEINE SÜSSE
186 GESUNDHEITSKÜCHE Süße Butter, Sahne und Cremes   Nussmilch und Vanillesauce   *Konfitüren und Brotaufstriche*   Schokolade

Lemon Curd mit Honig

ERGIBT 2–3 GLÄSER À 225 GRAMM

Es geht einfach nichts über einen cremigen Lemon Curd. Er eignet sich vorzüglich für Tartes und Arme Ritter und schmeckt köstlich auf Joghurt und Früchten. Oder Sie probieren, beispielsweise als krönenden Abschluss eines sommerlichen sonntäglichen Mittagessens, einmal das schnelle, unkomplizierte Parfait (rechts) aus.

---

abgeriebene Schale und Saft von 6 unbehandelten Zitronen	150 g kalte Butter, in Würfel geschnitten
250 g heller Honig	4 mittelgroße Eier und 1–2 Eigelb

Zunächst einige Schraubgläser sterilisieren. Die Gläser und die Deckel dazu 10 Minuten in einem Topf mit Wasser auskochen oder in der Spülmaschine reinigen.

Die Zitronenschale, den Saft, den Honig und die Butter in eine mittelgroße hitzebeständige Schüssel geben. Die Schüssel auf einen Topf mit siedendem Wasser setzen; dabei darauf achten, dass der Boden der Schüssel nicht mit dem Wasser in Berührung kommt. Die Butter schmelzen lassen. Dabei immer wieder mit dem Schneebesen umrühren, damit sich die Zutaten gut vermischen.

In einer zweiten Schüssel die Eier und Eigelbe mit einem Schneebesen aus Metall aufschlagen. Die Eier langsam in die Zitronenmischung gießen und das Ganze 9–10 Minuten rühren, bis es die unwiderstehliche Konsistenz einer dicken Vanillesauce hat.

Den Topf vom Herd nehmen und den Lemon Curd abkühlen lassen. Dabei von Zeit zu Zeit umrühren, damit sich keine Haut bildet. Den Lemon Curd in die vorbereiteten Gläser füllen, die Gläser verschließen und im Kühlschrank aufbewahren. Gekühlt ist er einige Wochen haltbar.

Verfeinern Sie den Lemon Curd nach Belieben mit
- *¹/₄–¹/₂ TL Rosenwasser*
- *¹/₄ TL Vanillepulver*

Lemon-Curd-Parfait mit Rosenwasser

FÜR 6–8 PERSONEN

Diesem herrlichen Parfait mit dem knusprigen Baisermantel wird garantiert niemand widerstehen können!

BENÖTIGTE UTENSILIEN eine Kastenform mit 900 g Fassungsvermögen, lose mit Frischhaltefolie oder Wachspapier ausgelegt frische Rosenblätter (nach Belieben) 650 g Crème double oder Schlagsahne 1 TL Rosenwasser	2 EL Rohhonig oder Ahornsirup 200 g Baisers (siehe Seite 210), in nicht zu kleine Stücke gebrochen 10 gehäufte EL Lemon Curd (siehe links) abgeriebene Schale von 4 unbehandelten Clementinen

Bevor Sie mit der Zubereitung beginnen, die Rührschüssel für 30–60 Minuten zum Kühlen in den Kühlschrank stellen.

Die Crème double mit dem Rosenwasser und dem Honig in die kalte Schüssel geben und so lange schlagen, bis sich weiche Spitzen bilden und sie eine dicke, weiche und cremige Konsistenz hat. Die Creme keinesfalls zu steif schlagen.

Die Baisers, den Lemon Curd und die Clementinenschale vorsichtig unterziehen, so dass sich alles gut verbindet und eine schöne Marmorierung entsteht. Keinesfalls zu lange rühren.

Die Mischung mit einem Teigschaber in die Form füllen, mit Backpapier abdecken und 4–5 Stunden oder über Nacht im Gefrierfach fest werden lassen. Das Parfait mindestens 20 Minuten vor dem Servieren herausnehmen, damit es etwas weich wird. Im Gefrierfach hält es sich einige Tage.

Das Parfait aus der Form nehmen, in Scheiben schneiden, nach Belieben mit frischen Rosenblättern bestreuen und mit frisch gebrühtem Pfefferminztee servieren.

Pfirsichkonfitüre mit Ingwer

ERGIBT 1 GLAS À 450 GRAMM

Schnell und einfach zuzubereiten ist diese köstliche Konfitüre, die nicht gekocht werden muss. Sie schmeckt hervorragend auf Pfannkuchen, Toast oder in einem Müsli mit Joghurt. Man kann sie aber auch zwischen einen Pudding schichten oder für Crumbles und Pies verwenden. In Neuseeland gibt es diese wunderbaren großen getrockneten Pfirsiche. Sollten Sie keine Pfirsiche bekommen, nehmen Sie einfach ungeschwefelte getrocknete Aprikosen.

---

550 g getrocknete Pfirsiche oder Aprikosen (oder eine Mischung aus beidem)

170 g heller Rohhonig, Ahornsirup oder brauner Reissirup

1–2 EL Zitronensaft (am Anfang erst einmal nur 1 EL hinzufügen)

¼ TL gemahlener Ingwer oder Mark von ½ Vanilleschote (die Schote zum Aromatisieren von Kokosblütenzucker verwenden oder in einem Kompott mitkochen)

1 kleine Prise Himalayasalz oder Meersalz

Die Pfirsiche in eine Glas- oder Keramikschüssel füllen, großzügig mit sehr heißem Wasser bedecken und mit einem Teller abdecken. Die Früchte so mindestens einige Stunden oder über Nacht einweichen, bis sie wieder prall und saftig sind.

Die Pfirsiche abgießen, gut abtropfen lassen und anschließend mit dem Honig (bzw. dem Ahorn- oder dem Reissirup), 1 EL Zitronensaft, dem Ingwer oder dem Vanillemark und dem Salz im Mixer oder in der Küchenmaschine pürieren, bis die Mischung die Konsistenz einer Konfitüre hat. Ist sie zu fest, mit etwas Wasser verdünnen (dabei aber immer nur eine kleine Menge Wasser hinzufügen).

Die Konfitüre abschmecken und gegebenenfalls noch etwas Zitronensaft, Ingwer oder Vanille hinzufügen. Die Konfitüre in ein Schraubglas füllen und im Kühlschrank aufbewahren.

Gekühlt ist die Pfirsichkonfitüre bis zu 10 Tage haltbar.

Klassische rohe Zartbitterschokolade

ERGIBT ETWA 260 GRAMM

Diese rohe Zartbitterschokolade kann man einfach so naschen oder als Grundlage für andere Rezepte verwenden, etwa für das Schokoladenrad auf Seite 190. Vorzüglich schmeckt sie auch warm als Fondue oder als Schokoladensauce zu Eiscreme, frischen Früchten, karamellisierten Bananen und Pfannkuchen.

BENÖTIGTE UTENSILIEN
ein Kochthermometer (nicht unbedingt erforderlich, aber sehr zu empfehlen)
Silikon-Schokoladenformen oder ein mit Silikonpapier ausgelegtes Backblech

225 g Kakaobutter
4 EL Kokosöl
4 gehäufte EL rohes Kakaopulver
4 EL Rohhonig, Ahornsirup oder brauner Reissirup

Eine kleine Stielkasserolle etwa 3 cm hoch mit Wasser füllen, bei geringer Hitze auf die Herdplatte stellen und eine Schüssel daraufsetzen (dabei darauf achten, dass der Boden der Schüssel nicht mit dem Wasser in Berührung kommt). Die Kakaobutter mit dem Kokosöl hineingeben und die Butter langsam schmelzen lassen. Die Temperatur der Butter mit dem Kochthermometer prüfen. Sie darf nicht wärmer als 40–45 °C werden. Ist die Temperatur höher und die Butter ist noch nicht vollständig geschmolzen, die Schüssel vom Topf nehmen und die Butter in der Resthitze vollständig schmelzen lassen.

Sobald die Buttermischung vollständig geschmolzen ist und die Temperatur von 40–45 °C erreicht hat, das Kakaopulver und den Honig hinzufügen und das Ganze so lange kräftig mit dem Schneebesen verrühren, bis die Mischung vollständig emulgiert und die Temperatur auf 28–30 °C gesunken ist. Wichtig ist, dass Sie beherzt rühren, damit die Mischung nicht gerinnt. Rühren Sie, bis die Schokolade schön glatt ist und glänzt – jedoch nicht zu kräftig. Die Masse darf nicht zu fest werden. Sollte das passieren, setzen Sie die Schüssel einfach wieder auf den Topf und rühren Sie noch etwas.

Wenn die Schokolade fertig ist und eine Temperatur von 28–30 °C hat, die Mischung in die Formen füllen oder auf das Blech gießen und in den Kühlschrank stellen. Die Schokolade, sobald sie fest ist, aus den Formen nehmen bzw. in Stücke brechen. Da die Schokolade sehr schnell weich wird, fülle ich sie in ein Schraubglas und bewahre sie im Kühlschrank auf. Gekühlt ist sie bis zu 3 Monate haltbar.

Schokokugeln mit Trockenfrüchtefüllung und Meersalz

ERGIBT ETWA 20 STÜCK

Diesen verführerischen kleinen Naschereien aus meiner rohen Zartbitterschokolade wird niemand widerstehen können.

---

1 Rezept klassische rohe Zartbitterschokolade (siehe links), noch flüssig
10 ungeschwefelte getrocknete Aprikosen
10 getrocknete Feigen, die Stiele entfernt
10 Medjool-Datteln, entsteint
Meersalzflocken

Ein Backblech mit Silikonpapier auslegen. Die Schokolade herstellen, aber noch nicht fest werden lassen.

Die Trockenfrüchte im Mixer oder in der Küchenmaschine pürieren, bis eine dicke Paste entsteht. Mit einem Teelöffel Häufchen von der Fruchtmischung abstechen, mit angefeuchteten Händen zu Kugeln formen und auf das Backblech legen.

Die Kugeln mithilfe eines Spießes oder einer Kuchengabel einzeln in die abgekühlte Schokolade tauchen, wieder auf das Blech legen und sparsam mit Meersalzflocken bestreuen. Die fertigen Kugeln im Gefrierfach fest werden lassen.

Riesenpralinen mit Nussbutter und Konfitüre

ERGIBT 12 STÜCK

Genau das Richtige für große und kleine Leckermäuler sind diese himmlischen, mal mit Nussbutter, mal mit Konfitüre gefüllten Riesenpralinen aus roher Schokolade. Und das Beste daran: Sie können sich guten Gewissens daran delektieren, denn sie schmecken nicht nur himmlisch, sondern sind auch noch reich an gesunden Fetten und Eiweiß. Die Zubereitung ist ein bisschen aufwendiger, aber Ihre Kinder werden Ihnen gerne beim Rühren helfen – und beim Ausschlecken der Schüssel!

BENÖTIGTE UTENSILIEN
eine Cupcake-Form mit
12 Vertiefungen
12 Papierförmchen

2–3 Rezeptmengen klassische
rohe Zartbitterschokolade
(siehe Seite 189), noch
warm

1 Rezeptmenge Nussbutter
Ihrer Wahl (siehe Seite 113;
besonders kann ich Ihnen
eine Nussbutter aus gerösteten Mandeln, Cashewkernen und Ahornsirup
empfehlen!)
1 Rezeptmenge Konfitüre mit
Chia-Samen Ihrer Wahl
(siehe Seite 187–188)

Die Papierförmchen in die Vertiefungen der Cupcake-Form setzen. Die Förmchen etwa 5 cm hoch mit der warmen Schokolade füllen, die Form 20 Minuten in das Gefrierfach stellen und die Schokolade fest werden lassen. Die Form danach wieder herausnehmen und die Hälfte der Papierförmchen mit je 1 TL Nussbutter, die andere Hälfte mit je 1 TL Konfitüre garnieren. Die Butter und die Konfitüre etwas flach drücken, dabei aber darauf achten, dass die Füllung in der Mitte bleibt. Die Füllungen anschließend mit Schokolade bedecken und die Oberfläche glatt streichen. Die Form nochmals für 30 Minuten in das Gefrierfach stellen, bis die Schokolade fest ist.

Die Pralinen bis zum Servieren im Kühlschrank aufbewahren.

Schokoladenrad mit Datteln und Nüssen

FÜR MINDESTENS 20 PERSONEN

Mit dieser Schokobombe werden Sie in Ihrem Mund eine wahre Geschmacksexplosion erleben. Weil sie so reichhaltig ist, genießt man sie – vielleicht nach dem Abendessen – am besten nur in dünnen Scheiben. Die knackigen Nüsse und die saftig-weichen Trockenfrüchte bilden einen angenehmen Kontrast zur zart schmelzenden Schokolade. Und für den besonderen Augenschmaus sorgen getrocknete Rosenblätter.

2 Rezeptmengen klassische
rohe Zartbitterschokolade
(siehe Seite 189)
1 TL Vanillepulver
4 EL Tahini-Paste
8 Medjool-Datteln, entsteint
und gehackt
80 g Paranüsse, gehackt

80 g Mandeln, leicht geröstet
und gehackt

ZUM VERZIEREN
2 EL Blütenpollen
getrocknete Rosenblätter
(nach Belieben)

Eine runde Kuchenform mit 20 cm Durchmesser mit Silikonpapier auskleiden. Die Schokolade wie auf Seite 189 beschrieben herstellen, aber nicht in Formen füllen und nicht fest werden lassen. Vanillepulver und Tahini-Paste in die flüssige Schokolade rühren und danach die Datteln und die Nüsse unterrühren.

Die Schokolade in die Form füllen und in den Kühlschrank stellen. Sobald sie fest zu werden beginnt, die Form aus dem Kühlschrank nehmen und die Schokolade mit den Blütenpollen und den Rosenblättern bestreuen. Die Form anschließend wieder in den Kühlschrank stellen und die Schokolade fest werden lassen.

Ich bewahre das Schokoladenrad immer im Kühlschrank auf und nehme es nur heraus, wenn mich, etwa nachmittags zum Tee, nach einem Stückchen gelüstet. Großartig schmeckt es auch nach dem Abendessen mit einer Tasse Kaffee oder Pfefferminztee.

Gelees Marshmallows Desserts Gebäck Süße Saucen und aromatisierter Zucker Getränke 191

Selbst gemachte Götterspeise

FÜR 4 PERSONEN

Keineswegs nur etwas für die Kleinen sind diese leckeren selbst gemachten Götterspeisen, die diesen Namen im Unterschied zu den viel zu süßen Fertigprodukten auch wirklich verdienen. Voraussetzung ist allerdings, dass man bei der Gelatine auf Qualität achtet, denn eine gute Gelatine hat jede Menge gesundheitsfördernde Eigenschaften (mehr dazu finden Sie auf Seite 202).

GRUNDREZEPT

950 ml Flüssigkeit (siehe Serviervorschläge rechts)

3 EL gemahlene Gelatine von grasgefütterten Tieren (die

Menge ist für ein Gelee mit relativ weicher Konsistenz berechnet; soll das Gelee richtig fest werden, 1 EL mehr nehmen)

Zubereitung

Wählen Sie aus den Vorschlägen auf der rechten Seite eine Geschmacksrichtung aus und gießen Sie die Flüssigkeit in eine kleine Stielkasserolle. Die Gelatine über die kalte Flüssigkeit streuen und kurz umrühren.

Das Ganze 5 Minuten ruhen lassen, damit die Gelatine quellen kann. Die Flüssigkeit bei mittlerer Hitze relativ stark erhitzen, aber nicht kochen lassen, da die Gelatine sonst ihre Gelierkraft verliert.

Sobald die Flüssigkeit heiß ist, einmal sorgfältig, aber vorsichtig (damit sich auf dem Gelee nicht zu viel Schaum bildet) umrühren, damit sich die Gelatine vollständig auflöst.

Hat sich zu viel Schaum gebildet, den Schaum mit einem feinmaschigen Sieblöffel abschöpfen. Den Topf danach vom Herd nehmen, das Gelee auf vier Portionsförmchen verteilen oder in eine große Schüssel füllen und im Kühlschrank fest werden lassen. Bei Portionsförmchen dauert dies etwa 2 Stunden, bei einer Schüssel müssen Sie entsprechend mehr Zeit rechnen. Die Förmchen vor dem Servieren einige Sekunden in heißes Wasser tauchen und die Gelees auf Dessertteller stürzen. Dazu reicht man Sahne oder Früchte.

SERVIERVORSCHLÄGE

Rhabarbergelee

Für die Flüssigkeit: 175 ml Rhabarber-Limetten-Sirup (siehe Seite 217) und 750 ml gefiltertes Wasser. Dazu passt die Rosensahne von Seite 174.

Brombeergelee

Für die Flüssigkeit: 175 ml Blaubeer-Brombeer-Sirup (siehe Seite 218) und 750 ml gefiltertes Wasser. Mit warmem Apfelkompott und Chantilly-Sahne (siehe Seite 173) servieren.

Traubengelee

Für die Flüssigkeit: 235 ml Wasser und 700 ml Traubensaft.

Kokosgelee

Für die Flüssigkeit: 950 ml Kokoswasser. Mit frischen Mangoscheiben und Geschlagener Kokoscreme (siehe Seite 174) servieren.

Holunderblütengelee

Für die Flüssigkeit: 175 ml Holunderblütensirup und 750 ml gefiltertes Wasser. Außerdem 2–3 weißfleischige Pfirsiche, halbiert, die Kerne entfernt und jede Hälfte in 5 Spalten geschnitten. Die Förmchen oder Gläser mit den Pfirsichspalten auslegen, bevor Sie das flüssige Gelee einfüllen. Das Gelee vor dem Servieren mit ein paar Holunderblüten bestreuen. Das Gelee schmeckt vorzüglich mit Chantilly-Sahne (siehe Seite 173) oder Rosensahne (siehe Seite 174).

Gelees Marshmallows Desserts Gebäck Süße Saucen und aromatisierter Zucker Getränke. 193

MEINE SÜSSE
GESUNDHEITSKÜCHE Süße Butter, Sahne und Cremes   Nussmilch und Vanillesauce   Konfitüren und Brotaufstriche   Schokolade

Fluffige Marshmallows

FÜR 4–6 PERSONEN

Was gibt es Herrlicheres als selbst gemachte Marshmallows? Sie sind kinderleicht herzustellen und können, ganz nach Lust und Laune, in den verschiedensten Geschmacksrichtungen aromatisiert werden. Und wenn Sie Gelatine von grasgefütterten Tieren verwenden, tun Sie auch noch Ihrem Körper etwas Gutes (mehr dazu finden Sie auf Seite 202).

---

4 EL gemahlene Gelatine von grasgefütterten Tieren
335 ml gefiltertes Wasser oder Mineralwasser
165 ml Ahornsirup oder Kokosnektar

¼ TL Meersalz
rohes Kakaopulver, gefriergetrocknetes Himbeerpulver oder gentechnikfreie Maisstärke (nach Belieben)

Eine quadratische Backform mit 20 cm Seitenlänge mit 2 Bögen Backpapier auslegen. Die Bögen dabei so legen, dass das Papier auf allen Seiten großzügig übersteht, so dass die Marshmallows später vollständig damit bedeckt werden können.

Die Gelatine im Mixer einige Minuten mit 165 ml gefiltertem Wasser verrühren und aufquellen lassen.

Inzwischen das restliche Wasser mit dem Ahornsirup oder dem Kokosnektar und dem Salz in einem Topf zum Kochen bringen. Die Mischung 7–9 Minuten köcheln lassen, bis sie eine Temperatur von etwa 115 °C hat. Den Topf dann vom Herd nehmen.

Den Mixer auf niedrigste Stufe schalten und den Sirup langsam in die Gelatine gießen. Den Mixer anschließend auf höchste Stufe schalten und die Mischung 8–10 Minuten aufschlagen, bis sie dick und luftig ist. Den Mixer dann sofort ausschalten, denn wenn sie zu lange geschlagen wird, lässt sich die Mischung nicht mehr in der Form verstreichen. Die Mischung kann jetzt nach Belieben aromatisiert werden (Vorschläge siehe rechts) oder Sie lassen sie so, wie sie ist.

Die Marshmallowmasse in die vorbereitete Form füllen, mit einer Palette oder dem Rücken eines Löffels glatt streichen und etwa 1 Stunde ruhen lassen, bis sie fest ist.

In mundgerechte Quadrate schneiden und mit rohem Kakaopulver, gefriergetrocknetem Himbeerpulver oder gentechnikfreier Maisstärke bestäuben.

VARIATIONEN

Vanille und Schokolade
1 TL Vanillepulver unter die Marshmallowmasse rühren, bevor Sie sie in die Form füllen, und die fertigen Marshmallows mit rohem Kakaopulver bestäuben.

Schokolade
2 TL gesiebtes rohes Kakaopulver unter die Marshmallowmasse ziehen, bevor Sie sie in die Form füllen, und die fertigen Marshmallows mit rohem Kakaopulver bestäuben.

Himbeere
1 Handvoll zerdrückte frische oder gefriergetrocknete Himbeeren unter die Marshmallowmasse ziehen, bevor Sie sie in die Form füllen, und die fertigen Marshmallows mit unraffiniertem Puderzucker, gentechnikfreier Maisstärke, rohem Kakaopulver oder gefriergetrocknetem Himbeerpulver bestäuben.

Zitrone und Rosenwasser
5 Tropfen ätherisches Zitronenöl (in Lebensmittelqualität) oder die abgeriebene Schale von ½ unbehandelten Zitrone und 1 TL Rosenwasser unter die Marshmallowmasse ziehen, bevor Sie sie in die Form füllen, und die fertigen Marshmallows mit gentechnikfreier Maisstärke oder unraffiniertem Puderzucker bestäuben.

Orangenblütenwasser und Pistazie
1 TL Orangenblütenwasser und 1 kleine Handvoll grob gehackte Pistazien unter die Marshmallowmasse ziehen, bevor Sie sie in die Form füllen, und die fertigen Marshmallows mit gentechnikfreier Maisstärke, unraffiniertem Puderzucker oder rohem Kakaopulver bestäuben.

Nice cream

FÜR 2–3 PERSONEN

Diese absolut milchfreie Eiscreme ist im Handumdrehen fertig und hat eine wunderbar weiche Konsistenz. Und obendrein hat sie einen hohen Nährwert, vor allem wenn sie – in der Beerensaison – mit dunklen Beeren und Rohhonig zubereitet wird. Ich mache diese Eiscreme gerne mal schnell an heißen Sommertagen. Mein Sohn mag sie am liebsten, wenn ich dafür tiefgefrorene Beeren verwende und das Eis fast zu einem weichen Sorbet wird.

---

4 Bananen, in Scheiben geschnitten und
tiefgefroren
100 ml Mandelmilch (siehe Seite 178)

2 EL Rohhonig oder Ahornsirup
½–1 TL Vanillepulver (nach Belieben)

Die tiefgefrorenen Bananenscheiben mit der Milch und dem Honig oder Sirup im Mixer pürieren, bis eine glatte, weiche Eiscreme entstanden ist. Die Bananenscheiben während des Rührens mit dem Stampfer nach unten drücken.

Sie können diese Eiscreme ganz nach Lust und Laune mit den unterschiedlichsten Zutaten abwandeln. Lassen Sie sich einfach von den folgenden Anregungen inspirieren.

Haselnusseis mit Haselnusskrokant:
Zunächst den Krokant herstellen. Dazu ganze blanchierte Haselnüsse in einer Pfanne mit schwerem Boden mit 1–2 EL Ahornsirup (wie viel Sirup Sie benötigen, hängt von der Menge der Haselnüsse ab) unter ständigem Rühren rösten, bis der Sirup zu einer goldgelben dicken, toffeeartigen Masse eingekocht ist. Dabei darauf achten, dass er nicht verbrennt. Die Nüsse anschließend abkühlen lassen (der Sirup sollte beim Abkühlen fest werden) und den Krokant danach zerkleinern.

Für die Eiscreme die Mandelmilch durch Haselnussmilch ersetzen, Ahornsirup verwenden und 3 EL rohes Kakaopulver hinzufügen. Die fertige Eiscreme mit dem Krokant bestreuen.

Sommerliches Beereneis:
Die Bananen zur Hälfte durch tiefgefrorene Beeren (z.B. Erdbeeren, Himbeeren, schwarze oder rote Johannisbeeren, Brombeeren, Holunderbeeren; einzeln oder gemischt) ersetzen.

Vanilleeis mit Honig
(mit saisonalen Variationen)

FÜR 3-4 PERSONEN

550 g Crème double oder Schlagsahne   50 g heller Honig
2 TL Vanillepulver oder 2 Vanilleschoten   3 Eigelb

Die Crème double mit dem Vanillepulver (oder den ausgekratzten Vanilleschoten) und dem Honig in einen Topf geben und bei mittlerer Hitze unter häufigem Rühren erhitzen. Die Eigelbe in einer Schüssel kräftig mit dem Schneebesen verrühren. Wenn die Crème double fast kocht, den Topf vom Herd nehmen, die Mischung langsam über die Eigelbe gießen und dabei laufend mit dem Schneebesen rühren, damit kein Rührei entsteht. Die Vanilleschoten, falls verwendet, vorher entfernen.

Zum Schluss gegebenenfalls das Vanillemark unterrühren. Die Mischung in den Topf zurückgießen und bei geringer bis mittlerer Hitze unter Rühren leicht eindicken lassen.

Die Mischung anschließend in eine Schüssel oder einen Krug füllen und abkühlen lassen. Die Creme keinesfalls im Topf abkühlen lassen, da sie durch die Resthitze gerinnen kann. Die erkaltete Creme in die Eismaschine füllen und fest werden lassen.

Die Eiscreme sofort genießen oder in eine Gefrierdose füllen und für später einfrieren.

Mit Fruchtpürees – z.B. aus Brombeeren, Himbeeren, Erdbeeren, gebratenen Pfirsichen, gebratenen Pflaumen, gebratenem Rhabarber oder den Frucht-Coulis von Seite 215 – können Sie dem Vanilleeis Farbe und eine fruchtige Note verleihen. Das Püree einfach vor dem Einfrieren kurz unter die Creme rühren, so dass eine Marmorierung entsteht.

Vanilleeis mit Nüssen:
1 Handvoll Nüsse – gut eignen sich Mandeln, Pekannüsse oder Haselnüsse – rösten. Die Häutchen entfernen, die Nüsse grob hacken und unter die noch nicht gefrorene Creme rühren.

MEINE SÜSSE
GESUNDHEITSKÜCHE Süße Butter, Sahne und Cremes   Nussmilch und Vanillesauce   Konfitüren und Brotaufstriche   Schokolade

Chia-Pudding

FÜR 4–6 PERSONEN

Man mag es kaum glauben, aber die winzigen Chia-Samen zählen mit zu den nährstoffreichsten Nahrungsmitteln. Vor allem in der warmen Jahreszeit kann ich von Chia-Pudding, den ich am liebsten zum Frühstück esse, gar nicht genug bekommen, lässt sich das Grundrezept doch endlos abwandeln. Ich bereite ihn – wegen der Probiotika, die dem Darm guttun und das Immunsystem stärken – gerne mit etwas Kefir zu. Im Kühlschrank hält sich der Pudding mindestens 1 Woche. Machen Sie deshalb am besten gleich eine größere Menge davon, damit Sie ihn morgens oder wann immer Sie Lust darauf bekommen nur noch aus dem Kühlschrank nehmen müssen.

FÜR DAS GRUNDREZEPT

500 ml Kokos- oder Mandelmilch oder eine Mischung aus beidem (siehe Seite 178 und 180)

2 EL Rohhonig

4 EL Chia-Samen

½–1 TL Vanillepulver (nach Belieben)

½–1 TL Zimt (nach Belieben)

1–2 EL Kefir (siehe Seite 120) aus Kuh- oder Kokosmilch hergestellt (nach Belieben)

Die Nussmilch – und Kefir nach Belieben – in ein Schraubglas füllen und den Honig hineinrühren. Die Chia-Samen hinzufügen und mit einer Gabel sorgfältig unterrühren. Die Mischung 1–2 Minuten ruhen lassen und dann nochmals gut umrühren, um eventuelle Klümpchen aufzulösen. Den Vorgang über einen Zeitraum von 10 Minuten mehrmals wiederholen. Zum Schluss die Gewürze einrühren und den Pudding über Nacht, mindestens aber einige Stunden im Kühlschrank ruhen lassen, damit die Chia-Samen quellen können.

Chia-Pudding mit Früchten

1 Grundrezept Chia-Pudding

550–600 g frische Früchte oder Kompott

essbare Blüten (nach Belieben)

Die Hälfte des Chia-Puddings auf drei Gläser verteilen. Dann nacheinander die Hälfte der Früchte, den restlichen Pudding und die restlichen Früchte darauf verteilen. Das Ganze nach Belieben noch mit essbaren Blüten dekorieren und servieren.

Schoko-Chia-Pudding mit Beeren

1 Grundrezept Chia-Pudding, vor dem Quellen noch mit 1 EL rohem Kakaopulver und 2 EL Ahornsirup oder klarem Rohhonig angereichert

350 g Erdbeeren und Himbeeren (gemischt)

Saft von ½ Zitrone

1½ TL Kokosblütenzucker

1 EL Kakao-Nibs (fermentierte, getrocknete Kakaobohnen-Stückchen)

Die Beeren in einer kleinen Schüssel mit dem Zitronensaft und dem Zucker verrühren und die Himbeeren dabei leicht zerdrücken. Die Beeren anschließend 10 Minuten durchziehen lassen.

Die Hälfte des Chia-Puddings auf drei Gläser verteilen. Dann nacheinander die Hälfte der Beeren, den restlichen Pudding und die restlichen Beeren daraufgeben. Den Pudding mit den Kakao-Nibs bestreuen und servieren.

Der Pudding kann statt mit Nussmilch auch mit Kokoswasser hergestellt werden. Er wird dann allerdings nicht so cremig, und Sie kommen nicht in den Genuss der gesunden Fette, die Ihnen ein Gefühl der Sättigung geben und dafür sorgen, dass sich Ihre Energiereserven nicht erschöpfen.

Der Pudding bekommt noch mehr Geschmack und wird zudem noch mit wertvollen Probiotika angereichert, wenn Sie ihn mit einer Mischung aus 375ml Kokosmilch und 125 ml Kefir zubereiten.

Eine angenehm würzige Note bekommt der Pudding, wenn man noch 1-2 TL einer der süßen Gewürzmischungen von Seite 213 hinzufügt.

Pannacotta

FÜR 4 PERSONEN

Die Pannacotta ist eines der Desserts, die ich am häufigsten serviere, lässt sie sich doch je nach Jahreszeit immer wieder mit anderen Früchten abwandeln. Die Gelatine nicht zu kräftig rühren, die Pannacotta bekommt sonst eine harte, gummiartige Konsistenz. Ob Sie sie nun mit Crème double und Milch oder mit Kokosmilch zubereiten, beide Varianten sind ausgesprochen lecker. Ich persönlich tendiere allerdings eher zur Kokosmilch.

---

400 ml vollfette Kokosmilch oder 300 g Crème double mit 100 ml Milch verrührt
1¼ TL Gelatine von grasgefütterten Tieren

Mark von ½ Vanilleschote oder ⅓ TL Vanillepulver
60–80 ml Ahornsirup

Die Hälfte der Milch in einen Topf gießen, die Gelatine kurz einrühren und 5 Minuten quellen lassen.

Die Vanille hinzufügen und die Milch bei mittlerer Hitze erwärmen. Dabei laufend mit dem Schneebesen rühren, damit sich die Gelatine auflöst. Die Milch keinesfalls zum Kochen kommen lassen, sonst verliert die Gelatine ihre Gelierkraft.

Wenn sich die Gelatine aufgelöst hat und die Milch gut warm ist, den Topf vom Herd nehmen und die restliche Milch einrühren. Mit dem Ahornsirup süßen – zu Anfang nur 60 ml nehmen und gegebenenfalls noch ein wenig nachsüßen. Ich bevorzuge eine weniger süße Pannacotta, das hängt aber auch davon ab, womit man sie serviert.

Die Mischung auf vier Portionsförmchen oder Teetassen verteilen und über Nacht, mindestens aber 4 Stunden im Kühlschrank fest werden lassen.

Die Förmchen vor dem Servieren einige Sekunden in heißes Wasser tauchen. Die Pannacotta auf Dessertteller stürzen und mit frischen Früchten oder Kompott servieren. Sehr gut passen dazu auch die Blaubeersauce mit Ahornsirup von Seite 215 oder die salzige Honig-Karamell-Sauce von Seite 214 und frische Himbeeren.

Weitere Serviervorschläge:

Gebratener Rhabarber und Vanille, pochierte Kirschen mit etwas Kirschsirup, mit Ahornsirup oder Süßwein beträufelte gebratene Erdbeeren, frische oder gebratene Pflaumen mit etwas Bratfond, Ananasguaven (frisch oder aus dem Glas) oder kalte Ananassalsa (passt besonders gut zu einer mit Kokosmilch hergestellten Pannacotta).

Ein paar Anmerkungen zur Gelatine:

Ich verwende für Pannacotta, Marshmallows und Gelees nur hochwertige Gelatine von grasgefütterten Tieren. Sie ist zwar um einiges teurer als herkömmliche Gelatine, ihre gesundheitlichen Vorzüge wiegen dies jedoch in jedem Fall auf. Überdies sind die Packungen in der Regel so groß, dass die Gelatine ewig reicht. Aufgrund ihres hohen Collagengehaltes unterstützt Gelatine die Heilung des Darms und der Haut und wirkt so auch als Anti-Aging-Mittel. Die in Gelatine enthaltenen essenziellen Aminosäuren, allen voran das Glycin, und Proteine sorgen für gesunde Zähne, Haare und Nägel und mildern Schwangerschaftsstreifen und Cellulitis. Das Glycin und die Proteine tragen darüber hinaus zur Entgiftung der Leber bei, helfen beim Abnehmen und fördern die Verdauung und sind deshalb ideal für Menschen, die unter dem Leaky-Gut-Syndrom leiden. Gelatine enthält außerdem leicht verdauliches Kalzium, Phosphor, Silikon, Schwefel und Spurenelemente, die wichtig für den Aufbau gesunder Knochen sind. Daneben enthält Gelatine den Wirkstoff Chondroitinsulfat, der zur Gesunderhaltung von Gelenken, Knorpeln und Sehnen beiträgt und deshalb Menschen, die unter Arthrose, Gelenkschmerzen und Gelenksteife litten, lange Zeit als Nahrungsergänzung verabreicht wurde. Die in hochwertiger Gelatine enthaltenen essenziellen Aminosäuren unterstützen nicht nur einen gesunden Stoffwechsel, sondern wirken auch regulierend bei Insulinüberempfindlichkeit und können so der Bildung von Bauchfett vorbeugen. Gelatine von grasgefütterten Tieren unterstützt darüber hinaus die Arbeit der Nebennieren und kann so zur Stressbewältigung und einem ausgeglichenen Cortisolspiegel beitragen. Eine wichtige Rolle spielt sie darüber hinaus für einen ausgeglichenen Hormonhaushalt und für die Reparatur der Muskeln. Außerdem besitzt sie entzündungshemmende Eigenschaften und kann Allergien lindern. Ein wahres Allheilmittel! Also gönnen Sie sich Marshmallows, Pannacotta und Gelees, wenn Sie Lust darauf haben.

Gelees Marshmallows *Desserts* Gebäck Süße Saucen und aromatisierter Zucker Getränke.

Ein Biskuit für alle Fälle

FÜR EINE FORM MIT 20 CM DURCHMESSER

Dies ist mein gelingsicheres Rezept, um einen locker-luftigen Biskuit für Geburtstagstorten und Kaffeetafeln zu zaubern. Die Zubereitung ist kinderleicht, und das Dinkelmehl ist eine großartige Alternative zum herkömmlichen weißen Mehl, denn es schmeckt nicht nur vorzüglich, sondern enthält auch weitaus weniger Gluten. Dinkel ist eine alte Getreidesorte und ist sehr viel leichter verdaulich als manche der neuen Sorten. Und wenn Sie den Bogen erst einmal heraushaben, können Sie mit diesem Biskuit je nach Jahreszeit zu jeder Gelegenheit die herrlichsten Kuchen und Torten zaubern. Ein paar Anregungen finden Sie auf Seite 206. Mein Sohn kann davon gar nicht genug bekommen, deshalb steht ein Biskuitkuchen stets ganz oben auf seiner Wunschliste, wenn sein Geburtstag naht.

Den Backofen auf 200 °C (Umluft 180 °C) vorheizen und 2 runde Kuchenformen oder 1 Springform mit 20 cm Durchmesser mit Butter einfetten und mit Backpapier auslegen.

Die Zutaten einige Minuten im Teigmixer – oder auf niedriger bis mittlerer Stufe mit dem Handmixer – zu einem glatten, lockeren und cremigen Teig verrühren.

Wenn Sie den Biskuit in Kuchenformen backen, den Teig gleichmäßig auf beide Formen verteilen, die Oberfläche mit einer Palette oder dem Rücken eines Löffels glatt streichen und den Biskuit etwa 20 Minuten backen, bis er eine goldgelbe Farbe angenommen hat und auf Druck nachgibt.

Wenn Sie eine Springform verwenden, den gesamten Teig in die Form füllen, glatt streichen und etwa 40 Minuten backen. Um die Garprobe zu machen, können Sie auch in der Mitte mit einem Spieß in den Biskuit stechen. Bleibt der Spieß sauber, ist der Kuchen fertig.

Den Biskuit aus dem Ofen nehmen, 10 Minuten in der Form abkühlen lassen, anschließend herausnehmen und auf einem Kuchengitter vollständig auskühlen lassen.

Haben Sie den Biskuit in einer Springform gebacken, den ausgekühlten Kuchen waagrecht halbieren und dann nur noch belegen und dekorieren (Vorschläge siehe Seite 206).

---

300 g weiche Butter
300 g weißes Dinkelmehl, gesiebt
5 große Freilandeier
2 TL Backpulver

150 g Kokosblütenzucker
125 g Honig
1½ TL Vanillepulver
3–4 EL Vollmilch

Für eine laktosefreie Variante die Butter durch Ghee und die Milch durch eine Nussmilch ersetzen.

Für eine glutenfreie Variante das Dinkelmehl durch ein glutenfreies, mit 1 TL Xanthan gemischtes Mehl ersetzen.

Gelees Marshmallows Desserts **Gebäck** Süße Saucen und aromatisierter Zucker Getränke.

Biskuit
(Fortsetzung)

JAHRESZEITLICHE SERVIERVORSCHLÄGE
Frühling: Rhabarber, Granatapfelkerne und Rosenwasser
Sie benötigen 1 Rezept Chantilly-Sahne (siehe Seite 173), unter die Sie beim Schlagen 1 TL Rosenwasser mischen. 4–5 dünne rote Rhabarberstangen in 6–7 cm lange Stücke schneiden und nebeneinander in eine ausreichend große hitzebeständige Form schichten. Mit 125 g Honig oder Ahornsirup und ein paar EL Wasser beträufeln, mit Alufolie abdecken und für 15–20 Minuten in den Backofen schieben, bis der Rhabarber weich ist, aber noch nicht zerfällt.

Aus dem Ofen nehmen und abkühlen lassen. Die untere Hälfte des Biskuits auf eine Servierplatte legen und großzügig mit Rhabarberkonfitüre bestreichen. Die Chantilly-Sahne und zum Schluss den Rhabarber mit dem Sirup darauf verteilen. Die obere Hälfte des Biskuits auflegen. Mit Rosenblättern und den Kernen von ½ Granatapfel bestreuen und servieren.

Sommer: Beeren und Himbeerkonfitüre mit vanillierter Chantilly-Sahne
Sie benötigen 1 Rezept Chantilly-Sahne (siehe Seite 173), unter die Sie beim Schlagen 1 TL der Gewürzmischung Vanille und Kokosblütenzucker (siehe Seite 213) mischen. Außerdem benötigen Sie 1 Rezept der Himbeerkonfitüre mit Rosenwasser und Chia-Samen (siehe Seite 185).

Die untere Hälfte des Biskuits auf eine Servierplatte legen und mit der Sahne bestreichen. Die Sahne anschließend großzügig mit der Konfitüre überziehen.

Den Kuchen mit 200 g frischen Beeren, z. B. Erdbeeren und Himbeeren, belegen, die obere Hälfte des Biskuits auflegen, mit unraffiniertem Puderzucker bestäuben und den Kuchen mit einer hübschen Gartenrose dekorieren (so Sie eine zur Hand haben).

Herbst: Gebratene Pflaumen, Chantilly-Sahne und Haselnüsse
Sie benötigen 1 Rezept Chantilly-Sahne (siehe Seite 173), unter die Sie beim Schlagen ¼ TL Vanillepulver mischen.

Den Backofen auf 180 °C (Umluft 160 °C) vorheizen. 4 große oder 8 kleinere rote Pflaumen halbieren und die Kerne entfernen. Die Hälften mit der Schnittfläche nach oben nebeneinander auf ein Backblech legen. Ein Stückchen Butter oder Kokosfett in die Mitte jeder Pflaumenhälfte setzen, die Früchte mit 4 TL der Gewürzmischung Vanille, Sternanis, Muskat und Zimt (siehe Seite 213) bestreuen und für 15 Minuten in den Backofen schieben, bis sie weich und an den Rändern leicht gebräunt sind. Aus dem Ofen nehmen und abkühlen lassen. 80 g Haselnüsse auf ein Backblech streuen und 8 Minuten im Backofen rösten. Anschließend die Häutchen mit einem Geschirrtuch abrubbeln und die Nüsse grob hacken. Die untere Hälfte des Biskuits auf eine Servierplatte legen, großzügig mit der Sahne bestreichen, die Pflaumen darauf verteilen und mit dem Bratfond beträufeln. Den Kuchen mit den gerösteten Haselnüssen bestreuen, die obere Hälfte des Biskuits auflegen und mit unraffiniertem Puderzucker bestäuben.

Winter: Lemon Curd mit Honig und gerösteten Mandeln
Sie benötigen 1 Rezept Chantilly-Sahne (siehe Seite 173), unter die Sie 1 Rezept Lemon Curd mit Honig (siehe Seite 187) und 80 g geröstete Mandelblättchen heben.

Die untere Hälfte des Biskuits auf eine Servierplatte legen, mit der Sahne bestreichen und mit den Mandelblättchen bestreuen. Die obere Hälfte des Biskuits auflegen und mit unraffiniertem Puderzucker bestäuben.

Die weltbesten Buchweizen-Brownies

ERGIBT 24 STÜCK

Mein Sohn findet, dies seien die besten Brownies der Welt, und wenn es um Süßigkeiten geht, pflegen Kinder im Allgemeinen nicht zu scherzen. Sie sind lockerer als die meisten anderen Brownies, die für meinen Geschmack manchmal ein wenig zu kompakt sind. Ich mag sie lieber, wenn sie schön saftig und innen noch sehr weich sind. Den Teig kann man auch in einer runden Kuchenform (20 cm Durchmesser) als Schokoladenkuchen backen. Bei einem Abendessen mit Gästen werden Sie damit bestimmt Eindruck machen. Dazu sollten Sie unbedingt eine mit etwas Zitronen- oder Orangensaft verdünnte Crème fraîche oder saure Sahne reichen. Wenn ich den Kuchen als Dessert serviere, bestäube ich ihn gerne noch mit rohem Kakaopulver und garniere ihn mit ein paar frischen Himbeeren. Und vergessen Sie die Crème fraîche nicht!

---

190 g Butter, Ghee oder Kokosfett	100 g Kokosblütenzucker
190 g dunkle Schokolade (Kakaogehalt mind. 70 %)	1 TL Vanillepulver
	115 g Buchweizenmehl
3 große Freilandeier	2 EL Pfeilwurzelstärke
100 g heller Honig	½ TL Salz

Den Backofen auf 180 °C (Umluft 160 °C) vorheizen und ein quadratisches Backblech mit 20 cm Seitenlänge mit Backpapier auslegen.

Die Butter und die Schokolade bei geringer bis mittlerer Hitze in einem Topf mit schwerem Boden schmelzen lassen.

In einer Schüssel die Eier mit dem Honig, dem Zucker und dem Vanillepulver aufschlagen.

Das Mehl mit der Pfeilwurzelstärke und dem Salz in eine zweite Schüssel sieben.

Die Schokolade, sobald sie geschmolzen ist, vom Herd nehmen und etwas abkühlen lassen und dann nacheinander die Eier- und die Mehlmischung unterrühren.

Den Teig auf das vorbereitete Backblech gießen und 18 Minuten auf der mittleren Schiene des Backofens backen. Er sollte außen durchgebacken und fest, innen aber noch weich und leicht flüssig sein (die Brownies garen beim Abkühlen noch etwas nach).

VARIATIONEN

Brownies mit salzigem Honigkaramell

½ Rezeptmenge salzige Honig-Karamell-Sauce auf 133 °C erhitzen (siehe Variation Seite 214) und abkühlen. Den Brownie-Teig mit der Sauce beträufeln, mit ein paar Salzflocken bestreuen und 20 Minuten backen.

Brownies mit Walnüssen

150 g Walnusskerne einige Stunden oder über Nacht in Wasser einweichen (dadurch wird der Phytinsäuregehalt verringert) und danach bei geringer Hitze im Backofen trocknen, bis sie wieder knackig sind. Die Walnüsse unter den Brownie-Teig ziehen und die Brownies 20 Minuten backen.

Brownies mit Himbeeren

150 g frische Himbeeren unter den Brownie-Teig heben und die Brownies 20 Minuten backen.

Brownies mit Rosenwasser und Haselnüssen

2 TL Rosenwasser in den Teig rühren, den Teig mit grob gehackten Haselnüssen bestreuen und 20 Minuten backen.

Die Brownies mit Crème fraîche, süßer Kefirsahne oder Cashew-Mango-Creme (siehe Seite 174 und 175) servieren.

Gelees Marshmallows Desserts **Gebäck** Süße Saucen und aromatisierter Zucker Getränke.

Einfache Baisermasse

FÜR 1 GROSSE PAVLOVA ODER 6–10 NESTER

Ich kann mir keinen größeren Genuss vorstellen als ein luftiges Baiser, das förmlich auf der Zunge zergeht. Wenn man die Zubereitung erst einmal beherrscht, lassen sich mit den passenden Toppings die herrlichsten Köstlichkeiten zaubern, zu jeder Jahreszeit und zu jedem Anlass. Egal, ob ich Baisers für Partys, Geburtstagskuchen, Hochzeitstorten oder als Nachspeisen gemacht habe – sie sorgten immer für Begeisterung.

2 TL gentechnikfreie Maisstärke	200 g feiner, hellbrauner Rohrzucker
2 TL Apfelessig	2 EL Ahornsirup
6 Eiweiß	1 TL Vanillepulver oder -extrakt
1 Prise Salz	

Den Backofen auf 200 °C (Umluft 180 °C) vorheizen.

Die Maisstärke in einer kleinen Schüssel mit dem Essig klümpchenfrei anrühren.

Die Eiweiße im Teigmixer – oder in einer großen Schüssel mit dem Handmixer – mit dem Salz schlagen, bis sich nicht zu weiche und nicht zu steife Spitzen bilden. Dann abwechselnd esslöffelweise den Zucker und teelöffelweise die angerührte Stärke unterrühren, bis eine dicke, glatte und glänzende Baisermasse entstanden ist. Dies dauert etwa 10–12 Minuten. Zum Schluss den Ahornsirup und die Vanille unterziehen.

Ein großes Backblech mit Backpapier auslegen und das Papier in den Ecken jeweils mit einem Klecks der Baisermasse festkleben.

Für eine große Pavlova einen Kreis mit 25 cm Durchmesser auf das Backpapier zeichnen, die Baisermasse hineingeben und mit dem Rücken eines Löffels oder einer Palette zu einem großen Nest verstreichen. Wenn Sie viele kleine Nester backen wollen, je nach gewünschter Größe 6–10 Häufchen von der Baisermasse abstechen und auf das Backblech setzen.

Das Blech in den Backofen schieben und die Temperatur danach sofort auf 110 °C (Umluft 90 °C) verringern.

Die kleinen Baisers etwa 2 Stunden, das große etwa 2½ Stunden trocknen lassen. Sie können den Ofen auch ausschalten und die Baisers über Nacht trocknen lassen. Wollen Sie sie am Tag der Zubereitung servieren, die Baisers vor dem Garnieren unbedingt vollständig auskühlen lassen.

Zum Garnieren benötigen Sie 1 Rezept Chantilly-Sahne (siehe Seite 173) – nach Belieben auch mehr. Womit Sie Ihre Baisers sonst noch garnieren, bleibt ganz Ihnen überlassen – oder Sie suchen sich aus den Vorschlägen für den Biskuit (siehe Seite 206) etwas aus. Die Baisers auf dem Foto wurden mit gebratenen Pflaumen, fein gehackten Pistazien und getrockneten Rosenblättern garniert.

Gelees　Marshmallows　Desserts　**Gebäck**　Süße Saucen und aromatisierter Zucker　Getränke.　211

MEINE SÜSSE
GESUNDHEITSKÜCHE Süße Butter, Sahne und Cremes Nussmilch und Vanillesauce Konfitüren und Brotaufstriche Schokolade

Süße Gewürzmischungen

Sei es das morgendliche Müsli mit Joghurt, seien es Desserts wie gebratene Früchte, Pfannkuchen, Crumbles oder Puddings, seien es die Schlagsahne oder die Vanillesauce und das Biskuitgebäck, die Baisers und die Tartes für die nachmittägliche Kaffeetafel oder Teestunde - mit diesen herrlich aromatischen süßen Gewürzmischungen verleihen Sie jeder Süßspeise eine ganz besondere Note. Lassen Sie Ihrer Fantasie einfach freien Lauf.

Rosenblätter, Kardamom und Kokosblütenzucker

FÜR 1 KLEINES GLAS

Rosenblätter verleihen dieser erdigen Gewürzmischung eine florale Note und ein wunderbares Aroma. Der Kardamom ist zugegebenermaßen nicht jedermanns Sache, aber ich bin ein Fan dieses Gewürzes, und das gilt gleichermaßen für die Rosenblätter mit ihrem romantischen Duft und Geschmack, der allerdings nicht alles andere überdecken darf.

Diese wunderbare Gewürzmischung eignet sich besonders gut für gebratene Früchte wie Pflaumen, Pfirsiche, Birnen, für Milchreis, Karamellpudding und zum Bestreuen von mit Schlagsahne und frischen Beeren gefüllten Baisers. Einfach himmlisch!

10 Kardamomkapseln   8 EL Kokosblütenzucker
2 EL getrocknete Damaszener-Rosen-Blätter

Die Kardamomkapseln bei mittlerer bis starker Hitze ohne Zugabe von Fett in einer Pfanne rösten, bis sie ihr Aroma entfalten und etwas Farbe angenommen haben. Die Pfanne vom Herd nehmen und die Kardamomkapseln 5 Minuten abkühlen lassen.

Die Kardamomkapseln mit den Rosenblättern und dem Zucker im Mörser, in der Kaffeemühle oder in einer Gewürzmühle mahlen, bis ein relativ feines Pulver entstanden ist.

Die Mischung in einem gut verschlossenen Schraubglas aufbewahren. Sie ist so einige Monate haltbar, verliert allerdings mit der Zeit etwas an Geschmack und Aroma.

Vanille, Sternanis, Muskat und Zimt

FÜR 1 KLEINES GLAS

Diese wunderbar aromatische, erdig-süße Gewürzmischung passt vorzüglich zu Sommerfrüchten wie Pfirsichen, aber auch zu Herbst- und Winterfrüchten wie Birnen und Äpfeln.

1 Sternanis   8 EL Kokosblütenzucker
½ Zimtstange oder 3 TL   4 TL Vanillepulver
   gemahlener Zimt   ½ Muskatnuss, gerieben

Den Sternanis mit der Zimtstange in der Gewürzmühle zu einem feinen Pulver zermahlen. Den Zucker hinzufügen und das Ganze nochmals mahlen.

Das Vanillepulver und den Muskat untermischen, die Mischung in ein Schraubglas füllen und im Küchenschrank aufbewahren.

Vanille und Kokosblütenzucker

FÜR 1 KLEINES GLAS

4 TL Vanillepulver
6 EL Kokosblütenzucker

Das Vanillepulver in einer kleinen Schüssel mit dem Zucker mischen. Die Mischung in ein Schraubglas füllen und im Küchenschrank aufbewahren.

Salzige Honig·Karamell·Sauce

ERGIBT ETWA 300 MILLILITER

Eine salzige Honig·Karamell·Sauce ist einfach unübertroffen – ein süßer Traum. Servieren Sie sie auf Eiscreme, Pfannkuchen, gebratenen Birnen, Äpfeln und Bananen, Vanillesaucen und ·puddings, Kuchen und Tartes oder machen Sie daraus leckere Brownies (siehe Seite 207).

---

350 g heller Honig, z. B. Akazien- oder Blütenhonig	1–2 kräftige Prisen Himalayasalz (nach Belieben auch mehr)
130 g Sahne	
3 TL Butter	
1 TL Vanillepulver oder Mark von ½ Vanilleschote	BENÖTIGTE UTENSILIEN ein Kochthermometer

In einem mittelgroßen Topf den Honig und die Sahne bei mittlerer bis starker Hitze auf 128 °C erhitzen. Dabei laufend umrühren. Die Butter, die Vanille und das Salz hinzufügen und das Ganze so lange mit dem Schneebesen verrühren, bis die Zutaten vollständig emulgiert sind und eine glänzende Sauce entstanden ist. Den Topf vom Herd nehmen und die Sauce etwas abkühlen lassen. Sie dickt beim Abkühlen noch etwas ein. Die warme Sauce z. B. über eine Eiscreme träufeln.

Wenn Sie die Sauce nicht auf einmal verbrauchen, den Rest im Kühlschrank aufbewahren und vor dem Servieren leicht erwärmen.

Variation
Erhitzt man die Sauce auf etwa 133 °C, wird sie beim Abkühlen immer dicker und eignet sich dann hervorragend für eine Schoko-Karamell-Schnitte. Mit rohem Kakaopulver, etwas tiefgefrorener Banane und Rohmilch oder der nährstoffreichen, milchfreien Haselnussmilch von Seite 178 wird daraus ein leckerer Smoothie. Die Zutaten einfach mit ein paar Eiswürfeln im Mixer verrühren – und schon ist der unvergleichliche Smoothie fertig.

Schokoladen·Fudge·Sauce

SERVES 4–6

Diese warme Sauce eignet sich vorzüglich zum Beträufeln von Eiscreme, Puddings, gebratenen Früchten, Pfannkuchen und vielem anderem mehr. Mit karamellisierten Bananen, Schlagsahne und gerösteten Mandelblättchen wird daraus ein köstliches Bananensplit: Die Bananen einfach mit der Sauce überziehen, Schlagsahne darübergeben und mit den Mandelblättchen bestreuen.

---

170 g Sahne oder Kokoscreme	grob gehackt und in 2 gleich große Portionen geteilt
80 g heller Honig	
40 g Kokosblütenzucker	
20 g rohes Kakaopulver	2 EL Butter oder Kokosbutter
¼ TL Meersalz	1 TL Vanillepulver oder Mark von 1 Vanilleschote
170 g dunkle Schokolade (Kakaogehalt mind. 70 %),	

In einem mittelgroßen Topf die Sahne mit dem Honig, dem Zucker, dem Kakaopulver, dem Salz und der Hälfte der Schokolade bei mittlerer Hitze zum Köcheln bringen. Die Wärmezufuhr dann sofort verringern und die Mischung 5–6 Minuten gerade köcheln lassen. Dabei gelegentlich mit einem Holzkochlöffel umrühren.

Den Topf anschließend vom Herd nehmen, die restliche Schokolade, die Butter und die Vanille hinzufügen und so lange mit dem Schneebesen rühren, bis eine glatte, sämige und glänzende Sauce entstanden ist.

Die Sauce 20–30 Minuten abkühlen und noch etwas eindicken lassen.

In einem Schraubglas oder einer gut verschlossenen Flasche kann die Sauce bis zu 2 Wochen im Kühlschrank aufbewahrt werden.

Die Sauce vor dem Servieren in einem Topf behutsam erwärmen.

MEINE SÜSSE

Blaubeersauce mit Ahornsirup
ERGIBT 1–2 GLÄSER À 450 MILLILITER

Dieses einfache, fruchtige Sößchen schmeckt köstlich auf Eiscreme, Pfannkuchen, warmen Biskuitkuchen, Müsli mit Joghurt und vielem anderem mehr. Die saftigen kleinen Blaubeeren sind reich an Antioxidantien und unterstützen die Heilung des Darms.

270 g frische oder tiefgefrorene Blaubeeren, gewaschen und abgetropft
280 g Ahornsirup
Saft von 1 Zitrone
¼ TL Vanillepulver oder -essenz

Drei Viertel der Blaubeeren mit dem Ahornsirup, der Hälfte des Zitronensafts und der Vanille in einem mittelgroßen Topf zum Kochen bringen. Die Wärmezufuhr danach verringern und die Beeren 10 Minuten köcheln lassen. Die restlichen Beeren und den restlichen Zitronensaft dazugeben und die Sauce nochmals 2 Minuten köcheln lassen, bis sie eingedickt ist. Die Blaubeersauce kann heiß oder kalt serviert und einige Tage im Kühlschrank aufbewahrt werden.

Beeren-Coulis
FÜR 8 PERSONEN

Eine Beeren-Coulis eignet sich hervorragend zum Beträufeln von Tartes, Eiscreme, Biskuitkuchen, Pfannkuchen, Puddings und vielen anderen süßen Köstlichkeiten. Man kann damit – vor dem Einfrieren – auch selbst gemachte Eiscreme aromatisieren und mit einem dekorativen Muster versehen oder sie als Eis am Stiel einfrieren.

700 g Beeren, z. B. Himbeeren, Erdbeeren oder eine Beerenmischung
frisch gepresster Saft von 1 Zitrone oder Limette
50 g Ahornsirup oder Rohhonig

Die Beeren in einem Topf leicht mit einer Gabel zerdrücken, damit sie etwas Saft abgeben. 1–2 TL Wasser hinzufügen, damit die Früchte nicht anbrennen, den Deckel auflegen und die Beeren langsam zum Köcheln bringen. 5–6 Minuten köcheln lassen, bis sie zerfallen sind.

Den Topfinhalt in der Küchenmaschine oder mit dem Stabmixer pürieren und danach durch ein Sieb passieren. Den ebenfalls durch ein Sieb passierten Zitronen- oder Limettensaft und den Ahornsirup unterrühren und die Coulis noch einmal abschmecken. Gut umrühren und in den Kühlschrank stellen.

Gekühlt ist die Coulis bis zu 1 Woche haltbar.

VARIATIONEN
Himbeer-Coulis mit Rosenwasser
Sie benötigen 700 g frische oder tiefgefrorene Himbeeren, 1 TL Rosenwasser und den Saft von 1 Zitrone. Zubereitung wie oben beschrieben.

Erdbeer-Limetten-Coulis
Sie benötigen 700 g frische oder tiefgefrorene Erdbeeren und den Saft von 1–2 Limetten. Zubereitung wie oben beschrieben.

Sirupe

Einen Sirup herzustellen ist ganz einfach, und die Mühe lohnt sich in jedem Fall – vor allem, wenn es gerade in Ihrem Garten Beeren in Hülle und Fülle gibt oder sie auf dem Markt günstig angeboten werden. Aus Beeren hergestellte Sirupe schmecken nicht nur ausgezeichnet, sie sind auch besonders reich an Vitamin C und deshalb genau das Richtige für die kühleren Herbstmonate, in denen man so einen Vitamin-C-Schub gut brauchen kann, um sich die lästigen Bazillen vom Leib zu halten.

Hibiskus-Himbeer-Sirup

ERGIBT ETWA 800 MILLILITER

175 g Rohhonig oder brauner
  Reissirup
1 Handvoll getrocknete
  Hibiskusblüten

300 g frische oder tiefgefrorene Himbeeren

Die Zutaten mit 750 ml Wasser in einen Topf geben und das Ganze etwa 20 Minuten köcheln lassen. Anschließend etwas abkühlen lassen, abschmecken und gegebenenfalls noch etwas nachsüßen. Die Mischung durch ein Sieb seihen und die Beeren dabei vorsichtig andrücken, um die Flüssigkeit möglichst vollständig herauszupressen.

Den Sirup in eine Flasche mit Bügelverschluss füllen und im Kühlschrank aufbewahren. Gekühlt ist der Sirup etwa 1 Woche haltbar. Den Sirup auf Eis, mit Mineralwasser verdünnt servieren.

Als erfrischender alkoholfreier Drink

FÜR 1 PERSON
2 Handvoll zerstoßenes Eis
⅓ Glas Hibiskus-Himbeer-
  Sirup
⅔ Glas kohlensäurehaltiges
  Mineralwasser, Kombucha

oder Wasserkefir
einige Minze- oder Zitronen-
  verbeneblätter, leicht
  zerdrückt

Ein Longdrinkglas zur Hälfte mit zerstoßenem Eis füllen und so viel Sirup darübergießen, dass das Glas zu etwa einem Drittel damit gefüllt ist. Das Ganze mit Mineralwasser aufgießen, mit Minze- oder Zitronenverbeneblättern dekorieren und servieren.

Als Cocktail mit Himbeeren und Wodka

FÜR 4–6 PERSONEN
zerstoßenes Eis (Sie
  benötigen so viel Eis, dass
  Sie einen 1-Liter-Krug zu
  drei Viertel damit füllen
  können)
200 g frische Himbeeren,
  leicht zerdrückt

⅓ Glas Hibiskus-Himbeer-
  Sirup (Rezept siehe links)
8 Schnapsgläser guter
  Wodka
700 ml Sodawasser oder
  Kombucha

Den Krug mit dem zerstoßenen Eis füllen, die Himbeeren dazugeben und das Ganze mit einer Gabel vermengen. So viel Sirup darübergießen, dass der Krug zu einem Drittel damit gefüllt ist. Den Wodka hinzufügen und mit Sodawasser oder Kombucha aufgießen. Zum Schluss nach Belieben noch etwas Eis in den Krug geben. Auf Gläser verteilen und servieren.

Rhabarber-Limetten-Sirup mit Rosenwasser

ERGIBT ETWA 800 MILLILITER

175 g Rohhonig

5 dünne Stangen roter
Rhabarber, in kleine Stücke
geschnitten

Saft von 3 Limetten

3 TL Rosenwasser

Den Honig mit 750 ml Wasser in einen kleinen Topf geben und zum
Kochen bringen. Dabei laufend rühren, bis sich der Honig aufgelöst
hat. Den Honigsirup in einen Glaskrug füllen und zur Seite stellen.

Den Rhabarber mit dem Limettensaft und dem Rosenwasser in
den Topf geben und so viel Honigsirup angießen, dass der Rhabarber damit bedeckt ist. Den Deckel auflegen und den Rhabarber
15–20 Minuten bei sehr geringer Hitze köcheln lassen, bis er
vollständig zerfallen ist. Die Rhabarbermischung abkühlen lassen
und danach durch ein Sieb in eine Schüssel abseihen.

Den Rhabarbersirup mit dem restlichen Honigsirup verrühren und
in eine Flasche mit Bügelverschluss füllen.

Den Sirup auf Eis und mit Mineralwasser verdünnt servieren.

Als erfrischender alkoholfreier Drink

FÜR 1 PERSON

1 Handvoll zerstoßenes Eis

$1/3$ Glas Rhabarber-Limetten-
Sirup, gut gekühlt

$2/3$ Glas kohlensäurehaltiges
Mineralwasser, Kombucha
oder Wasserkefir

einige getrocknete Rosen-
blätter oder kleinere frische
Blütenblätter (nach
Belieben)

1 dünne Stange roter Rha-
barber, in lange Stücke (sie
sollten etwas länger sein,
als das Glas hoch ist) und
danach in dünne, breite
Streifen geschnitten

Ein Longdrinkglas zur Hälfte mit zerstoßenem Eis füllen und so viel
Sirup darübergießen, dass das Glas etwa zu einem Drittel damit
gefüllt ist. Das Ganze mit Mineralwasser, Kombucha oder Wasserkefir aufgießen und mit Rosenblättern bestreuen. Ein paar Rhabar-
berstreifen ins Glas stecken und servieren.

Als Cocktail mit Prosecco

FÜR 1 PERSON

3 EL gut gekühlter Rhabarber-
Limetten-Sirup

1 Schnapsglas Wodka,
eisgekühlt

¾ Glas Prosecco (oder – als
weniger alkoholhaltige
Variante – Kombucha)

1 frisches rosa Rosenblatt

Den Sirup mit dem Wodka in eine Sektflöte geben, kurz umrühren
und mit dem Prosecco oder Kombucha aufgießen. Mit dem Rosenblatt dekorieren und servieren.

Blaubeer-Brombeer-Sirup

ERGIBT ETWA 800 MILLILITER

350 g Rohhonig
150 g Brombeeren
150 g Blaubeeren

Saft von ½ Zitrone
1 Handvoll Holunderbeeren
(nach Belieben)

Den Honig mit 750 ml Wasser in einen kleinen Topf geben und zum Kochen bringen. Dabei laufend rühren, bis sich der Honig aufgelöst hat. Den Honigsirup in einen Glaskrug füllen und zur Seite stellen.

Die Beeren mit dem Zitronensaft in den Topf geben und so viel Honigsirup angießen, dass die Beeren damit bedeckt sind. Den Deckel auflegen und die Beeren etwa 15 Minuten bei sehr geringer Hitze köcheln lassen, bis sie weich, aber noch nicht vollständig zerfallen sind. Die Beerenmischung abkühlen lassen und danach durch ein Sieb in eine Schüssel abseihen. Die im Sieb verbliebene Pulpe können Sie beispielsweise unter einen Joghurt rühren.

Den Beerensirup mit dem restlichen Honigsirup verrühren und in eine Flasche mit Bügelverschluss füllen.

Als erfrischender alkoholfreier Drink

FÜR 1 PERSON
2 Handvoll zerstoßenes Eis
⅓ Glas Blaubeer-Brombeer-
    Sirup
⅔ Glas kohlensäurehaltiges
    Mineralwasser, Kombucha
    oder Wasserkefir

einige Minze- oder Zitronen-
    verbeneblätter, leicht
    zerdrückt
1 Spritzer Limettensaft

Ein Longdrinkglas zur Hälfte mit zerstoßenem Eis füllen und so viel Sirup darübergießen, dass das Glas zu etwa einem Drittel damit gefüllt ist. Das Ganze mit Mineralwasser aufgießen, mit Minze- oder Zitronenverbeneblättern dekorieren und servieren.

Als Cocktail mit Wodka

FÜR 1 PERSON
2 Handvoll zerstoßenes Eis
¼ Glas Blaubeer-Brombeer-
    Sirup
1–2 Schnapsgläser guter
    Wodka

¾ Glas Sodawasser oder
    Kombucha
1 Limettenspalte
einige Borretschblätter oder
    violette Veilchenblüten
    (nach Belieben)

Ein Longdrinkglas zur Hälfte mit zerstoßenem Eis füllen, den Sirup und den Wodka darübergießen, umrühren und mit Sodawasser auffüllen. Den Saft der Limettenspalte darüberpressen und die Spalte ins Glas geben. Ein paar Borretschblätter oder Veilchenblüten darüberstreuen und servieren.

MEINE SÜSSE
GESUNDHEITSKÜCHE Süße Butter, Sahne und Cremes   Nussmilch und Vanillesauce   Konfitüren und Brotaufstriche   Schokolade

Gelees   Marshmallows   Desserts   Gebäck   Süße Saucen und aromatisierter Zucker   *Getränke*   **219**

Register

A

Äpfel 80, 81, 91
Anchovis/Sardellen 74, 88, 98
Aprikosen 168, 188, 189
Artischockenherzen 96
Auberginen 34, 98, 110
Avocados 16, 20, 100

B

Baisers 187, 210
Bananen
    Schnelle, milchfreie Eiscreme 196
Barbecuesauce 79
Basilikum 24, 88
Beeren-Coulis 215
Birnen 27, 91
Biskuit 204–206
Blaubeeren 215, 218
Blütenpollen 9, 190
Blumenkohl
    Blumenkohlreis/-couscous mit
        Kräutern 49
    Blumenkohltortillas 160
    Fermentierter 148
    Gratinierter 83
    Pikante Blumenkohltoasts 49
    Pikanter gebratener 47
Bohnen
    Dicke Bohnen 100
    Grüne Bohnen 48, 110
    Weiße Bohnen 96
Bratensauce für Roastbeef 54
Brombeeren 27, 155, 192, 218
Brownies mit Rosenwasser und
    Haselnüssen 207
Brühen 9, 136–142
Buchweizen-Brownies 207
Burger (oder Fleischbällchen) mit
    Gemüse 59

Butter
    Ghee – ein Geschenk der Götter 116
    Kräuterbutter 114
    Selbst gemachte 122
    Süße 168–71
Butternusskürbis 21, 95, 110

C

Cashewkerne
    Artischockendip mit Cashewkernen
    96
    Blumenkohlreis/-couscous mit
        Kräutern 49
    Cashew-Joghurt 127
    Cashew-Käse 131
    Cashew-Mango-Creme 174
    Cashew-Zitronen-Dressing 21
    Grünkohlpesto mit Cashewkernen 88
    Nussbutter 113
    Nussmilch 178
Chantilly-Sahne 173, 206
Chia-Samen 185, 190, 201
Chimichurri 82
Chutney 91, 94
Clementinen 57, 80, 187
Cranberrysauce 80
Crème fraîche mit Zimt und Honig 172

D

Datteln 91, 109, 178, 189
Dukkah mit Pistazien und Grünkohl
    49, 104

E

Eier 9, 66
    Mayonnaise 73–74
    Omelett 70
    Pochierte 69, 141
    Rührei 67

    Shakshuka 70
    Spiegeleier mit knusprigem Salbei 67
Eingelegte rote Zwiebeln auf mexikani-
    sche Art 147
Eiscreme 197
Erbsen 100
Erdbeeren 180, 185, 201, 215

F

Feigen 91, 189
Fenchel 19, 60
Fermentation 144
Fermentierte Mayonnaise 74
Fermentierter Ketchup 86
Fermentiertes Gemüse 9, 148–153
Feurige Grillmarinade 106
Fisch
    Fischbrühe 142
    Knusprig gebratenes Fischfilet 62
    Makrelenpastete 103

G

Gemüsebrühe 140
Gesalzene Honigbutter 171
Gewürzmischungen
    Scharfe 106, 108
    Süße 213
Ghee 9, 116
Goji-Beeren 185
Götterspeisen 192
Granatapfelkerne 20, 21, 34, 49, 50,
    98, 206
Gremolata 34, 104
Grüne Thai-Currypaste 110
Grünkohl 41, 48, 49, 88, 104, 111, 134, 141
Guacamole 100
Gurke 19, 20, 25
    Gurken-Raita 77
    Würzige Dillgurken 150

H

Hähnchen
  Einfaches Brathähnchen mit knuspriger Haut 50
  Gehaltvolle Hühnerbrühe 136
  Tipps für die Zubereitung von Brathähnchen 53
Hanfmilch mit Matcha 180
Haselnüsse 27, 44, 180, 196
Hibiskus-Himbeer-Sirup 216
Himbeeren 155, 185, 195, 201, 207, 215, 216
Holunderbeeren 27, 155, 218
Holunderblütengelee 192
Hühnerleberpastete 102
Hummus-Variationen 95

I/J

Indische Gewürzmischung 108
Joghurt
  Aromatisierter Joghurt 72
  Cashew-Joghurt 127
  Gurken-Raita 77
  Joghurt mit Rosenaroma 172
  Kokos-Joghurt 128
  Labneh 134
  Panir 28, 32
  Selbst gemachter Joghurt 126

K

Käse 70
  Cashew-Käse 131
  Käsesauce 83
  Kefirkäse 124
  Labneh 134
  Panir 28, 32
  Ziegenkäse 27
Kakaopulver 180, 181, 189, 214
Kefir 120–25, 175

Kichererbsen 95
Kimchi 153
Knochenbrühe 9, 137–40
Kohl
  Chinakohl 153
  Grünkohl 41, 48, 88, 104, 111, 141
  Rotkohl 147
  Senfkohl 104
  Weißkohl 145
Kokos
  Kokosbutter 113
  Kokosgelee 192
  Kokosjoghurt 128
  Kokosmilch 141, 174, 180
  Kokosmilchkefir 125
Konfitüren 185, 188, 190
Kürbis 21, 41, 95, 110
Kurkuma 9, 141, 145
  Goldene Kurkumamilch mit Zimt und Ingwer 181

L

Labneh 134
Lachs 16
Lamm 60, 140
Lavendel 168
Lebensmittel mit hoher Nährstoffdichte 8
Linsen 103, 159

M

Magnesium 61, 69
Makrelenpastete 103
Mandeln
  Mandelcracker mit Kräutern 157
  Nussmilch 178–181
  Pikanter gebratener Blumenkohl 47
  Würziges Mandel-Kokos-Brot 157

Marmelade 185
Marokkanische Gewürzmischung 106
Marshmallows 195
Matcha 180
Mayonnaise 73–74
Mediterrane Kräutermischung 108
Meerrettichssauce 80
Milchsäuregärung 144
Minzsauce 83
Möhren 34, 45, 59, 95, 145, 148
Mozzarella 41
Mungbohnen-Dhal mit Sellerie 33

N

Nussbutter 113, 190
Nussmilch 178–181

O

Öle 118–119
Oliven 98
Omelett 70
Orangenmarmelade 185

P

Panir 28, 31
Pannacotta 202
Paprikaschoten 70, 95, 99, 109
Pasteten 102–103
Pecorino 44
Pesto-Variationen 88
Pfirsiche 168, 188, 192
Pflaumenketchup 79
Pickles 144, 147–153
Pico de gallo 94
Pilze 44, 110
Piri-Piri-Gewürzmischung 106

Q

Quinoa 159, 160

R

Radicchiosalat 27
Radieschen, fermentierte 148
Ras el-Hanout 106
Rhabarber 192, 206, 217
Rindfleisch
    Burger (oder Fleischbällchen) 59
    Knochenbrühe 140
    Perfektes Roastbeef 54
    Sauce Bolognese 58
    Vier Wege zum perfekten
      Steak 57
Rosen-Harissa 60, 109
Rote Bete 37, 94, 147
Rucola 16, 20

S

Sahne
    Chantilly-Sahne 173, 206
    Ingwercreme 172
    Kefirsahne 122, 175
    Rosensahne 174
Salbei 67
Salsa verde 88
Salzige Honig-Karamell-Sauce 214
Sauerkraut 141, 145, 147
Sesamsamen 16, 21
Schnelles, schonend gegartes
    Gemüse 48
Schokolade
    Chia-Pudding 201
    Klassische rohe Zartbitterschokolade
      189
    Klassische Schokoladensauce
      184
    Riesenpralinen mit Nussbutter und
      Konfitüre 190
    Schokoladenrad mit Datteln und
      Nüssen 190

Schokokugeln mit Trockenfrüchte-
    füllung und Meersalz 189
Schokoladen-Fudge-Sauce 214
Schokoladige Haselnuss-Kokos-Milch
    180
Senfkohl 104
Shakshuka 70
Sirupe 216–18
Spinat 33
Sriracha-Sauce 77
Sterilisieren von Gläsern 79
Süße Chilisauce 87
Süßkartoffeln 42, 44
Süße Saucen 214–215
Superfood 9

T

Tahini-Paste 25, 190
Teriyaki-Sauce 87
Tomaten
    Barbecuesauce 79
    Gebratene Auberginen mit Sumach
      und Cocktailtomaten 34
    Knackiger, bunter Salat mit cremigem
      Tahini-Dressing 25
    Langsam geröstete Tomaten mit
      Fenchel und Thymian 43
    Omas Tomaten-Kasundi 92
    Pico de gallo 94
    Pikanter gebratener Blumenkohl 47
    Probiotischer Tomatenketchup 86
    Shakshuka 70
    Sommerlicher Tomatensalat
      mit Basilikum-Limetten-
      Dressing 24
    Tomatensalsa mit Chili 92
    Tomatensauce 84
Tortillas 160
Traubengelee 192

V

Vanille
    Gewürzmischungen 213
    Vanillesaucen 181, 184–85
    Vanilleeis mit Honig 197

W

Walnüsse 34, 88, 103, 207

Z

Za'atar 108
Ziegenkäse 27
Zitronen
    Eingelegte 21, 151
    Lemon Curd 187, 206
Zucchini 16, 19, 38, 84
Zwiebeln 43, 147

Danksagungen

Zuallererst möchte ich meiner wunderbaren Verlegerin Kyle für ihre großartige Unterstützung danken. Sie hat mir die ganze Zeit mit bewundernswerter Geduld und ihrem Zuspruch zur Seite gestanden. Sie hat stets an mich geglaubt und mir, wenn es nötig war, auch mal einen Schubs gegeben. Danke, Kyle, für diese großartige Unterstützung. Danken möchte ich auch meiner Lektorin Tara, die mir eine große Hilfe war und die hart dafür gearbeitet hat, damit wir dieses Buch fertigstellen konnten. Es war ein Marathon über die Kontinente hinweg, und es war stets eine Freude, mit ihr zusammenzuarbeiten. Sie hat mir geholfen, das Buch so zu realisieren, wie ich es mir vorgestellt hatte, und das war eine wunderbare Erfahrung. Danke für dein großes Engagement und dafür, dass du es verstanden hast, das große Ganze nicht aus dem Blick zu verlieren.

Nassima Rothacker, meine wundervolle, außerordentlich begabte Fotografin, hat so viel mehr als nur ihre Pflicht getan, und ich wüsste wirklich nicht, was ich ohne sie gemacht hätte. Sie hat mir ihre Zeit und ihr Talent und ihren Blick für die Schönheit geschenkt. Nassima, ich danke dir aus tiefstem Herzen für diese großartige Unterstützung. Du bist einfach unbeschreiblich und ein echtes Genie!

Danke auch an Jacqui Porter für das wunderbare Design und die viele Arbeit. Es hat Spaß gemacht, mit dir zu arbeiten und mitzuerleben, wie das Buch Gestalt angenommen hat.

Dank an meine wundervolle Agentin Amanda Preston, du hast mir geholfen, mich nicht zu verzetteln, und es war ein Vergnügen, sich mit dir auszutauschen. Deine Ratschläge waren Gold wert.

Danken möchte ich auch Carly von den Establishment Studios. Sie war mir eine große Hilfe, und die Arbeit und die Aufnahmen in diesen herrlichen Räumen waren ein Traum. Und danke auch für die vielen morgendlichen Autofahrten durch das wunderschöne, sonnige Melbourne.

Dank an Kirsty Bryson für die tollen Requisiten und für deine Ortskenntnis. Du wusstest genau, wo die Märkte zu finden waren und wo man hübsche und ausgefallene Dinge kaufen konnte. Ohne all deine Schätze wäre das Buch nicht so schön geworden.

Danke, Lynda Gardener, die Arbeit mit dir und die Aufnahmen in deinem wunderschönen Haus, The Estate Trentham, das war einfach so, als würde ein Traum wahr werden. Dein bewundernswerter Stil hat das Buch erst zu dem gemacht, was es ist. Ich kann mir keinen schöneren Ort vorstellen und wünschte, ich hätte mehr Zeit gehabt, mich in der himmlischen Leinenbettwäsche zu rekeln und dabei in den nebligen Morgenstunden die Aussicht auf den Garten zu genießen.

Dank auch an Aleta und Isabella von Vitamix Australia/New Zealand, die mir die tollen Küchenmaschinen zur Verfügung gestellt haben. Meine seidige Nussbutter und die traumhaft cremige Nussmilch wären ohne den wunderbaren Vitamix nicht so gut gelungen.

Ein besonderer Dank an die Mitarbeiter von Lavandula, einer überwältigenden Lavendelfarm vor den Toren Melbournes. Danke, dass wir schon bei Tagesanbruch kommen durften, um den Sonnenaufgang über den Lavendelfeldern zu fotografieren.

Dank auch an meinen Foodstyling-Assistenten Tom und an Michael, den Assistenten meiner Fotografin, die Nassima und mich immer wieder zum Lachen gebracht haben und uns an diesen heißen Sommertagen unermüdlich mit köstlichem Eiskaffee versorgt haben, wenn es hoch herging und wir etwas brauchten, um unsere Energiereserven wieder aufzufüllen. Ihr habt uns mit Humor und Engagement unterstützt. Tausend Dank euch beiden!!

Danken möchte ich auch meinen wunderbaren Freunden Emma Bishop und Cass und ihren bezaubernden, lustigen Zwillingen Sadie und Scout, die es ohne Murren hingenommen haben, wenn ich den ganzen Flur mit Einkaufstaschen vollgestellt habe, und die immer eine leckere Mahlzeit für mich bereitgestellt haben, wenn ich bis spät in die Nacht gearbeitet habe und nicht mehr die Energie hatte, auch nur einen Schritt zu tun, geschweige denn mir selbst etwas zu essen zu machen. Die Zeit mit euch war wundervoll, und ich vermisse euch sehr.

Dank an Kerry Wilson und Richard Lewer, dass ich in eurem Haus wohnen durfte. Es war meine kühle, ruhige Oase im extrem heißen Melbourne. Mit euren Katzen im Garten zu faulenzen und mich mit dem Gartenschlauch zu erfrischen und dabei Rucola zu pflücken war einfach himmlisch. Dir, Kerry, möchte ich auch noch für deine Hilfe bei der Kefirbeschaffung danken – ein Erlebnis, das ich nie vergessen werde.

Dank an Christine Newman. Sie waren eine perfekte Chauffeurin. Danke, dass Sie in ganz Melbourne mit mir herumgefahren sind und mir geholfen haben, die unzähligen Einkaufstüten in Ihr Auto zu laden. Ohne Sie hätte ich das alles nicht geschafft. Sie sind einfach einmalig!

Dank an meine lieben Freundinnen India Waters, Beshlie McKelvie und Natalie Ferstendik. Ich vermisse euch und danke euch von ganzem Herzen dafür, dass ihr mich – sei es als wunderbare Mütter, sei es als (Lebens-) Künstlerinnen – immer wieder inspiriert. Ich liebe euch alle drei.

Danke, Oma, Grattan, Ed, Ben, Annabel und Nicola Guinness, dass ihr so geduldig mit mir wart und mich so großartig dabei unterstützt habt, dieses Projekt zu bewältigen. Eure Begeisterung und eure Freude am Essen waren stets eine große Inspiration für mich.

Danke, Lucinda, Orson und Evie. Ich liebe euch alle drei und kann es kaum erwarten, mich mit euch in neue Abenteuer zu stürzen. Danke, ihr seid einfach wunderbar.

Danken möchte ich schließlich auch meiner wunderbaren Familie, meiner Mutter, Bob, Tante Rach, Tante Viv, Tante Marion, meinem wunderbaren Bruder Taiamai und Franzi sowie meiner Familie in Australien: Aaron, Kylie und Rana und ihren bezaubernden Kindern. Ohne unsere gemeinsamen Unternehmungen und die Unterstützung, die ich in all den Jahren von euch bekommen habe, stünde ich nicht da, wo ich heute stehe. Danke, Maida, dass du diese tolle Familie hervorgebracht hast. Dein neunzigstes Lebensjahr wird das allerbeste sein!

Besonders danken möchte ich meinem geliebten Sohn Oli. Alles, was ich tue, tue ich für dich, die ganze harte Arbeit vom frühen Morgen bis in den späten Abend. Ich hoffe, ich kann dich genauso dazu anspornen, deine Träume zu verwirklichen, wie es meine Mutter bei mir getan hat. Ich liebe dich mehr als alles andere auf der Welt.

Titel der Originalausgabe: *The wholefood Pantry. Change the way you cook*
with 175 healthy toolbox recipes
Erschienen bei Kyle Books, ein Imprint von Kyle Cathie Ltd., 2016
www.kylebooks.co.uk

Text Copyright © 2016 Amber Rose
Design Copyright © 2016 Kyle Books
Fotografie Copyright © Nassima Rothacker

Deutsche Erstausgabe
Copyright © 2018 von dem Knesebeck GmbH & Co. Verlag KG, München
Ein Unternehmen der La Martinière Groupe

Umschlaggestaltung: Leonore Höfer, Knesebeck Verlag
Satz: satz & repro Grieb, München
Lektorat: Dr. Stefanie Haas, Neuburg
Printed in China

ISBN 978-3-95728-061-9

Alle Rechte vorbehalten, auch auszugsweise.

www.knesebeck-verlag.de